大審判家

弗里茲・鮑爾

看檢察總長如何翻轉德國的歷史

Fritz Bauer : oder Auschwitz vor Gericht

羅南・史坦格（Ronen Steinke）著
王榮輝 譯

鮑爾一家：艾拉、瑪戈、路德維希與弗里茲·鮑爾，攝於1910年。

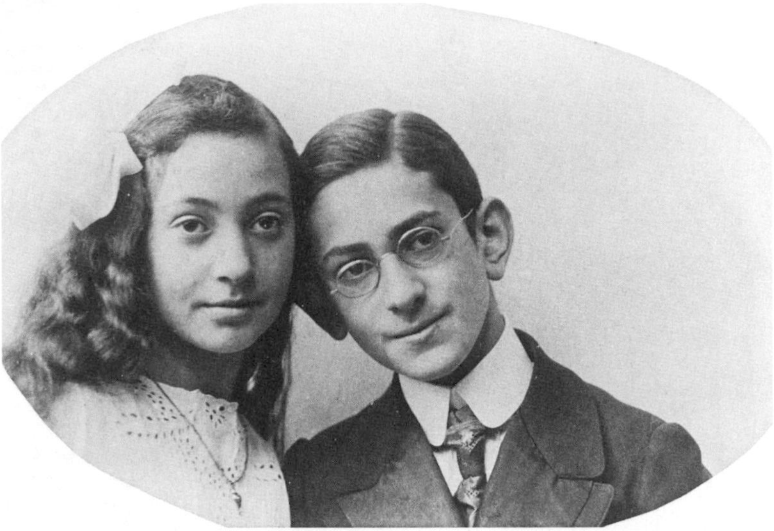

在弗里茲・鮑爾的童年記憶中，他的玩伴總是只有妹妹瑪戈。

斯圖加特在1930年左右是個匯集了許多社會主義者與藝術家的大都會，也是弗里茲・鮑爾成長與後來擔任刑事法官的城市。在偏向支持德國國家人民黨的符騰堡邦，它是共和派的小據點。

「美味的桃子波列酒」：鮑爾（最右側）在猶太學生組織「自由科學社」裡找到了志同道合的朋友，一同歡慶……

……或是在海德堡的啤酒聚會中激辯；鮑爾也在席中嶄露了頭角。

1966年，鮑爾在法蘭克福的辦公桌上堆滿了納粹份子的檔案。

1964年，在奧斯威辛集中營審判進入高潮時，鮑爾與學生們對話。「奧斯威辛集中營的問題，當然在這方面我們或許有共識，但並不是從奧斯威辛集中營與比克瑙集中營的大門才開始的。」大屠殺是許多因素相互交錯所促成——這是這位檢察官所要傳遞的核心信息。

奧斯華・卡杜克，奧斯威辛集中營裡最兇殘的納粹親衛隊成員之一，直到1963年都在柏林從事護理師的工作。病患都稱他為「卡杜克爸爸」。

在1963年12月20日審判開場時，超過兩百名記者湧入現場。牆上所掛的是集中營的結構圖。

檢察官約阿辛・庫格勒，從三十三歲起開始，在奧斯威辛集中營審判中擔任弗里茲・鮑爾的助手，後來他們卻反目成仇。

1964年，弗里茲・鮑爾在他的辦公室裡接見記者。

「捲入危機，未完成。」鮑爾在去世前不久所留下的照片，攝於1968年。

媒體讚譽

「令人信服的闡述，動人心弦的刻劃。」

克里斯多夫 克拉克（Christopher Clark），《夢遊者》（*The Sleepwalkers*）作者

「宏偉壯闊。」

丹尼爾 凱曼（Daniel Kehlmann）

「堪稱寶藏的一本引人入勝的政治傳記。」

《達姆城迴聲報》（*Darmstädter Echo*）

「令人欲罷不能。」

《新蘇黎世報》（*Neue Zürcher Zeitung*）

「一部優秀的傳記。」

《時代周報》（*Die ZEIT*）

「史坦格將看似枯燥的司法素材化為一本有趣、生動且極為引人入勝的好書。」

《歐芬巴赫郵報》（*Offenbach-Post*）

「這是一部由擔任法律工作者與新聞工作者，身分都同樣夠格的羅南・史坦格所撰寫的傳記。這部深入刻劃弗里茲・鮑爾的傳記，採用了一些新的素材。史坦格並不屬於那種惡意爆料的記者，但他所揭露的某些內幕卻可能會讓當年的弗里茲・鮑爾以他的職位與事業付出代價。」

《每日鏡報》（*Der Tagesspiegel*）

「令人印象深刻……。史坦格不單只是描繪了一位勇敢對抗時代精神的英雄的片面形象，同時也揭露了這位英雄軟弱的一面。」

德國廣播電台文化台（Deutschlandradio Kultur）

「羅南・史坦格的這本好書始於出生在一九〇三年的弗里茲・鮑爾的人生中的一場意外；這位主角的人生座右銘則是：『己所不欲，勿施於人。』」

《前進報》（*Vorwärts*）

「弗里茲・鮑爾的相關傳記中的楷模。」

《匯報》（*Allgemeine Zeitung*）

「史坦格表示，鮑爾是打破沉默圍牆的人。」

波蘭《選舉報》（*Wyborcza*）

「羅南・史坦格的這本情感細膩的書，不僅值得我們仔細閱讀，更重要的是，它能提醒我們每個人應堅持反對所有無論新的與舊的納粹口號。」

《國際政治與社會》期刊（*Internationale Politik und Gesellschaft*，IPG）

「法律工作者必讀。」

《慕尼黑水星報》（*Münchner Merkur*）

目次

CONTENTS

CONTENTS

推薦序

憑藉無所畏懼與堅定不移，憑藉奮戰精神與近乎用之不竭的毅力，弗里茲・鮑爾（Fritz Bauer）將自己的一生奉獻，為人道服務。熱情催生一個最啟蒙、最開明的社會，是他畢生的中心思想之一。這樣的中心思想，在他還是一位年輕的斯圖加特（Stuttgart）司法官時，從他致力於理性的刑法實踐，就已清楚地表現了出來。同樣明白顯現的，還有他對於在德意志這塊土地上第一個被孕育出的民主政權——威瑪共和國（Weimarer Republik），所做的頑強捍衛。然而，最能夠證明他選擇站在啟蒙一方的，則莫過於他在聯邦共和國肇建之初所扛起、直到他在一九六八年這個具有劃時代意義的年份英年早逝時，都未曾放下的奮戰；曾經先後在布朗史威克（Braunschweig）與法蘭克福（Frankfurt am Main）擔任檢察機關的負責人，弗里茲・鮑爾促使「國家社會主義」（納粹）的暴政成了在肇建的聯邦共和國裡受人矚目的一項主題。他迫使一個當時依然還極不情願去面對這段歷史的社會，將這段惡名昭彰的過往融入它的自我描述。弗里茲・鮑爾促使德國人民去面對一個既令人震驚、又令人羞愧的不公不義的歷史全貌。在一九六三至一九六五年的第一次「法蘭克福奧斯威辛集中營審判」（Frankfurt Auschwitz-Prozess）中，這位邦檢察總長在揭露納粹德國社會的犯行，以及追究其司法罪責上的奮戰，達到了頂峰。

弗里茲・鮑爾一直蒙受著周遭的抵制與敵意。他遭到邊緣化，受到迫害，甚至被迫流亡。雖然與威利・布蘭特（Willy Brandt）、庫爾特・舒馬赫（Kurt Schumacher）及迪奧多・阿多諾（Theodor W. Adorno）等人熟識，但他卻總是習慣站在不隨波逐流的立場。不難想像，這種孜孜不倦的生活耗費了他多大的心力。

雖然弗里茲・鮑爾也從事新聞工作，但他主要的角色卻是實務的法律工作者。因此，他的生平其實可以作為衡量法學家的勇敢行為與施展自由的範例。所有的法律都是人類的產物，它們的制訂、執行和解釋總是由人來負責。法律從不會自己發生。它們始終取決於那些視實現它們為己任的人。在一個頂多只是零零星星地對於國家社會主義做些司法處理的時代裡，弗里茲・鮑爾讓我們看到了，憑藉法律的手段，其實能夠做到怎樣的事情。

弗里茲・鮑爾憑藉法律的作為和對於法律的奉獻，特別引人注目，這與當時在司法界裡普遍瀰漫的態度，形成鮮明的對比。跨越一九四五年這個重要關卡的、巨大的人事連續性，也象徵、標誌了德意志聯邦共和國的戰後司法體系，因此德意志聯邦共和國的戰後司法是把它自己的道德自我卸責，建立在某種舒適的神話上，最終唯有它的法官美德才能破除、損害它。因為單單只是服膺於法律，且完全是在受外力所左右下，德國司法才與納粹的統治連在一起。在這樣的情況下，法官的道德完整性看似完好無損。

法律對於法律工作者的拘束、限制，是法律工作者的日常經驗。然而，弗里茲・鮑爾的一生卻是鮮活地表明了，特別是在法律的框架內，發揮道德自由的可能性。我們在這當中看見了，憑藉勇氣、憑藉論述的敏銳性，尤其還有憑藉孜孜不倦的工作熱情，人們在司法上可以達成什麼。所以，我們可以把弗里茲・鮑爾的一生視為典範，同時也可視為對法律工作者的專業性的論斷或評判標準，這點可說是顯而易見。

身為民主主義者與愛國者的弗里茲・鮑爾，不單只是為德國的歷史做出了重要的貢獻，而且還帶給它巨大的正面影響。我們每個人都應該將他的一生謹記在心，永遠緬懷他的功勞。對此，本書也做出了重大的貢獻。

安德烈亞斯・弗斯庫勒教授（Prof. Dr. Andreas Voßkuhle）／
德國聯邦憲法法院院長

卡爾斯魯爾（Karlsruhe），二〇一三年五月

作者中文版序——給台灣讀者

在我首度前往台灣時，我搭了大約十二個小時的飛機，但我卻到了一個和我自己的國家出奇類似的國度。

我的國家德國，有雄偉的高山與茂密的森林，是一個充滿自然美景的國家。它同時也是一個擁有先進技術的國家，一個工藝之國。然而，在過往的幾個世紀裡，這些工藝卻被用來製造大砲、製造一些可怕的武器，藉以發動戰爭、藉以殘殺人類、藉以將人置於驚恐的狀態。

如同台灣有其自身面對的課題，我的國家德國，也面臨了一個問題，該如何去面對自己曾有的血腥過往？而且人人也都背負著巨大的罪惡感。我們能否乾脆就此將這一切拋棄和遺忘？然而，如果不誠實地去面對過往的那些恐怖，我們又如何能在一個良好的基礎上建立民主？德國在這當中所面臨的困難，還有德國社會內部在這方面的激辯，都是這本書的主題。

對於許多在一九三〇與一九四〇年代以「納粹」（國家社會主義；

Nationalsozialismus）意識形態之名所犯下的恐怖罪行，後來絕大多數的德國人都希望，最好是將它們掩蓋起來。當時有位勇敢的司法人員名叫弗里茲・鮑爾（Fritz Bauer），他在一九五〇與一九六〇年代迫使德國人去回憶了那段不堪回首的過往。他讓真相得以被說出來。他在德國社會引爆了激烈的論辯。所有截至當時為止，人們避而不談的事情，全被弗里茲・鮑爾攤在陽光底下。他也因此為自己樹立了許多敵人。

直到一九九五年，才有一所德國的大學以弗里茲・鮑爾的名字為其中的一個研究所命名。除此以外，人們幾乎未曾給過他多少的肯定和表揚。直到二〇一三年，在你目前正在閱讀的這本書於德國出版後，情況才稍有改變。

這本書獲得了十分正面的迴響。所有大型的報紙也都談論了這本書。它還激起了多位德國電影製作人將弗里茲・鮑爾的故事搬上大銀幕的興趣；而且這股風潮後來甚至演變成，多位飾演鮑爾這個角色、可謂是一時之選的德國演員，進行一場演技大比拚。

二〇一四年一月，我應邀在聯邦司法部為德國重要的法官、檢察官與司法行政人員做了一場關於弗里茲・鮑爾的演講。這是當時新任的司法部長想要傳遞給司法人員的一個信號。他們應該以弗里茲・鮑爾為榜樣。德國聯邦憲法法院院長安德烈亞斯・弗斯庫勒教授（Prof. Dr. Andreas Voßkuhle）為本書作序；這同樣也是一個信號：長久以來未曾紀念過弗里茲・鮑爾的德國司法界，藉由這個舉動，象徵性地歡迎了弗里茲・鮑爾再度回到他們之中。

在這段期間裡，德國有了第一所以弗里茲・鮑爾為名的中小學，此外，還有一些街道、廣場、法庭也用他的名字來命名。由於時代所需，這個國家重新記起了這位曾經讓它很不自在的勇者。年輕人也仰望他。弗里茲・鮑爾在戰後撼動了德國，他展現了其他許多司法人員所欠缺的勇氣。他是一個典範。

弗里茲・鮑爾所要傳遞的信息就是：沒有人有權順從；如果一項法律或一項軍事命令是犯罪的，那麼每個人都有義務去反抗它。簡言之，這就是弗里茲・鮑爾為闡明納粹統治的過往所推動一切司法審判的精髓。這項信息不單只是適用於德國，它更是放諸四海皆準的一項信息。

內心企盼這個故事同樣也能在台灣引動與啟發重要的社會辯論。

羅南・史坦格（Ronen Steinke）

柏林，二〇一九年八月

1 將艾希曼告上法庭的德國人：他的秘密

法蘭克福法院街上的這扇沉重的橡木門未曾發出任何聲響，就在二十七歲的米歇爾・莫爾（Michael Maor）偷偷地打開它並悄悄地潛入黑暗的建築物之際。[1] 他們事先為他畫了路線圖。右轉上石階，一路至三樓，那裡有塊開闊的平面，宛如一個由綠色油氈所構成

1 »Feindliches Ausland«, *Der Spiegel*, 31. 07. 1995。另外我也重返現場進行了實地勘查，並且參酌對Michael Maor所做的訪問。

的宏偉的前院。月光照在那上頭。他的目光落在唯一一扇白色的門上，這扇門就彷彿從樓層的其他部分凸起於一個基座上。它的左右兩旁矗立著許多大理石柱，這些石柱在黑暗中看起來不是紅褐色，而是黑色。它們彷彿交代他：你絕對不能誤事！

這位以色列的前傘兵所接獲的任務就是：拍攝放在桌子左邊的檔案。那張桌子就在黑森邦的邦檢察總長弗里茲・鮑爾位於法蘭克福的辦公室裡。那個辦公室裡散發著雪茄的氣味，長長的窗簾緊閉著，牆上則掛著現代藝術作品。辦公桌上的物品清楚地分成了兩邊，左手邊的桌面上放置了一堆文件。「那些書面資料上印有『SS』（納粹親衛隊〔Schutzstaffel〕的簡稱）的符文」，莫爾回憶道，「而且在第一頁上就貼有一個身著制服的男子的照片。」

那是阿道夫・艾希曼（Adolf Eichmann）的檔案，這位瘋狂且野心勃勃的大屠殺首席組織者，曾經鉅細靡遺地規劃，如何透過官僚機構，殺害數以百萬計的猶太人。在這場深夜行動過了幾週後，一九六〇年五月十一日晚間，以色列的情報機構「摩薩德」（The Mossad）就在這位納粹罪犯於布宜諾斯艾利斯的藏身處逮捕了他。在遭到麻醉並被換上一件以色列航空的制服後，艾希曼被帶上某架客機的頭等艙載往以色列。二十世紀最重要的刑事審判之一隨之登場，而這也是當時年紀尚輕的以色列社會的一個關鍵時刻。只不過，決定性的足跡卻是在法蘭克福。

在一九五七年時，有封開啟這一切發展的信寄到了這裡。[2]這封信是來自一位名叫洛塔・赫曼（Lothar Hermann）的男子；他原是一名出生於德國的猶太人，為了躲避納粹的迫害，流亡到了阿根廷定居。他在信中寫道，他發現，艾希曼現正以假名居住在布宜諾斯艾利斯郊區。他之所以發現了艾希曼，其實是因為一樁巧合：他的女兒居然就這麼巧愛上了這個大屠殺劊子手的兒子。在那個時點上，這位被這樁「喜事」搞得驚魂未定的父親幾乎可說是求助無門；當時以色列政府還在為迫切的國防問題忙得不可開交，而美國人則是把懲罰納粹戰犯的責任丟給了德國人，至於在德國的司法界裡，許許多多的法官和檢察官則都擔心自己是否也會淪為遭人審判的對象。唯有在法蘭克福，當時那裡的邦檢察總長一直在憑著一己之力設法緝拿艾希曼歸案。

這位名為弗里茲・鮑爾的邦檢察總長可算是一個「異數」，也因此，他的聲名才會遠

2 Bettina Stangneth指出了Hermann先求助於Arnold Buchthal這位在法蘭克福的猶太裔邦最高法院檢察官的可能性，參閱Stangneth, *Eichmann vor Jerusalem. Das unbehelligte Leben eines Massenmörders*, Zürich/Hamburg 2011, p. 406。不過，直到一九五七年才離職的Buchthal其實是鮑爾的下屬，而且檢方對於納粹犯行所做的偵辦，當時官方用語稱為「舊朝政治案件」，都得上報給長官。這類案件的偵辦都得在與邦檢察總長的議定下才能啟動與執行。

播到阿根廷和以色列。弗里茲・鮑爾是個具有猶太血統的社會民主主義者，他在一九三六年時幸運地逃出納粹的魔掌，直到一九四五年以後才重返德國，而且回歸參雜著最多納粹黨羽的德國公務體系。他特別選擇投身刑事司法部門，決意要為懲罰納粹罪犯而奮戰。而這也就是洛塔・赫曼那個舉報艾希曼的爆炸性信息的收件之處。

正當那位以色列特工剛在弗里茲・鮑爾黑漆漆的辦公室裡，裝好他的攝影器材，卻被突如其來的聲響嚇了一跳。「忽然間，我聽到了腳步聲，而且還有光線從門縫裡射了進來。」米歇爾・莫爾趕緊躲到桌子後面，外頭的綠色地毯上，顯然有人正用發出吧嗒吧嗒、古怪聲響的腳步緩慢接近中。聽起來，彷彿那個人後頭拖了什麼東西在地板上。

莫爾待在原地一動也不敢動；直到他確定，在外頭活動的人是位清潔女工。「她應該有點草率」，他如此表示，因為她居然沒有進來打掃邦檢察總長的六十平方米大的辦公室，就這麼拖著奇怪的腳步往他處去了。「算她好運」，莫爾暗示性地表示，畢竟他當晚的任務是只許成功不許失敗。燈光再次熄滅。

被傳給「摩薩德」的艾希曼文件並非碰巧敞開地放在桌上。這位夜間訪客是弗里茲・鮑爾自己邀請來的。與其說這是一場侵入，毋寧說這是一次秘密的交接；它是如此地秘密，秘密到就連與鮑爾關係最親近的法界人士都無人知曉此事。

鮑爾先前經常會遇到某些官員事先警告納粹嫌疑人的情形；那些官員會去暗中刺探檢

警所掌握的一些資訊，在人們動手逮捕前，先給納粹嫌疑人通風報信。當時警方存在著無數這樣的漏洞，透過警方的電報線路，一個消息會走漏給許多的耳目；因此，對於鮑爾麾下的納粹問題調查小組來說，警方的電報線路可謂是一大禁忌。誠如調查小組成員之一的約阿辛・庫格勒（Joachim Kügler）在回憶時所述：「在『奧斯威辛集中營審判』的整個過程中，每當我想發出一份電報，我就會去大市場（Großmarkt）找一位蔬果批發商幫忙。」[3]

小心謹慎是最高守則。在一九五〇與一九六〇年代時，潛逃至世界各地的納粹戰犯都還能有系統地接獲警告通知，而且甚至於還是透過一份名為《西方警報服務》（*Warndienst West*）的特殊刊物；這份刊物則是由德國紅十字會的漢堡辦事處（當時是由某位前納粹親衛隊的上級突擊隊領袖主持）發送給分佈於世界各地的納粹國防軍，及納粹親衛隊組織的傳統社團。相關資訊直接源自設在波昂（Bonn）的政府機關，那是成立於一九五〇年的「納粹犯嫌中央法律辦公室」（Zentrale Rechtsschutzstelle für NS-Verdächtige），[4]直到一

3 Werner Renz對Kügler所做的訪問。

4 關於這個相對於後來才成立的「路德維希堡中央辦公室」（Zentralen Stelle Ludwigsburg）的機關，參閱Annette Weinke, *Eine Gesellschaft ermittelt gegen sich selbst. Die Geschichte der Zentralen Stelle*

九五三年後，這個機關才先後被移往司法部與外交部，由一位布列斯勞（Breslau）納粹特別法庭的前檢察官主持。有一回，弗里茲・鮑爾的團隊正在追查在納粹的安樂死計劃中最活躍的份子之一——萊恩霍爾德・弗爾貝格（Reinhold Vorberg），他們向波昂的法院提出了秘密調查的申請，沒想到，法官居然親自把如此敏感的消息洩露給當地的一名律師，這也使得萊恩霍爾德・弗爾貝格後來順利逃到了西班牙。[5]

在當時的國家機器中，前納粹公務人員不僅形成個別的網絡，而且還逐漸重新築起一條廣闊的聯合戰線。在一九四九與一九五四年通過的大赦法下，遭德國法院判刑的納粹罪犯多半都已被赦免。他們所受到的判決和刑罰都被從犯罪記錄中刪除。起初，盟軍與德國的民主主義者都希望能有一個乾淨的了斷。至少國家機器得要清理乾淨。然而，在那之後，公務員協會卻幾乎為所有前納粹公務人員都爭取到可以重新擔任公務人員的權利。國務秘書層級以下的法院和部會，情況無不如此。在一九五〇年代時，納粹政權的同路人幾乎完全重新佈滿了司法部門與行政部門。

德國警方並不想要幫忙搜查艾希曼，早在一九五七年七月時，「聯邦刑事調查局」（Bundeskriminalamt；簡稱ＢＫＡ）的外事部負責人，前納粹親衛隊的下級突擊隊領袖保羅・迪可夫（Paul Dickopf），就已告知弗里茲・鮑爾這件事。艾希曼的行為屬於政治性質，這就是為何根據國際刑警組織規約，無法進行搜查的原因。[6]在一九五八年的聯邦刑事調查局的四十七名高級官員中，有二十一名官員是前納粹親衛隊的成員。當弗里茲・鮑爾在一九六〇年邀請他們參加一場圓桌會議，[7]共同磋商如何處理奧斯威辛集中營嫌犯的調查行動，他們派了一位部門主管與會，而這位部門主管則是曾在俄國負責將平民百姓抓進集中營的前納粹親衛隊領袖。根據當時剛在路德維希堡（Ludwigsburg）成立的「納粹犯行調查中央辦公室」的負責人，最高法院檢察官埃爾文・舒勒（Erwin Schüle），在一九六〇年時所述，當時的形勢就是：部分再次在聯邦共和國裡位居要職的警察，過去都曾以「驚人的程度」[8]參與了納粹的罪行。後來人們才知道，他本人不單也曾是「國家社會主義德國工人黨」（National Sozialistische Deutsche Arbeiter Partei；簡稱NSDAP；通稱

Ludwigsburg 1958–2008, 2. edition Darmstadt 2009, p. 126–135。

5 對Warlo所做的訪問。

6 參閱Stangneth, *Eichmann vor Jerusalem*, p. 407。

7 關於Bernhard Niggemeyer參與這場會議，參閱Vermerk des Oberstaatsanwalts Vogel beim Landgericht Frankfurt am Main, 8. March 1960, Az. 4 Js 444/59。關於Niggemeyer的過去，參閱Dieter Schenk, *Auf dem rechten Auge blind. Die braunen Wurzeln des BKA*, Köln 2001, p. 187–190。

8 引述自Andreas Eichmüller, *Keine Generalamnestie. Die Strafverfolgung von NS-Verbrechen in der frühen Bundesrepublik*, München 2012, p. 375。

為「納粹黨」）的黨員，而且還曾是希特勒的武裝組織「衝鋒隊」（Sturmabteilung；簡稱SA）的成員；他所說的那番話，還真可說是一個既切題，又令人悲哀的梗。

即使是在布宜諾斯艾利斯，潛逃的納粹份子也被充滿警覺且組織良好的同志所包圍。這使得追捕艾希曼成了一項特別艱困的任務。當時德國的駐阿根廷大使是一個名叫維爾納・榮克（Werner Junker）的人；早在納粹時期，他就已經在擔任外交官。[9]他與右派的流亡者保持著密切的聯繫，與艾希曼也頗有私交。雖然弗里茲・鮑爾並不曉得，自一九五二年起，聯邦情報局就已經掌握了艾希曼的化名以及他在阿根廷的住處；這些情資都被聯邦情報局給扣住——在一份直到數十年後才被公開的文件中，負責的情報人員曾經指示：「請小心蒐集有關艾希曼的所有消息，我們還是需要它們。」[10]但是他已經夠清楚，自己是無法指望得到他們的幫助，當然更看不到他們手裡的牌。在先前德國對抗蘇聯的殲滅戰中，萊因哈德・格倫（Reinhard Gehlen）曾經擔任過領導東方間諜的情報頭子。這時聯邦共和國的情報局則是由他執掌。而他的身邊所圍繞的，則全是他的老同志。

因此，鮑爾如何將最著名的納粹餘孽阿道夫・艾希曼逮捕歸案並且送上法庭接受審判，也就是一個關於他如何排除重重阻礙，並設法達成的故事——而這同樣也是一個注定必須孤獨地做出決定的故事。在一九五七年十一月初，鮑爾首次在某個不為人知的地點與以色列駐德國代表菲利克斯・辛納爾（Felix Schinnar）會面，向他通報了關於艾希曼在布宜諾斯艾利斯的線索。[11]鮑爾在那次的會面上強調，只有與他友好的一位德國社會民主黨的同志，當時黑森邦的邦總理格奧爾格・奧古斯特・辛恩（Georg August Zinn），對此知情。事情必須保持隱密。太多人知道會提高風險。鮑爾打算不動聲色地繞過那些妨礙司法公正的機關。

不久之後，在一九五八年一月時，根據他所給的提示，首次有位摩薩德的特務在布宜諾斯艾利斯搜尋艾希曼。[12]然而，位於查卡布科街（Calle Chacabuco）四二六一號、疑似是艾希曼住處的房子，看起來卻是又小又破；完全有別於人們對於一個有權有勢的納粹份子，其棲身之所的想像。在未經細查下，那位以色列的特務失望地無功而回。

在那之後，鮑爾一直催促以色列繼續進行調查。到了一九五八年一月廿一日，他第二度與以色列的聯絡人會面，這次是在法蘭克福。他要求對方承諾，摩薩德將會去求證於鮑爾的「線人」洛塔・赫曼。鮑爾甚至給了以色列的特務一份虛構的文件，以色列人可以藉

9 參閱Stangneth, *Eichmann vor Jerusalem*, p. 413。
10 引述自同上，p. 533。
11 同上，p. 407。
12 同上。

此假裝自己是最高檢察署的一名官員。

然而，摩薩德的第二次任務卻依然是在一個令人失望的結局中收場。調查的結果是，當時洛塔・赫曼已經近乎完全失明，他已搬離布宜諾斯艾利斯多年，如今住在距離布宜諾斯艾利斯有數小時車程的蘇亞雷斯上校鎮（CoronelSuárez）。摩薩德認為他的線報靠不住。對於弗里茲・鮑爾催促第三次派出「拉丁美洲探險隊」的要求，人們變得興趣缺缺。在這樣的情況下，布宜諾斯艾利斯的線報眼看就快被打入冷宮——儘管這時弗里茲・鮑爾尚未察覺到某種怪異的緊張氣氛。

德國駐阿根廷的大使於一九五八年六月廿四日告知鮑爾，他對阿道夫・艾希曼所做的一切調查全都毫無結果，而且艾希曼也不太可能待在阿根廷，相反地，他或許比較有可能逃到了東方。[13]這時鮑爾也從另一位老右派那裡聽到了這個同樣的奇怪信息。這位老右派就是前已提及的聯邦刑事調查局外事部負責人，保羅・迪可夫。他甚至還親自前往弗里茲・鮑爾的辦公室拜訪他（在此之前，他從未這麼做過），建議他不要在阿根廷進行搜索，因為艾希曼肯定不在那裡。到了一九五九年八月，弗里茲・鮑爾第三度聽到了這個信息，因為就連設在路德維希堡的納粹犯行調查中央辦公室的負責人，最高法院檢察官埃爾文・舒勒，都來告訴他，他也得知艾希曼不在南美，比較可能是在中東。[14]鮑爾感覺到了這是一個詭計，而他也認為自己顯然走對了路。[15]

一方面，對方的緊張增強了他的信心。於是，在從一九五九年秋季起的一系列新聞稿裡，鮑爾刻意給外界一種印象，彷彿他的調查工作確實完全聚焦於中東地區。在第一篇、誠如艾希曼專家貝蒂娜・史坦格奈特（Bettina Stangneth）所述「顯然完全是杜撰的」[16]新聞稿中，鮑爾表示，人們認為艾希曼在某位酋長的工作團隊裡擔任「幾家西德公司的專員」[17]，只不過，基於司法上的禮貌，他無法透露這些公司的名稱。就連鮑爾的同事，艾希曼案在法蘭克福的正式負責人，同時也是一名最高法院檢察官，也都被蒙在鼓裡。這位同事曾在一九五九年十月初告知黑森邦的司法部長，直到不久之前艾希曼可能一直都滯留在埃及。[18]

在一九五九年的聖誕節前夕，鮑爾甚至還煞有其事地召開記者會，之後更發給通訊社

---

13 參閱Irmtrud Wojak, *Fritz Bauer (1903 – 1968). Eine Biographie, München 2009*, p. 296。
14 參閱Wojak, *Fritz Bauer*, p. 298。
15 參閱Stangneth, *Eichmann vor Jerusalem*, p. 430。
16 同上，p. 438。
17 同上。
18 參閱Wojak, *Fritz Bauer*, p. 298。

一個轟動社會的消息：「到了一九六〇年年初，邦檢察總長鮑爾將會透過波昂有關當局，向科威特酋長國提出引渡艾希曼的請求。」[19]雖然這一切都只是裝出來的（記者會只是由摩薩德配合演出），不過此舉確實奏效。這時候，就連在阿根廷的報紙上，人們也都能讀到法蘭克福的邦檢察總長改變偵辦方向的消息。一切看起來就彷彿警報解除。

另一方面，鮑爾同時卻又加大力道驅策以色列人，繼續在暗地裡追蹤艾希曼的下落。以色列政府的態度仍是猶豫不決。它有自己的政治考量。如果沒有正式的外交準備工作（而這也將毀掉任何成功的機會），貿然派人前往阿根廷逮捕艾希曼，這在國際間會被視為是種侮辱的舉動，是對阿根廷主權的侵犯；此舉將使年紀尚輕、還在尋求認可的這個猶太國家處境更加艱難。為此，弗里茲・鮑爾曾經先後於一九五八年三月、一九五九年夏天與一九五九年十二月，三度親自前往以色列，藉以說服那裡的決策者改變心意。最後，他甚至還不惜採取威脅的手段。如果以色列人最終還是無法克服自己的猶豫不決，他，弗里茲・鮑爾，並不排斥以向科威特請求引渡的戲碼為依據，確實向阿根廷提出引渡的請求，只不過，屆時就會有人向艾希曼通風報信。

一九五九年十二月六日，以色列總理大衛・本—古里昂（David Ben-Gurion）在日記裡寫道：「我提議，（弗里茲・鮑爾）別把事情告訴任何人，也別去請求引渡，只要把他的地址給我們就好。如果事實證明他真的住在那裡，我們就會動手抓人，把他帶回這裡。」[20]就這樣，關鍵的決定做成了。大衛・本—古里昂還補充道：「這件事將交由艾瑟負責。」艾瑟・哈瑞爾（Isser Harel）是以色列的情報頭子，摩薩德行動就是由他親自領軍。

弗里茲・鮑爾還為以色列人提供更多控告艾希曼的證據——為此，他安排了讓二十七歲的米歇爾・莫爾夜探他的辦公室。然而，從這時起，他卻不再獲知摩薩德到底有何進展。在歷經數週的無消無息後，到了五月廿二日，有位以色列的聯絡人終於打電話給在法蘭克福的鮑爾。[21]這位聯絡人請鮑爾於次日撥冗時間與他見個面，而且還承諾「也許」會給鮑爾一個好消息。他們相約在法蘭克福的一家餐廳。可是，到了約定的時間，那位以色列的聯絡人卻沒有依約出現。隨著時間一分一秒的經過，鮑爾的心中越來越不安；一半是因為不祥的預感、一半是因為擔憂。過了將近半小時後，那位以色列的聯絡人才總算到來，只見他的雙手仍然沾滿了處理爆胎的髒污，可是他卻迫不及待地立即將重要的消息告訴了鮑爾。

19 引述自Stangneth, *Eichmann vor Jerusalem*, p. 435。
20 引述自Michael Bar-Zohar, *Ben-Gurion*, Tel Aviv 1978, Bd. 3, p. 1374。
21 參閱Isser Harel, *Das Haus in der Garibaldistraße*, Frankfurt am Main 1976, p. 279。

艾瑟・哈瑞爾曾在他的回憶錄中寫道：弗里茲・鮑爾在擁抱時不禁熱淚盈眶。[22]在過了短短兩個半小時以後，世上的其他人同樣也得知了艾希曼落網，且已被送往以色列的消息；這項消息是在耶路撒冷當地時間下午四點，由大衛・本－古里昂在以色列議會中，正式對外發表。

當時世人並不曉得，在背後促成這一切的，其實是個踽踽獨行的德國檢察官。而這也是鮑爾想要的。他守口如瓶地維持住這個秘密，因為違反了一切規定的他，可能會因內情曝光而立即丟掉他在德國的職位。

耶路撒冷的檢察長海姆・科亨（Haim Cohn）曾在寫給鮑爾的信中表示：「我無須言明——況且，無論如何，我也無法透過書信的方式做到——我們有多麼感謝您；不單只是基於感恩，更是基於我們對於目標及成功的共同意識。」[23]

在一九六〇年時，當艾希曼的審判猶如一齣強檔戲劇搬上了耶路撒冷這個大舞台，而世人的目光也全都聚焦在那，鮑爾的內心想必是五味雜陳。以色列的司法機關把這場審判炒作成媒體事件，炒作成一場打破了迄今為止普遍存在於社會上，對於大屠殺的論辯所抱持的沉默。弗里茲・鮑爾也夢想著這一點，誠如有一回他向自己在法蘭克福的同事吐露心聲時所述；[24]只不過，對於以色列的法院想要動用死刑，他卻是感到遺憾，其中有部分的原因則是在於，如此一來，往後就再也無法讓艾希曼擔任證人。

鮑爾曾經一度試圖說服康拉德・阿登納（Konrad Adenauer）的政府，至少象徵性地對以色列提出一個引渡的請求——只是為了證明，比起發自以色列人之口，針對艾希曼的控訴其實更應發自德國人之口。然而波昂方面卻拒絕了他的提議。而且，鮑爾的嘗試甚至也未曾打動那些對他有好感的人；漢娜・鄂蘭（Hannah Arendt）就曾在寫給她的朋友卡爾・雅斯培的信中表示：弗里茲・鮑爾是「猶太人，所以這整件事情都是沒有價值的。」[25]。

有一回，有位法蘭克福在地的年輕朋友對他說：「我聽說，艾希曼是你抓到的。」[26]鮑爾自己顯然無法完全保守住關於艾希曼的秘密，他曾偷偷地把這個秘密告訴給某位女性友人，而這位女性友人顯然也沒能守住這個秘密。「這件事你是從哪聽來的？」鮑爾驚訝

22 同上，p. 280。
23 Cohn寫給鮑爾的信，22. May 1960, Nachlass Fritz Bauer, Archiv der sozialen Demokratie。
24 對Warlo所做的訪問。
25 Arendt寫給Karl Jaspers的信，6. August 1961，引用自Lotte Köhler/Hans Saner (ed.), *Hannah Arendt/Karl Jaspers Briefwechsel 1926 – 1969*, 2. edition München 1987, p. 483。
26 對Amend所做的訪問。

地問這位朋友。

儘管鮑爾沒有正面回答這個問題。然而，從鮑爾並未加以否認的跡象看來，這位朋友也會曉得，事情應該不是空穴來風。

「西蒙‧維森塔（Simon Wiesenthal）怎麼說呢？」那位年輕的朋友追問道。「人們總說，是他找到了關於艾希曼的下落。」鮑爾笑著說道：「對啊，他也稱自己是『艾希曼獵人』。他是可以這麼稱呼自己，他確實是有追捕艾希曼，但他並沒有逮到他！」

在追捕艾希曼的過程中，鮑爾究竟扮演了多麼重要的角色，直到一九六八年八月，當以色列的《晚禱報》（*Ma'ariv*）披露了這個秘密，而且與本－古里昂交好的作家米歐爾‧巴爾－索哈（Michael Bar-Zohar）也證實了這個故事，世人才終於知曉。[27]以色列人一直等到弗里茲‧鮑爾再也不會因此事而蒙受不利，一直等到他去世，才揭露了這個秘密。

接著，在此後的數十年間，人們才慢慢地掀開這整齣在弗里茲‧鮑爾在世時暗中上演的精彩好戲的神秘面紗。整個事件的經過，令人瞠目結舌。它凸顯出在德國的戰後歷史中，並未出現許多正面的代表人物，至於堪為剛正不阿之表率的司法人員，也同樣屈指可數。

弗里茲‧鮑爾擅於從法庭的小舞台點燃大規模的政治辯論——其中多半當然都是起於他在一九六三至一九六五年期間所發動的、大規模的「法蘭克福奧斯威辛集中營審判」。

誠如漢娜・鄂蘭當時所述：「這場審判在許多方面就宛如是對在耶路撒冷進行的審判，所做的補充。」[28]鮑爾的名字如今之所以廣為人知，主要就是在這個脈絡下；如果沒有他，不單不會有艾希曼審判，就連奧斯威辛集中營審判恐怕也不會產生。這位迫使德國人去面對自己的歷史的男性，他本身其實也有一個十分吸引人的故事；只不過，以他為主題的兩部傑出學術著作——馬蒂亞斯・摩伊許（Matthias Meusch）於二〇〇一年發表的博士論文《從獨裁統治到民主——弗里茲・鮑爾與黑森邦對於納粹犯行的追訴（1956 – 1968）》（*Von der Diktatur zur Demokratie. Fritz Bauer und die Aufarbeitung der NS-Verbrechen in Hessen*〔*1956 – 1968*〕），以及伊姆特魯德・沃雅克（Irmtrud Wojak）於二〇〇九年發表的任教資格論文《弗里茲・鮑爾傳，1903 – 1968》（*Fritz Bauer 1903 – 1968. Eine Biographie*）——並非一般社會大眾會去閱讀的書籍。更重要的是，許多疑點還是未能獲得澄清。

在戰後時期裡，鮑爾對外總是宣稱自己「沒有任何宗教信仰」，對於自己年少時期的事情，他也絕口不提，他甚至明顯地與其他的猶太人保持距離——因此，截至目前為止，

27 參閱»Israelischer Autor : Fritz Bauer verriet uns Eichmann«, *Süddeutsche Zeitung*, 19. February 1969。

28 Hannah Arendt, »Der Auschwitz-Prozeß«, in Eike Geisel/Klaus Bittermann (ed.), *Nach Auschwitz, Essays & Kommentare 1*, Berlin 1989, p. 99 – 139 (117)。

人們都認為，出身於一個與德國社會同化的猶太家庭的弗里茲・鮑爾，不太與他的猶太血統有所關連。然而，新發掘的一些史料卻是講述了一個截然不同的故事。在成年之後，他與猶太文化完全保持著鮮活的互動關係，他樂於融入符騰堡（Württemberg）的猶太人小圈圈，而且在一九四五年時更曾自豪地稱自己為猶太人。直到一九四九年以後，當他結束流亡生涯返回德國，他才開始將自己這部分的生平隱藏起來；此舉也透露了當時聯邦共和國的氛圍。

在魏瑪共和國裡的求學期間，鮑爾不僅曾經加入過一個猶太兄弟會，而且還曾與兄弟會的弟兄們一起對抗過校園中日益增長的反猶太主義；這些事情有很大一部分迄今都鮮為人知。就連鮑爾在他還是一位菜鳥法官時，與反猶太主義者發生的一些爭執，迄今也都一直沉睡在某些法院的檔案中。

在哥本哈根國家檔案室的深處，過去幾十年來也一直藏著一些關於鮑爾的報告，這些報告被人用一條紅白相間的繩子束在一起，裡頭記載了鮑爾年輕時在流亡期間因同性戀行為而遭到審訊的情形。這件事情如果在當時就曝光的話，恐怕會給身為邦檢察總長的弗里茲・鮑爾帶來致命的打擊；因為即使到了一九六〇年代，同性戀在德國依然還是會被起訴的犯罪行為。如今這點之所以重要，無非只是因為鮑爾在這方面得要守住一個又一個秘密。也或許是因為，如此一來，人們會更容易去理解他的反權威的脈絡。

弗里茲・鮑爾的身上有一半是「政治人」、有一半則是「波西米亞人」。在一九五八年時，他曾在黑森邦的一個監獄裡對囚犯們如此問候道：「我的同志們！」[29]此舉在阿登納的時代裡可謂是「駭人聽聞」。有一回，鮑爾在一場座談會中被人問到：「我們可以做些什麼，藉以消弭那些造成我們不幸的、普遍的攻擊衝動？」他居然在禮堂裡大聲地回答說：「更多的性！就連在文學方面也不例外！我反對禁止薩德侯爵（Marquis de Sade）的書！」[30]又有一回，時間大約是在一九五〇年代的末期，一些出版商、政府官員與記者，應當時德國社會民主黨籍的邦總理格奧爾格・奧古斯特・辛恩之邀，共同為起草一部具有現代性的黑森邦新聞法提供建議，在會中，這位反應靈敏、對答如流、髮型稍嫌紊亂且不停地抽著菸的司法人員，提出了毫不妥協、徹底實現新聞自由的種種最激進的建議。後來，在場有某位搞不清楚狀況的記者不禁問道：「不好意思，請問你是屬於哪家報紙的？」[31]

29 引述自»Personalien«, *Der Spiegel*, 20. March 1957。

30 引述自Robert Neumann, *Vielleicht das Heitere. Tagebuch aus einem andern Jahr*, München 1968, p. 386。

31 Ernst Müller-Meiningen Jr., »Wenn einer nicht im Dutzend mitläuft. Erinnerungen an den hessischen Generalstaatsanwalt Bauer, der am 16. Juli 65 Jahre alt geworden wäre«, *Süddeutsche Zeitung*, 16. July

這就是他人生的角色：一位不是基於嚴厲或報復衝動，而是基於絕望的自由而奮戰的控訴者。他讓他的國家在依舊還是十分晦暗時就已有了些許光彩。作為檢察官與刑法改革者，他促使這個國家發生了持久的改變。為了瞭解這一切究竟是如何發生，在以下的內容中我不僅將引用迄今已為人知與不為人知的一些文獻，更重要的是，我還將引述與弗里茲・鮑爾相處過的一些時代見證者的證詞；這些人當中有一部分喜歡他，有一部分則是在他的難以真正與人親近下，最終轉而反對他。

夜裡，在他的住處經常會有電話聲響起，只聽見某些不明人士在電話的那頭咆哮著：「猶太豬去死！」從一九六四年春季起，人們都得在審判的前一天預先在進行奧斯威辛集中營審判的場地搜查爆裂物，因為鮑爾的辦公室收到了炸彈的威脅。[32]他所收到的大量恐嚇信裝滿了許多的檔案夾，上頭還標示著「值得讚許的信件」與「胡言亂語的信件」。[33]有一回，大約在一九六〇年代晚期，為了一項寫作計劃，女作家英格麗・茨維倫茲（Ingrid Zwerenz）曾請求弗里茲・鮑爾提供一些匿名的恐嚇信或辱罵信，他居然表示，自己甚至可以用幽默來面對那些敵意。有別於海因里希・伯爾（Heinrich Böll）、鈞特・葛拉斯（Günter Grass）、馬丁・瓦爾澤（Martin Walser）和其他一些人，不是婉拒提供，就是表示，自己基本上會立即把那些充滿仇恨的信件丟入垃圾桶，弗里茲・鮑爾卻是附上友好的問候，並寄給了她一個特別稀奇的「樣本」。那是一張雙面都用打字機打得密密麻麻的明信片。寄件人自稱為「科隆圈」（Kölner Kreis），收件人寫的是「最高法院檢察官鮑爾」，底下的地址則只寫著「性格特徵頭像Ia（Charakterkopf Ia），法蘭克福」。[34]

鮑爾之所以挑選那張明信片出來，或許是因為郵差光憑些許資訊，就曉得該把明信片送到哪裡，這項事實讓他感到相當佩服。但也或許是因為在那些卡片上的文字令他發出會心一笑。一位匿名的作者在卡片裡好為人師地表示：「我們心目中的檢察官應是在一個國家裡提倡秩序、道德和整潔的人！」但弗里茲・鮑爾卻是反其道而行。

1968。

32 參閱Wojak, *Fritz Bauer*, p. 307。

33 參閱Wojak, »Die Mauer des Schweigens durchbrochen‹. Der erste Frankfurter Auschwitz-Prozess 1963 – 1965«, in Fritz-Bauer-Institut (ed.), »Gerichtstag halten über uns selbst …« Geschichte und Wirkung des ersten Frankfurter Auschwitz-Prozesses, p. 21 – 42 (23)。

34 參閱Ingrid Zwerenz (ed.), *Anonym. Schmäh- und Drohbriefe an Prominente*, München 1968, p. 89。

2

猶太人的生活：戰後頗富爭議的司法官從未提過的事

默不作聲的火爆檢座：鮑爾博士的集體沉默

當迫使德國人面對奧斯威辛集中營這個難題的弗里茲・鮑爾被人問到：「當你還是個小孩或青少年時，你是否曾經深為『反猶太主義』所苦？」[1]許多電視機前的觀眾都等了好一會兒，才聽到鮑爾以友好且帶著施瓦本口音的低沉聲調回答了這個問題。這是個無害的問題，卻也是個危險的問題。

在鮑爾位於法蘭克福的辦公室裡，人們在一組燈芯絨躺椅周圍架設了燈具，當下整間辦公室被照得燈火通明。那時是一九六七年八月，人們坐在法蘭克福表現主義派畫家席格弗里德・萊希安德史托佩（Siegfried Reich an der Stolpe）的一幅色調黑暗、風格狂野的畫作旁。弗里茲・鮑爾頂著一頭閃閃發亮的白髮，戴著一副牛角眼鏡，身體微曲地躺坐在躺椅上，這樣的姿勢使得他的一條褲管被拉高起來，從而也露出了一隻淺色的襪子與一小截男性的小腿。當然他也在抽菸；在這種必須深思熟慮的對話裡，來支小雪茄是個不錯的選擇。對於德國的觀眾來說，此時鮑爾已無須再被多做介紹。他的名字早已代表了對於過往納粹歷史的清算，只不過清算的尖銳程度，對於許多德國人來說，卻是太超過了。那個時候，他可以算是德國最知名的檢察官，而且根據接獲的恐嚇信與最新破獲的謀殺陰謀[2]，他也可以算是德國最為人所痛恨的檢察官。就在前一年，才剛有兩名右派激進份子計劃想殺害他這位「戰犯審判的主要負責人」，以及威利・布蘭特與作家鈞特・葛拉斯。除此之外，鮑爾還擁有一把袖珍型手槍，這項事實也使他們的陰謀變得錯綜複雜。

1 鮑爾的電視訪問：»Als sie noch jung waren. Gespräch mit Fritz Bauer«。西德廣播公司（Westdeutscher Rundfunk；簡稱：WDR）於一九六七年八月十一日播出的節目。

2 參閱Gerhard Mauz, »Schuhgröße neun reicht im allgemeinen«, *Der Spiegel*, 14. November 1966。

他們說他有強烈的復仇慾。一封典型的警告信的作者曾經寫道：「每當人們在電視上看到你，B博士，就會感覺到，你已徹徹底底地被無盡的仇恨給充滿。」[3]另一位警告信的作者則寫道：「在盲目的憤怒下，你是否還沒搞懂，絕大部分的德國民眾早已受夠了所謂的納粹戰犯審判！你還是去你該去的地方吧！」[4]然而，鮑爾的這些作為是否也受到了他個人的動機所驅使而為，卻不單只是個別的瘋狂民眾的疑問。這也就是為何對於他個人在反猶太主義方面的經歷，他的答案是如此地敏感。這也就是為何他這時得要非常仔細地斟酌自己所說的話。

他大可告訴電視機前的觀眾，身為一名猶太裔的大學生，自己是如何被排除在各種運動俱樂部與學生組織之外；身為一名二十八歲的法官，自己必須如何抵抗納粹報章雜誌稱他為「猶太人鮑爾」的種種攻擊；從一九三三年起，他是如何不再能夠從事司法官的工作；他的家人如何被沒收財產及兩度被驅逐；身為猶太人的他，在戰後想要重返德國公務員的行列時，又是如何被以「不適合」為藉口加以刁難。然而，他並沒有這麼做，取而代之，他只講述了自己在小學時期曾經遭遇過的唯一一個無害的插曲。在他一年級時，由於嫉妒老師對他的讚美，班上一些同學揍了他這隻四眼田雞。在同學們童言童語的辱罵中，卻也夾雜了這樣的宣判：「你的家人殺死了耶穌！」[5]

言盡於此。兒童在基督教的宗教課裡聽說「是『猶太人』殺死了耶穌」，這項事實當然不是開始於納粹，也並未與它一起結束。相較於鮑爾或許還應透露的那些事情，這件事簡直就只有芝麻綠豆大。

每當涉及到他身為猶太人的個人經歷，他總是寧可保持沉默。在一九四三年十月廿四日，作為弗里茲・鮑爾逃離他的第一個流亡國丹麥的理由，瑞典警方所寫下的是：「被迫害的猶太人」[6]。然而，到了一九四九年以後，對於究竟是在「政治上、種族上、抑或是在宗教信仰上遭受迫害」的這個問題，他卻總只是輕描淡寫地表示：是「政治迫害」[7]。在一九六〇年時，他的故鄉斯圖加特籌劃了一場關於曾經遭受迫害的「猶太市民」的展

---

3 Irmtrud Wojak在威斯巴登（Wiesbaden）的國家檔案館裡，找到這封紐倫堡的某位寄件人所發出的沒有註明日期的信件。參閱Wojak, *Fritz Bauer*, p. 307。

4 同上p. 307。

5 當時在斯圖加特的另一名猶太裔男孩，Fred Uhlman，甚至提到了，有位斯圖加特的宗教老師曾告訴小學生，「猶太人」鞭打了耶穌基督。Fred Uhlman, *The Making of an Englishman. Erinnerungen eines deutschen Juden*, Zürich 1998, p. 37。

6 參閱Wojak, *Fritz Bauer*, p. 161。

7 一九五六年在法蘭克福的邦最高法院建置的人事調查表。Justiz-Personalakte Fritz Bauer, Archiv des Fritz-Bauer-Instituts, NL – 08/03。

覽，當時的市長親自邀請他提供一些個人的物品與回憶參與展出。[8] 鮑爾不僅在未敘明理由下立即婉拒，而且他還預防性地加碼表示：「我不認為我們家有哪位成員會有意講述自己的故事。」[9]

那場坐在燈芯絨沙發上進行的電視採訪，整個流程都是與女主持人事先商議過的。[10] 不單只有他，就連她——蕾娜特・哈普雷希特（Renate Harpprecht），也是一位幸運逃過納粹魔掌的猶太倖存者。早在她二十一歲時，她就已經經歷過奧斯威辛集中營與貝爾根—貝爾森集中營（Konzentrationslager Bergen-Belsen）的洗禮。誠如她在多年後所述，她一直都還清楚記得，當她在一九四五年四月被英國人解救時，呂納堡之石楠草原（Lüneburger Heide）令人窒息的燠熱，還有成千上萬的腐爛屍體所發出的令人感傷的惡臭。[11] 換言之，鮑爾其實有機會說出自己心中真正的答案，而且他也曉得，對面坐著的那個人完全能夠理解自己的遭遇。然而，在一九六七年八月，在電視攝影機前，無論是哈普雷希特，抑或是鮑爾，兩人卻都隻字未提那些可能會讓他們與大多數其他德國人之間，形成巨大的生平遭遇之鴻溝，更為明顯的事情。不僅如此，鮑爾甚至利用這個機會強調了完全相反的一面；如果非要說些什麼，那麼就是他的人生故事讓他得以充分理解德國人的憂愁。就這樣，他接著把自己在小學時發生的那段往事說完：「從六歲起，我就開始深為如今所謂的『集體罪責』所苦。」這個詞聽起來餘音繚繞。言下之意顯然就是：如今審判納粹令許多德國人感到煩憂的，也正是我從很小的時候起基於切身之痛極力想要拒絕的。這樣的比較當然是「不倫不類」，然而它所具有的信號卻很強烈。

在那些年裡，「弗里茲・鮑爾是猶太人」確實是個話題，不單只是對於那些聲稱他復仇心切的匿名信作者與騷擾電話來電者，對於政治人物與記者也是。即使是他的朋友，這點也成了他們後來提到他所想到的第一項特質。鮑爾的政治戰友、曾經短暫擔任過柏林市法務局長的自由民主黨（Freie Demokratische Partei；簡稱FDP）黨員約爾根・鮑曼（Jürgen Baumann）曾表示：「弗里茲・鮑爾是個非常厲害、性格火爆的人，他十分出色。我相信他有四分之三的猶太血統（不曉得為何鮑曼會說出『四分之三』這個比例，因

8 參閱Alfred Tischendorf受斯圖加特市長之託於一九六〇年三月廿三日寫給弗里茲・鮑爾的信，Stadtarchiv Stuttgart, Bestand 8600 Nr. 172 (under: Bauer, Fritz)。
9 鮑爾於一九六〇年三月廿八日寫給Tischendorf的回信，出自同上的檔案。
10 對Harpprecht所做的訪問。
11 »Es war der Tag, an dem das Leben noch einmal begann. Renate Harpprecht erinnert sich an die Befreiung aus dem KZ Bergen-Belsen am 15. April 1945«, *Frankfurter Rundschau*, 13. April 2002.

為鮑爾的所有祖父母其實都是猶太人）[12]，所以他是個猶太人。事實上，他是個社會主義者。」[13]自一九四九年起，鮑爾對外總是宣稱自己「沒有任何宗教信仰」[14]。

在一九六〇年代中期，曾有位年輕的朋友對弗里茲・鮑爾提出這個無害的問題：「你真的是猶太人嗎？」[15]鮑爾只是冷冷地回答道：「依照《紐倫堡法案》（*Nürnberger Gesetze*），我是。」他幾乎無法說得更白，自己認為這是一種令人討厭的排外的歸類行為。這位年輕的朋友接著又問到，他究竟是否曾與猶太文化之間有過某種超過反猶太主義強加於他身上的關係；畢竟，這方面還有許多眾所周知的例子，不少德國人都曾表示，是希特勒把他們變成了猶太人。

「依照《紐倫堡法案》，我是。」然而，這句話在弗里茲・鮑爾的外公聽來，又會感到多麼地奇怪呢？在整個帝國時期裡，他的外公都待在杜賓根（Tübingen）的猶太社群裡，他會和其他的猶太人一起禱告，有時還會把一個專注的、甚至可說是熱情的小聽眾，他的孫子弗里茲，放在自己的膝蓋上，為他說些《妥拉》（*Torah*）或《塔木德》（*Talmud*）的故事。弗里茲・鮑爾在一九四五年後之所以保持沉默，並不是因為他真的沒什麼可說的。

一個想要有歸屬的家庭：帝國時期的童年

弗里茲・鮑爾的外祖父母的房子，座落在杜賓根的某條鋪設良好的小街道的盡頭，這棟地處拐角的房屋為這個小男孩開啟了一個神奇的世界。「一切的一切都有它的魅力」[16]，他後來曾回憶道。「有多少秘密不在王冠街六號裡呢？」對於一九〇三年七月十六日出生於斯圖加特的弗里茲・馬克斯・鮑爾來說，位於杜賓根的這棟拐角房屋，甚至超

12 Paul Arnsberg，法蘭克福猶太教區的理事，曾在一九六八年時寫道，鮑爾「就『哈拉卡』（halakhah）的觀點來說，是個猶太人，具有純粹的猶太血統。」Paul Arnsberg, »Nachrufe: Generalstaatsanwalt Dr. Fritz Bauer«, *Frankfurter Jüdisches Gemeindeblatt*, July/August 1968, p. 15。

13 引述自Thomas Horstmann/Heike Litzinger, *An den Grenzen des Rechts. Gespräche mit Juristen*, Frankfurt am Main 2006, p. 136。

14 同前述人事調查表。

15 對Amend所做的訪問。

16 弗里茲・鮑爾於一九三八年夏天寫給Ella Bauer的信，Privatarchiv Rolf Tiefenthal。這封信從未完成與寄出，鮑爾的朋友Heinz Meyer-Velde在他死後在整理其遺物時發現它被夾在一本書裡，後來將它交給他的外甥Rolf Tiefenthal收藏。

越了自己父母的住處，那是他認識所有對於他的家人具有重要性的美好事物的地方。「一切都在某種古怪的昏暗中。那裡全是這世上最簡單的東西，往往都是傳了一、兩代的東西。」

在那裡，「『宗教』總能獲得它更深層的內在意義」[17]，弗里茲・鮑爾在一九三八年時寫給他母親的一封信裡回憶道，「由於《舊約聖經》鮮明地睥睨了我的好幾個世代的歷史，從陳舊的家具即可見歷史悠久，特別是由於外公在外婆過世以後的那段時間，曾為我講解了《舊約聖經》，使得《舊約聖經》在我的心中，有著截然不同於在學校裡所學的鮮活。」那裡的書架上擺滿了書籍、相簿與一些神秘的「畫冊」，《來自耶路撒冷的花朵》（*Blumen aus Jerusalem*）便是其中之一。「應許之地」也瀰漫著芬芳。鮑爾曾回憶道：「橄欖花、橙花，以及其他東方所產的花朵，都被集結成一撮撮，如同在植物標本館裡那般被保存了起來。」年少的弗里茲在花朵下讀到的一些地名指向了當時的巴勒斯坦。「撒馬利亞（Samaria）的回憶」、「橄欖山（Mount of Olives）的花朵」、「拿撒勒（Nazareth）與提比里亞（Tiberias）的紫羅蘭」。到了一九三八年，當他已是個成年人時，他仍然記得這些《聖經》裡的地名，這項事實表明了，這些地名在他小時候已然對他透露了些什麼事。

在弗里茲・鮑爾的身高高過了外祖父母家的窗台，從而能夠望向外面後，他總會睜大眼睛觀察著外面的世界。內卡河（Neckar）畔群聚著許多色彩繽紛的小房子，誠如他後來興高采烈地表示，「相互交錯的屋頂、飾有鮮花的窗戶、晾曬的衣物，其中最突出的莫過於施瓦本人引以為傲、可睥睨這一切的協同教堂（Stiftskirche）。」[18]這個不久之後就配了一副金屬框眼鏡的小男孩，老是喜歡在那棟屋子裡跑來跑去，穿梭在外婆的那些沉重、唯有富裕人家才會擁有的家具之間，穿梭在那些深色木質與昂貴皮質的物件之間；這些東西散發著過往的輝煌，又或者，如同客房裡那些褪了色的菊花圖樣壁紙，也散發著某種古怪感。在這裡，他喜歡在走在上頭會變得一拐一拐的沙發上做體操；「它的填充物終其一生都被一個飾有五顏六色的花朵的厚重織物給覆蓋住」[19]。年紀小了他將近三歲的妹妹瑪戈（Margot），老愛跟在他的後頭。弗里茲・鮑爾其實也有許多的表兄弟姐妹，因為他的母親有五個兄弟姐妹；只不過，他們多半很早就移居到了美國。在鮑爾的記憶中，他總是只和妹妹瑪戈玩在一起。對於他們兩個來說，沒有什麼會比答應讓他們去外公、外婆家樓下更讓他們感到興奮的了。

17 同上。
18 同上。
19 同上。

鮑爾的外祖父母在那裡經營著一家服裝店，那在杜賓根算是個不錯的地點。有時，弗里茲和瑪戈可以獨自留在店裡，就彷彿他們是那整間店的主人。如果在這樣的時刻正好也沒有客人上門，他們就會很高興，因為畢竟「萬一真的有人上門想要買點什麼東西，我們都不曉得該說些什麼聰明的話來應對。」[20]此外，在無人打擾的情況下，他們就可以完全投入孩提時代最令他們著迷的事情。有一天，店裡突然出現了一只大箱子，箱子不僅標有「工作服」的字樣，而且還上了鎖；這使人特別感到好奇。這個詞喚醒了他們的想像力。經常見到形形色色的客人在店裡進進出出，弗里茲和瑪戈想像著，箱子裡頭至少也該有件穿起來雄赳赳、氣昂昂的軍官制服，金色的鈕釦、閃亮的肩章、高貴的面料，襯托出一個軍人的英偉，正如弗里茲・鮑爾的父親路德維希（Ludwig Bauer）也曾是這樣的一個軍人。又或者，那是某個「戴著尖刺頭盔、佩著軍刀、留著小鬍子的警察」[21]所擁有的制服；誠如後來弗里茲・鮑爾自己承認，當時在少不經事的他的心目中，那是「人世間最宏偉的一種形象」。這對兄妹總算逮到機會打開了那個神秘的箱子，他們開始把裡頭的東西一一拿了出來。[22]

當他們發現到，裡頭居然全是一些單色的工作罩衫與圍裙，他們簡直大失所望。

他們其實很早就把家裡的一些觀念內化。弗里茲和瑪戈所屬的家庭，並沒有特別對於專制王朝連同它的那些軍刀和小鬍子而抱持疑忌的態度，儘管那些事物有歧視他們為猶太人的指涉，相反地，他們的家庭卻是藉由強調忠誠與欽敬而顯得突出。弗里茲・鮑爾住在杜賓根的外公，有著一雙溫柔的眼睛、留著一撮濃密的小鬍子和滿頭白髮的古斯塔夫・希爾許（Gustav Hirsch），在當時那個民族保守主義盛行的大學城裡，是位頗有名望的商人。他也曾是那個城市的一號「政治家」；誠如弗里茲的母親曾向深感訝異的兒子提及的那樣。[23]古斯塔夫・希爾許曾在屬於公益性質的「杜賓根市民基金會」的理事會裡擔任秘書和出納。[24]人們在那裡舉杯祝賀符騰堡的國王，人們在那裡籌劃城市的各種事務，人們在那裡以資產者的身份露臉，人們當然也會在那裡，與那些戴著尖刺頭盔和閃亮肩章的

20 同上。

21 Bauer, »Im Kampf um des Menschen Rechte« (1955), reprinted in Joachim Perels/Irmtrud Wojak, *Die Humanität der Rechtsordnung. Ausgewählte Schriften Fritz Bauers*, Frankfurt am Main 1998, p. 35 – 49 (37)。

22 鮑爾後來有一回對友人Meyer-Velde講了這個故事。對Meyer-Velde所做的訪問。

23 參閱Bauer, »Im Kampf um des Menschen Rechte« (1955), reprinted in Perels/Wojak, *Die Humanität der Rechtsordnung*, p. 35 – 49 (38)。

24 參閱Geschichtswerkstatt Tübingen (ed.), *Zerstörte Hoffnungen. Wege der Tübinger Juden*, Tübingen 1995, p. 35。

人，培養著互抬身價的親密關係。身為猶太會堂領導者的古斯塔夫・希爾許，同樣也引領著杜賓根的猶太社群的生活。這是他在一九〇〇年時從他的父親利奧波德（Leopold Hirsch）手中接過的一個職位，他自己則是在一九二五年時再把這個職位傳給他同樣也叫做利奧波德的長子，也就是弗里茲・鮑爾的舅舅。[25]這使得古斯塔夫・希爾許成為國家所屬的「以色列最高教會管理局」（Israelitische Oberkirchenbehörde）第一個請益的對象；拉比與猶太宗教教師當時都是公務員。在他的外孫弗里茲的眼裡，古斯塔夫・希爾許是「對無論是什麼對象都可竭盡所能、鼎力相助」的一個人，他對「天地之間許多事物的深刻探討」，讓他周遭的人都留下了深刻的印象。這個男孩對他的外公充滿了敬佩。[26]「就連科學也說」，他在一九三八年寫信給他的母親時曾表示，「有什麼樣的祖父就會有什麼樣的孫子。」[27]

直到一八六〇年代，住在符騰堡的猶太人才有機會獲得公民權；然而，這卻還得要個別向地方當局提出申請。古斯塔夫・希爾許一直到他二十七歲時才取得了公民權；當時是一八七五年。那時候，猶太人在全德總人口中占了不到百分之一。由於長期以來他們一直被禁止從事農業，因此他們主要都是生活在城市裡，而且在某些規模較大的城市，像是漢堡或柏林等地，他們的人口占比甚至遠超過百分之一。然而，在杜賓根這個介於葡萄園和大學城（自一八一九年起，猶太學生才得以進入該校就讀）之間的小城裡，在弗里茲・鮑爾童年時，當地的猶太少數族群其實僅僅只是由少數的幾個家庭所組成；根據一九一〇年時的統計，在當時全城為數將近一萬九千的總人口中，只有一百三十九人是猶太人。[28]

在符騰堡國王所屬的國家體制機器中，當時有許多職位依然是不歡迎猶太人來擔任；「政治家」古斯塔夫・希爾許或許曾懷抱過從政夢想，在當時都受到了限制。他曾經親眼見到自己的兄弟羅伯特（Robert Hirsch），當他在一八八四年時於杜賓根通過了第二次司法官國家考試後，居然始終還是無法謀得一個地方法官的職位，甚至於到了一八八六年二月，符騰堡的司法部長還親自規勸他別再提出申請，因為他有「宗教方面的麻煩」。[29]正是由於猶太人所獲得的解放空間並不完整，所以他們特別重視，要去證明自己與他們的基

---

25 同上，p. 27, 35。

26 Bauer, »Im Kampf um des Menschen Rechte« (1955), reprinted in Perels/Wojak, *Die Humanität der Rechtsordnung*, p. 35 – 49 (38)。

27 Fritz Bauer於1938年夏天寫給Ella Bauer的信，Privatarchiv Rolf Tiefenthal。

28 參閱Lilli Zapf, *Die Tübinger Juden. Eine Dokumentation*, Tübingen 1981, p. 38 f.。

29 引述自Stadtarchiv Ulm (ed.), *Zeugnisse zur Geschichte der Juden in Ulm. Erinnerungen und Dokumente*, Ulm 1991, p. 14 f.。

督徒鄰居沒有任何不同的地方。古斯塔夫・希爾許堅持要他的六個孩子接受教育且保持勤奮；正如他的父親曾經對他所做的那樣。從前，古斯塔夫的父親每天都會不辭辛勞地送他和他的七個兄弟到鄰近地區的學校去上學，他還會以身作則地諄諄告誡他們，至少要和那些拒絕接受他們是德國人的鄰居一樣，敬愛他們的德意志祖國。[30]古斯塔夫・希爾許的女兒艾拉（Ella Bauer）和她的丈夫也抱持著同樣的觀念；就連他們的孩子弗里茲和瑪戈也不例外。

弗里茲・鮑爾曾回憶道，在家裡的餐桌上，正如人們常說的那樣：「坐下來，閉上你的嘴。當爸爸在說話時，你絕對不要插嘴！」[31]即使過了幾十年，「有時當我夢到週日中午自己肆無忌憚地亂動著左手，而不是好好地把它放在桌邊，我都會嚇醒。」鮑爾的父母是一對性格截然不同的夫妻。母親是個溫柔的人，總是本著慈愛的態度教育兩個小孩，她會傾聽他們所說的話；「她能理解弗里茲所做的一切」，誠如瑪戈曾回憶道。[32]後來，當弗里茲・鮑爾的母親罹患了癌症，他每天都會寫信給她，直到她在一九五五年與世長辭。[33]「如果他曾對某人敞開自己的心胸」，他的妹妹曾表示，「那個人必然是我們的母親。」[34]至於他的父親路德維希・鮑爾，則是經常不在家，幾乎整個週間都在外為自己的事業奔波，到了週末則會帶給家裡一種嚴肅的氛圍。[35]

弗里茲・鮑爾後來被送去歷史悠久的「艾伯哈特・路德維希高中」（Eberhard

Ludwigs Gymnasium）就讀。那是一所男子學校，學校的建物有著威廉二世時代的外觀，看起來宛如一座碉堡。建物前的綠地完全被設計成幾何圖形。學校把教學重點擺在希臘語及拉丁語的學習，許多學生都是牧師、商人、公務員、工業家與貴族的兒子。其中也包括符騰堡的康士坦丁・馮・諾伊拉特男爵（Freiherr von Konstantin von Neurath；他後來成了希特勒麾下的外交部長）的公子；「他是一個多才多藝」的男孩，弗里茲・鮑爾曾回憶道，「甚至就連地理學方面，都有專人指導。」[36]當時符騰堡國王的最高內庭總監施陶芬貝格伯爵（Graf von Stauffenberg）的幾個兒子也被送到這所學校就讀，鮑爾曾在戲劇社團

30 參閱Geschichtswerkstatt Tübingen (ed.), *Zerstörte Hoffnungen*, p. 30 f.。

31 鮑爾的電視訪問：»Heute abend Kellerklub. Die Jugend im Gespräch mit Fritz Bauer«。黑森電視台（HR）於一九六四年十二月八日播出的節目。

32 Walter Fabian對Tiefenthal所做的訪問。

33 同上。

34 同上。

35 同上。

36 鮑爾的電視訪問：»Als sie noch jung waren« (1967)。

裡與他們相處過。[37]

鋼琴所具有的光環是德國資產階級的縮影，這樣的光環正是形成於那個時代，也因此，弗里茲與瑪戈被送去學鋼琴，從來就不是出於愛好或興趣的考量。大約九或十歲大的時候，他們去拜在海姆貝格（Heimberger）小姐的門下，坐在小旋轉椅上，練習彈奏像是卡爾・徹爾尼（Carl Czerny）的《流利的鍛鍊》（*Schule der Geläufigkeit*）。[38]那是一本集結了許多難度高且節奏快的練習曲的琴譜，旨在鍛鍊流利的指法，因此得要明快而清楚地彈奏，不用踏板，否則溫暖的混合聲響會大舉模糊掉個別的音。藉由這種方式，即使是再小的錯誤都會被人聽出來。「過了一會兒，過了幾個小時，我就已經有點不悅了」，弗里茲・鮑爾回憶道。[39]海姆貝格小姐「曾經肆無忌憚地毆打一位男性，也就是我。她在我的手臂上敲擊著節拍，但我卻覺得此舉有傷我的尊嚴。過了一段時間，我就厭倦了徹爾尼和類似的事物。」

年少時的弗里茲・鮑爾曾在家中無意間翻出遠遠令人感到更有意思的東西，那是一本他父親所屬的記譜本。「那個本子掉在鋼琴底下，我的小手還剛好搆得著的地方。深沉且幽暗的樂音，萊茵河的潺潺流水，萊茵河的黃金的壯麗，沉浸在其中，我感到既舒暢又歡欣，我覺得自己儼然深深地滲入到了德國音樂的最深處。」[40]那是《萊茵河的黃金》（*Das Rheingold*）的序曲，這部作品是出自作曲家理查・華格納（Richard Wagner），雖然他曾因寫了一篇反猶太主義的文章而飽受爭議（該文名為《音樂裡的猶太人》〔*Das Judenthum in der Musik*〕，一八六五年首次出版，一八六九年經擴增後重新出版），不過，終其一生，他卻偏偏擋不住許多猶太人對他的讚譽。[41]路德維希・鮑爾顯然也是其中之一。他出生於一八七〇年，是居住在鄉村小鎮埃爾萬根（Ellwangen）某個猶太家庭的五個孩子中的第二個。

他的故事可以說是一個在嚴格紀律的鞭策下，力爭上游的故事。一直到他的上一代，猶太人還往往不被允許買賣新衣服，只許買賣舊衣服。[42]如今路德維希・鮑爾則與他的兄弟尤里烏斯（Julius Bauer）在斯圖加特經營了一家以縱長米（running meter，即一匹布最長的長度）計、生意不錯的布料行。五位同事都有自己的業務，作為合夥人，路德維希・

---

37 參閱Eberhard Zeller, *Oberst Claus Graf Stauffenberg. Ein Lebensbild*, 2. edition Paderborn 2008, p. 6。
38 鮑爾的電視訪問：»Als sie noch jung waren« (1967)。
39 同上。
40 同上。
41 參閱Amos Elon, *The Pity of it all. A Portrait of Jews in Germany 1743 – 1933*, London 2004, p. 261 f.。
42 參閱Geschichtswerkstatt Tübingen (ed.), *Zerstörte Hoffnungen*, p. 30。

鮑爾在一九三〇年代時年收入高達四萬帝國馬克，這是一個十分傲人的數目。[43]同時期的國務秘書年，收入也才「僅」有二萬六千五百帝國馬克，醫師的平均年收入則為一萬兩千五百帝國馬克。[44]路德維希・鮑爾讓家裡富裕了起來。小了他十一歲的妻子艾拉則把這些財富一點一滴地積攢起來，儘管他們平日過得十分儉樸，[45]不過，在她的珠寶盒中，卻有收藏了一只十四克拉的女用黃金腕錶和一枚鑽戒。[46]到了一九一四年，當第一次世界大戰爆發的消息傳來時，這家人正在比利時的布蘭肯貝爾赫（Blankenberge）享受著海濱假期；當時還帶了「四、五個巨大的管板行李箱」，[47]弗里茲・鮑爾後來曾如此回憶道。母親身著色彩繽紛的衣裳用心地學著探戈，孩子們則在海灘上收集海星。

在第一次世界大戰爆發後，他們就像其他數百萬的德國人那樣，以一種不尋常的鎮靜接受這個消息。弗里茲・鮑爾後來曾回憶起那時的情形，當時他才十一歲，戰爭的爆發唯一令人感到不舒服的事情，就只有必須提早結束海灘度假，以致遺落了某些行李。「然而鮑爾一家卻相信，德國的軍隊很快就能征服比利時。

而且，事實上，征服比利時是企圖贏回我們的行李箱……鮑爾一家對於規模更大的征服，像是征服安特衛普（Antwerpen）與其他地方不只寄予厚望，特別是對於贏回我們的行李箱所寄予的厚望，並未令人失望。我曾設想，到了十月或十一月時，帝國鐵道就會傳來消息：行李箱已運抵斯圖加特了！」[48]

對於真正的戰爭狂熱者來說，路德維希・鮑爾或許算是過份理智。「在二十世紀不會有任何戰爭」，這位平日習慣閱讀偏向自由派的《法蘭克福報》（*Frankfurter Zeitung*）的男性曾表示，「戰爭是完全不可能發生的，我們是進步的人類，戰爭被排除在外。」[49]然而，他卻以身作則地告誡自己的子女，若要當個受人認可的公民，除了勤奮與才幹以外，同時也要表現出愛國情操。早在一八九四年，也就是他二十二歲的時候，當時猶太人還不能擔任軍官，路德維希・鮑爾就曾自願參軍，一年後，在他投身斯圖加特的商界前，他先

43 參閱律師Ostertag（以Ella Bauer的名義）於一九五〇年四月廿一日寫給邦地方辦公室的索賠信。Staatsarchiv Ludwigsburg, EL 350 I Bü 23925。

44 參閱Hans-Ulrich Wehler, *Deutsche Gesellschaftsgeschichte. Vierter Band : Von Beginn des Ersten Weltkriegs bis zur Gründung der beiden deutschen Staaten 1914 – 1949*, München 2003, p. 725, 727。

45 Walter Fabian對Tiefenthal所做的訪問。

46 參閱律師Ostertag（以Ella Bauer的名義）於一九五〇年四月廿一日寫給邦地方辦公室的索賠信。Staatsarchiv Ludwigsburg, EL 350 I Bü 23925.

47 鮑爾的電視訪問：»Als sie noch jung waren« (1967)。

48 同上。

49 同上。

穿上了符騰堡「奧爾加女王」步兵軍團第十一中隊的制服。[50]這時，正值戰爭爆發後，他再次向軍方報到，並且回到同一個軍團。[51]由於此時寄望戰爭能夠模糊猶太人與非猶太人之間的社會隔閡，這樣的希望也觸動了許多猶太人。當符騰堡的戰爭部給予他們期待已久的許可，身為猶太士兵的他們終於可以在自己的教派的牧師面前宣誓，他們迫不及待地把它當成終結歧視之事來慶祝。這場猶太新兵在拉比的見證下，按著國防軍軍官的軍刀立誓的招募儀式，在一九一六年七月十六日於路德維希堡的猶太教堂裡舉行。[52]

當斯圖加特及康斯塔特（Cannstatt）總數為五二〇名的猶太士兵前往前線報到時，除了路德維希・鮑爾以外，杜賓根的猶太會堂領導者的兒子利奧波德・希爾許也在其中，他也就是弗里茲・鮑爾的舅舅。九十八位猶太陣亡將士的名字後來被刻在斯圖加特的猶太墓園的一片紀念樹林上；這也是反駁即將到來的「猶太人袖手旁觀」這項指責的一項明證。[53]因為原本所期待的在戰壕裡同舟共濟的共同體並未產生，取而代之，面對即將來臨的戰敗，人們卻得另尋替罪羔羊。對於猶太人的歧視越來越嚴重。從一九一六年十月起，猶太少數族群面臨了普魯士戰爭部長的一項具有威脅性的重要通知，人們將在軍隊裡進行一項令人難堪的、仔細的「猶太人清查」。清查的結果則永遠也不會透露。

在高中校園裡，人人都曉得，弗里茲・鮑爾這位學生是個猶太人。在每個學年開始時，老師都會詢問全班同學的姓名與宗教信仰。[54]在戰爭造成斯圖加特的物資供應趨於惡化下，有些同學開始做起販賣糖與舊黃金的黑市交易。鮑爾的同學弗雷德・烏爾曼（Fred Uhlman）曾回憶道：「只有一小部分的男孩參與了那些活動，其中沒有半個猶太人。如果有個猶太男孩參與其中，那會惹出什麼風波呢！」[55]言下之意就是：猶太人會特別引人側目。當弗里茲・鮑爾面臨到學習希伯來文或英文的抉擇時——一邊是在他母親那邊的家族裡人人都會的、古代《聖經》經文的關鍵語言，另一邊則是國際貿易的語言——他毅然

---

50 參閱Wojak, *Fritz Bauer*, p. 58。Irmtrud Wojak在弗里茲・鮑爾的外甥於丹麥設置的私人檔案室 裡見到了Ludwig Bauer的良民證。

51 參閱Paul Sauer/Sonja Hosseinzadeh, *Jüdisches Leben im Wandel der Zeit. 170 Jahre Israelitische Religionsgemeinschaft, 50 Jahre neue Synagoge in Stuttgart*, Gerlingen 2002, p. 81。

52 參閱Leo Adler, *Wandlungen bei dem Oberrat der Israelitischen Religionsgemeinschaft Württembergs, Feiertagsschrift der Israelitischen Kultusvereinigung Württemberg und Hohenzollern*, September 1962, p. 35 – 38 (37)。Archiv Stadtbibliothek Stuttgart。

53 參閱Sauer/Hosseinzadeh, Jüdisches Leben im Wandel der Zeit, p. 86。

54 參閱Uhlman, *The Making of an Englishman*, p. 41。

55 同上, S. 52 f.

決然地選擇了英文。[56]

當弗里茲・鮑爾的同學在用標示著最新前線局勢的歐洲地圖，裝飾教室的牆壁時，他也不會冷眼旁觀。有一回，他不幸染上了猩紅熱，臥病在床，特別令他感到痛苦的，卻是他無法再在教室裡跟同學們一起，在巨大的歐洲地圖上推進那些黑、白、紅的小旗子，為了彌補這樣的缺憾，他索性就在自己的房間裡如法炮製地掛起歐洲地圖。「首先是猩紅熱的錯」，鮑爾表示，「後來，在『馬恩河戰役』中吞下了大敗仗後，就連上帝也被怪罪。」[57]在這當中，鮑爾在後來的回顧裡如何改寫自己在童年時所抱持的民族主義，十分地耐人尋味。作為學生的弗里茲，如他所述，是如此地愛國，「正如學校所要求的那樣。」[58]

這個男孩或許曾為父親的嚴厲所苦，但他卻非常能夠接受父親這樣的態度。

光明節與成年禮：培養自信的教育

在弗里茲・鮑爾大約六、七歲時，有一回，在家閒來無事的他問起他的母親，到底什麼是上帝？他的母親艾拉沒有給他任何關於上帝的定義，只是告訴這個男孩應該記住一個原則：你不希望別人對你做的那些事情，你也不要對別人做。[59]

這是一個遠離宗教的跡象嗎？不一定，這些話其實也可以代表著：這位聰明的母親（弗里茲・鮑爾曾經表示，「她很聰明」[60]）懂得使用適合小孩的方式，去為小孩說明自己的信仰精髓。有一個猶太人家喻戶曉、關於拉比希勒爾（Hillel）的小故事是這麼說的：拉比希勒爾是位頗具影響力的猶太宗教學者，在耶穌誕生的幾十年前，他曾被一個非猶太人挑戰：「要是你能在單腳站立下，複述整部《妥拉》，那麼我就改信猶太教。」於是希勒爾就單腳站立地說：「你不希望別人對你做的那些事情，你也不要對別人做。其餘的一切全是註解。你就自己去看看吧。」

艾拉・鮑爾，這位杜賓根的猶太會堂領導者的女兒，顯然不是出於窘迫，隨便搪塞給向她發問的兒子這條黃金法則，她很明顯是出於博學；拉比希勒爾的智慧鮮明地銘記在她

---

56 參閱Wojak, *Fritz Bauer*, p. 82。

57 鮑爾的電視訪問：»Als sie noch jung waren« (1967)。

58 同上。

59 同上。

60 引述自Gerhard Zwerenz, »Gespräche mit Fritz Bauer«, *Streit-Zeit-Schrift*, September 1968, p. 89 – 113 (89)。

的心中。

妹妹瑪戈曾回憶道，他們的原生家庭「算是自由派的猶太人，同樣也會慶祝猶太節日。」[61]在春天的逾越節時，路德維希、艾拉、弗里茲和瑪戈會坐在家裡的餐桌旁，在許多的菜餚、葡萄酒與歌曲中，紀念當年猶太人從埃及出走的往事。在秋天的新年時，他們會把蘋果切塊泡在蜂蜜裡。在冬天的光明節時，他們會連點八天的蠟燭，每晚多點燃一根，直到八個小火炬都放出光芒。儘管如此，最令孩提時代的弗里茲與瑪戈感到悲傷的是，在這個家庭裡從來沒人過過聖誕節；那是屬於基督徒鄰居們的節慶。[62]或許是因為，在路德維希・鮑爾的嚴肅態度下，家裡的猶太「慶典」不夠「溫暖」，不足以在他們幼小的心靈中成為聖誕節的替代品。瑪戈曾在回憶過往時表示，家裡之所以會慶祝猶太節日，那是「因為祖母還活著」[63]；這或許意味著：家人在慶祝猶太節日時並非很有熱情。不過，值得注意的是，父母對於孩子想在家裡擺棵聖誕樹的渴望，曾做出怎樣明確的拒絕。把孩子們喜歡的聖誕節視為德國的節日，和德國人一起慶祝，不必非得視為基督教的節日，這樣的想法在那個時候，其實已經逐漸流行於與德國社會同化的猶太人之間；就連後來的以色列國父狄奧多・赫茨爾（Theodor Herzl），都曾在自己位於維也納的家裡擺了一棵吊有飾品的冷杉。[64]

然而，鮑爾家卻是拒絕了這樣的要求，在他們的家裡還是只有猶太人的宗教慶祝儀式。在光明節和逾越節之間，並未插入過聖誕節。崇敬德國的愛國主義與身為猶太人的自信兩者並不互斥；路德維希・鮑爾始終堅持這一點，所以他不允許這兩者有任何一個遭到削減。

在弗里茲・鮑爾小時候，曾經有位斯圖加特的猶太人，在位於醫院街的斯圖加特猶太大教堂裡，聽到宗教教師麥爾（Meyer）表示：「在我們看來，就彷彿先知從來就只用施瓦本語說話。」[65] 那個立方體狀的猶太教堂飾有彩色玻璃與摩爾人的馬賽克，距離市政廳

---

61 Walter Fabian對Tiefenthal所做的訪問。

62 參閱Wojak, *Fritz Bauer*, p. 69。鮑爾後來有一回這麼告訴他在法蘭克福的朋友Prof. Dr. Ilse Staff，她在一九六八年七月於鮑爾的葬禮上發表的悼詞中轉述了這些事，後來她將講稿交給Irmtrud Wojak。

63 Walter Fabian對Tiefenthal所做的訪問。與家人一起過節的應該是父方這邊的祖母，因為虔誠的Gustav Hirsch的妻子Emma早在一九一八年就已過世。參閱Geschichtswerkstatt Tübingen (ed.), *Zerstörte Hoffnungen*, p. 35。

64 參閱Elon, The Pity of it all, S. 285.

65 Dr. Ch. Lehrmann, Ansprache, in Israelitische Kultusvereinigung Württemberg und Hohenzollern (ed.), *Festschrift zur Einweihung der Synagoge in Stuttgart, Stuttgart 1952*, p. 15 – 19 (17)。

僅有五百公尺遠。周圍的街道名稱，像是以賀德林（Hölderlin）、席勒（Schiller）、莫里克（Mörike）、黑格爾（Hegel）與赫塞（Hesse）等為街名，總會令人想起施瓦本人豐富的思想遺產。[66]在教堂裡，聽眾席是望向前方的講壇，這樣的設計看起來其實比較像是基督教的教堂，因為典型的猶太教堂都是把講壇設在中央。符騰堡的猶太人從過去幾十年才開始能夢想的公民資格，在這裡已是唾手可得。伊甸園裡的亞當和夏娃、雅各的十二個兒子的錯誤、摩西將淪為埃及奴隸的猶太人解救出來；所有的這些《聖經》故事都被以施瓦本的方言喚醒了生命，這樣的事實反映了一種心態。[67]

儘管自一九一八年起，斯圖加特就存在著一小群猶太復國主義者，光是某個小飯館的獨立包廂，就足以容納他們的聚會，[68]而且也只有在屈指可數的幾個住宅裡，才掛有他們的募款小藍罐，那些小藍罐上頭寫了些希伯來文字，鼓勵大家捐款幫忙購買巴勒斯坦的土地。[69]大多數的斯圖加特猶太人都認為，要在斯圖加特以外的地方尋找屬於他們自己的家園，這種想法簡直是愚不可及。[70]相反地，他們其實會去強調某種特殊的愛國主義。有一回，在這個城市裡突然出現了一些來自俄國的猶太難民，[71]這些在驚恐中逃離血腥屠殺的難民身無分文、一貧如洗，他們的出現讓斯圖加特的在地猶太人不自覺緊張了起來，他們害怕人們可能會把他們與這些陌生人等同起來。這些難民是來自猶太人村鎮（shtetl），誠如藝術家馬克・夏卡爾（Marc Chagall）所描繪的那樣；男人們留著鬍鬚、長捲鬢角，戴著皮帽，走在街上，人們從大老遠就能認出他們。在一九一九年時，有位世居斯圖加特的猶太人，對於這種令人不安的局面，曾經尖銳地表示：「那些不會說德語、更遑論是說施瓦本語的人，無權在一個德國的猶太教區裡發言。」[72]

在這個猶太教區裡，居於主導地位的人物之一就是奧圖・希爾許（Otto Hirsch）。他在一九三〇年，成為符騰堡猶太宗教團體委員會的主席，到了一九三三年時更成為德國猶太人代表會的主席，同時，他也在符騰堡邦擔任法律工作者。此外，他在年少時也曾就讀過弗里茲・鮑爾後來就讀的那所菁英高中。斯圖加特的希爾許家族規模龐大且分支廣泛；弗里茲・鮑爾也和他們有親戚關係，雖然弗里茲・鮑爾的母方家族（同樣也姓希爾許，而

66 參閱 Fred Uhlman, *Der wiedergefundene Freund*, Zürich 1998, p. 56。
67 參閱 Sauer/Hosseinzadeh, *Jüdisches Leben im Wandel der Zeit*, p. 95。
68 同上，p. 92。
69 同上，p. 92 f.。
70 同上，p. 95。
71 同上，p. 102。
72 同上，p. 99。

且也同樣在杜賓根的猶太教區裡居於主導地位）其實有著不同的來歷。斯圖加特的希爾許家族是源自金策爾斯奧（Künzelsau），早在一八五七年時就移居到了斯圖加特；至於杜賓根的希爾許家族，則源自旺克海姆（Wankheim）。然而，在相互通婚下，這兩個家族早已連在一起；像是弗里茲・鮑爾的母親的一位堂姐妹蜜娜（Minna，她是法律工作者羅伯特・希爾許的女兒），就與斯圖加特的名人奧圖・希爾許的一位兄弟結婚。[73]

雖然所有關於弗里茲・鮑爾的父母所在的教區成員資格的資料，都隨著一九三八年猶太教堂所遭逢的一場大火付之一炬，不過，無疑地，他們確實隸屬於這個教區。[74]因為直到威瑪時期，猶太教區所適用的法律，其地位與如今仍然適用於兩個基督教的官方教會的法律地位，其實是一樣的；他們都是基於強制成員制原則的公法法人，也都可以向他們的成員課徵教會稅。[75]也就是說，路德維希與艾拉・鮑爾，透過表明信仰的聲明，自動成為斯圖加特猶太宗教團體的成員，只要他們不主動退出，[76]而且，「任何脫離猶太宗教團體的人」，誠如歷史學家米歇爾・布雷納（Michael Brenner）在他的權威著作《威瑪共和國裡的猶太文化》（*Jüdische Kultur in der Weimarer Republikk*）一書中所指出，「同時也就脫離猶太民族。」[77]也就是說，他不再被人口登記處的官員登記為猶太人。儘管如此，在一九二二年時，在弗里茲・鮑爾的大學求學地——慕尼黑，他卻還是被登記為「猶太人」，如果他的父母不再是登記在案的教區成員，他是不會被做這樣的登記。[78]如果家裡都在慶祝猶太人的節日，那麼艾拉與路德維希・鮑爾很可能至少會有一次機會，在他們的兒子弗里茲十三歲生日時，送他到斯圖加特的猶太教堂，在那裡舉行猶太教成年禮（Bar Mizwa），換言之，讓他有被召喚到猶太教堂的誦經台前誦讀《妥拉》的首次經歷。在那個時候，舉

---

73 對Hirsch所做的訪問。（Otto Hirsch膝下一九一六年生的兒子，Hans George Hirsch，如今住在美國馬里蘭州〔Maryland〕的貝塞斯達〔Bethesda〕。）

74 斯圖加特市檔案館只保存了一九四五年以後的教區文件。

75 參閱 Michael Brenner, *Jüdische Kultur in der Weimarer Republik*, München 2000, p. 62。

76 一九二二年猶太人的《教會憲法》（*Kirchenverfassung*）的節錄版翻印於，Leo Adler, *Wandlungen bei dem Oberrat der Israelitischen Religionsgemeinschaft Württembergs, Feiertagsschrift der Israelitischen Kultusvereinigung Württemberg und Hohenzollern*, September 1962, p. 35 – 38 (36), Archiv Stadtbibliothek Stuttgart。根據該法，教區會籍根據居住地做如下規定：「每個猶太宗教團體的成員自動成為存在於其住所所在地的教會教區的成員。」（第二條）、「退出宗教團體必須先向主事的拉比表明，四週後始生效，屆時將由拉比開立證明。」（第三條）在一九二二年之前完全無法以法定方式退出。

77 Michael Brenner, *Jüdische Kultur in der Weimarer Republik*, p. 62。

78 參閱Wojak, *Fritz Bauer*, p. 529 (註釋71)。一九二二年五月十八日的警察登記表收藏於慕尼黑的市立檔案館。

行猶太教成年禮，就和弗里茲・鮑爾的基督徒同學們舉行聖餐禮或新教堅信禮，是一樣普遍的事。況且在杜賓根，他母親所屬的希爾許家族那邊還得維護虔誠的名聲（畢竟他們是當地猶太教區的骨幹），如果拒絕這樣的習俗，此舉甚至會成為對於家族內部的羞辱。

然而，在弗里茲・鮑爾的身上從未擦出過什麼宗教的火花，這點卻是毋庸置疑。每當在高中裡宗教課程被排到課表上，他和另外幾位猶太同學就會被集合起來，有個拉比會來學校為他們上課。[79]弗里茲・鮑爾在那裡學到了一些《舊約聖經》的故事，像是諾亞方舟、大衛王與歌利亞巨人、十誡等等。[80]不過，就在高中畢業考試之前，他卻放棄了這門課。[81]在他十八歲時，他曾在一些友好的大學同學面前做了一場演講，他在那場演講中讚美了尼采（Friedrich Wilhelm Nietzsche）的個人主義和無神論。[82]到了他三十三歲的時候，他的傾向變得益發明顯。他在一篇報紙文章中，推薦了丹麥籍猶太裔作家亨利・納坦森（Henri Nathansen）的一部劇作《牆裡》（*Inside the Walls*），這部作品是一個猶太女孩和一個基督徒男孩的愛情故事，裡頭也探討了一個耐人尋味的問題：究竟該把孩子教養成好的基督徒還是好的猶太人？鮑爾引用作者的話表示：「人人都該成為好人。」[83]然而，這並不代表在那些年裡，弗里茲・鮑爾曾經試圖與他在其中長大的猶太生活環境保持距離。

當時有一些基於政治理念脫離猶太教團的年輕社會主義者；基爾（Kiel）的法律工作者魯道夫・卡茲（Rudolf Katz）就是其中之一。他在一九三〇年脫離猶太教團，在戰爭結束後，他還一路當到了聯邦憲法法院的副院長。弗里茲・鮑爾並沒有這麼做。直到一九二八年，他在司法部門裡依然正式登記著其宗教信仰屬於猶太教。[84]鮑爾顯然也經常接受猶太教團圈子的邀請。在斯圖加特，他經常應邀去為一個猶太休閒俱樂部的年輕人演講，這個俱樂部名為「貝爾托德・奧爾巴赫協會」（Berthold Auerbach Vereins），曾在第一次世界大戰期間為紅十字會募款。[85]以社會民主主義演說家之姿打開知名度的弗里茲・鮑爾，

79 參閱 Uhlman, *The Making of an Englishman*, p. 42。

80 鮑爾曾表示，《舊約聖經》在外公家的鮮活與在學校截然不同。弗里茲・鮑爾於一九三八年夏天寫給Ella Bauer的信，Privatarchiv Rolf Tiefenthal。

81 參閱Wojak, *Fritz Bauer*, p. 82。

82 參閱*Monatsberichte des Bundes Freier Wissenschaftlicher Vereinigungen*, July 1922, p. 5. Archiv Leo Baeck Institute New York, MF B78。

83 Bauer, »Glückliche Insel Dänemark«, *CentralVereins-Zeitung – Allgemeine Zeitung des Judentums* (*C.V.-Zeitung*), 24. December 1936.

84 參閱Justiz-Personalakte Fritz Bauer, Archiv des Fritz-Bauer-Instituts, NL – 08/03。

85 參閱Wojak, *Fritz Bauer*, p. 109。鮑爾從前國旗團的同志Helmut Mielke曾在一九九七年時向Irmtrud Wojak如此說道。

很快就被視為在斯圖加特的「唯一一個」公開露面，並「憑藉他的學識給人留下深刻印象」的「猶太人」，[86]誠如他當時的朋友赫爾穆特・米爾克（Helmut Mielke）在回憶過往時曾表示。這位才華橫溢的年輕法律工作者，在年僅二十七歲時，就被任命為地方法官，因而也實現了他的舅公羅伯特・希爾許未能實現的夢想；特別是「在猶太人當中」，根據赫爾穆特・米爾克所述，他「非常有名。」而那些期待在他的演講裡聽到某些關於猶太特殊議題的人，總會感到失望，年輕時的鮑爾總是只想著，如何讓他的聽眾對於民主與社會主義的議題感興趣。[87]

只要他願意，他其實完全可以使用宗教的話語來表述。舉例來說，有一回，猶太工匠協會邀請他去針對某個問題聊聊他的看法，他就展現出了駕馭宗教表述方式的能力。該協會及其負責人尤里烏斯・蘭道爾（Julius Landauer）致力於為斯圖加特的年輕失業者創造培訓機會。某天晚上，蘭道爾想讓他的學徒們瞭解，如何利用促使他們結合起來的猶太血統，強化他們的無產階級團結意識。「演講者強調了《妥拉》的社會思想」，歷史學家瑪麗亞・塞爾策（Maria Zelzer）記錄了弗里茲・鮑爾的演說。「雖然鮑爾博士沒讓先知成為無產階級的發言人，但他卻把猶太先知描述成社會思想的源頭與避難所。在真正的猶太教中，他們就是通往社會主義的橋梁。」[88]

當鮑爾在一九三六年被迫流亡時，他還是與他周遭的猶太生活圈保持著聯繫。引述丹麥劇作家亨利・納坦森的那個呼籲寬容的句子，人們不該只是把孩子教養成好的基督徒或好的猶太人，而是「人人都該成為好人」，鮑爾在一九三六年撰文時並非隨便發表在哪個報紙上，而是發表在《中央協會報》（*CentralVereins Zeitung*），亦即《猶太教廣訊報》（*Allgemeinen Zeitung des Judentums*），該報是由當時的「猶太信仰德國國民中央協會」（Central-Verein deutscher Staatsbürger jüdischen Glaubens）出版，它是今日的「猶太人中央委員會」（Zentralrat der Juden）的前身。作為該報的駐斯堪地納維亞通訊記者，鮑爾在流亡期間逐漸熟悉了丹麥猶太人的歷史，[89]他以仰慕的心情為他的讀者們介紹了挪威籍猶太裔詩人亨利克・韋爾格蘭德（Henrik Wergeland），由於亨利克・韋爾格蘭德在政治方面的作為以及他的名字，人們可以把他視為另一個海因里希・海涅（Heinrich Heine），在奧斯陸（Oslo）的救世主公墓裡，有個美麗的紀念墳塚也表明了這一點。「感謝挪威境外的

86 同上。
87 同上。
88 Maria Zelzer, *Weg und Schicksal der Stuttgarter Juden*, Stuttgart 1964, p. 127。
89 參閱Bauer, »Panorama in Helsingör«. *C.V.-Zeitung*, 29. July 1937。

猶太人」，鮑爾寫道，「豎立了這個紀念碑。」[90]

弗里茲・鮑爾所寫下的那些字句，絕非冷酷無情或拒人於千里之外。雖然沒有宗教信仰，年輕時的弗里茲・鮑爾在他作客的國家裡卻還是很清楚猶太復國主義者與同化倡導者之間的爭論，[91]他懂得去報導哥本哈根（København）首席拉比，弗里迪格博士（Dr. Friediger）的立場，也懂得去報導來自隆德（Lund）的猶太教授約瑟夫森（Josephson）的立場，而且在結束流亡前不久，在一九四七年時，他還加強語氣地將《舊約》裡的先知稱為「首批社會主義者」[92]，類似於一九三〇年時他在斯圖加特猶太工匠協會的聽眾面前所做的那樣，因為那些先知曾經夢想一個「社會的和平國度」。就連在非猶太讀者面前，鮑爾也在未經要求下，被點出了關於他的猶太人身份的問題。在一九四五年八月時，他曾在《社會主義論壇報》（*Sozialistische Tribüne*）上以輕鬆的口吻寫道，不久之前，有個十五歲的希特勒少年（Hitlerjunge）在丹麥的難民營裡問他：「你，弗里茲，到底是德國人、猶太人還是無國籍人？」[93]

「嗯，鈞特（Günther），你聽了或許會想笑，我其實同時是德國人、猶太人和無國籍人！」

這些話語透露出了自信。在弗里茲・鮑爾去世多年後，有一回他的妹妹瑪戈在瑞士的一家飯店受訪時甚至還指出，她的哥哥總在自己的散文和書裡多采多姿地旁徵博引，她認為這是猶太教正統派的修辭風格。「弗里茲繼承了這樣的風格。」[94]瑪戈或許是錯的。她的哥哥在大量的論文與散文中所表現出鮮明而多采多姿的寫作風格（到了戰後時期，他更憑藉這樣的寫作風格，加入了肇建的聯邦共和國的重大法律政策的論辯中），或許有著不同於他年少時在斯圖加特的拉比世界裡所認識的靈感來源。然而，瑪戈心目中的哥哥，卻已透露出了些什麼——她在私底下對於弗里茲・鮑爾的印象。無論如何，她顯然從未在他身上見到過某種對於一般的猶太教育嚴厲且冷酷的劃清界線方式。直到一九四五年，當他在沒有家人陪同下獨自回到德國後，鮑爾才給了外界一種截然不同的面貌——「沒有任何宗教信仰」且守口如瓶。

---

90 »Von unserem F.-B.-Berichterstatter/Kopenhagen, ›Der ›andere Heinrich‹«, *C.V.-Zeitung*, 14. April 1937。

91 F. B./Kopenhagen, »Juden in Europas Norden«, *C.V.-Zeitung*, 22. September 1938, S. 5。鮑爾另外還寫了：»Einwanderer in Skandinavien«, Offiziöse Zahlen und Daten von unserem fb.-Berichterstatter, Kopenhagen, *C.V.-Zeitung*, 29. April 1937。以及推薦流亡目的國挪威的文章：»Von unserem F.-B.-Berichterstatter/Kopenhagen, ›Das Nansen-Amt‹«, *C.V.-Zeitung*, 23. June 1938。

92 Bauer, »Sozialismus und Sozialisierung«, *Deutsche Nachrichten*, 12. May 1947。

93 參閱Bauer, »Brief aus Dänemark«, *Sozialistische Tribüne*, September 1945, p. 23 – 25 (25)。

94 Walter Fabian對Tiefenthal所做的訪問。

3

求學歲月一九二一～一九二五年：才華覺醒

二十三人為友

一切都準備好了。當法學院學生弗里茲・鮑爾，在一九二二年十一月的某個晚上，與幾乎清一色全是猶太人的二十二位朋友，在慕尼黑瑪麗亞廣場附近的「勞埃克堡」（Burg Raueck）酒館裡歡聚時，一如既往，他們的面前擺了許多歌譜。不只啤酒相伴的狂歡，在那當中，諸如《來吧兄弟們與我暢飲》（*Kommt Bruder trinket froh mit mir*）和《喔，舊時的男兒榮光》（*O alte Burschenherrlichkeit*）等歌曲，都從濕潤的喉嚨裡被大聲地唱了出來。「然而，儘管人人都想要有場愉快而輕鬆的聚會，可是，由於時機與沉重的責任感，卻對每個人都造成了強烈的負擔，就彷彿歡樂的排場掩飾了形勢的嚴峻」，其中一位同學曾在描述當晚的情況時表示，「尤其是這裡的主流圈子在政治上令人絕望、與我們的想法背道而馳的所作所為，特別影響到了我們的心情。」[1]

從幾個月前起，在這個城市裡就一直瀰漫著一股在政治上山雨欲來風滿樓的氣氛。在六月時，德國的外交部長華特・拉特瑙（Walther Rathenau）才在柏林遭人槍殺，就在他正要開始激勵人們爭取不受歡迎、方興未艾的民主之際。「在此之前與之後，德意志共和國從未產生過一位能夠如此激發群眾和年輕人的想像力的政治家」，數十年後，比弗里茲・鮑爾小了四歲的記者塞巴斯提安・哈夫納（Sebastian Haffner），如此懷抱著仰慕之情地表示。[2]「有人認為，如果他不在一九二二年時擔任德國的外交部長，他也會是一八〇〇年

---

1 *Monatsberichte des Bundes Freier Wissenschaftlicher Vereinigungen*, November/December 1922, p. 6. Archiv Leo Baeck Institute New York, MF B78。

2 Sebastian Haffner, *Geschichte eines Deutschen. Die Erinnerungen 1914 – 1933*, 6. edition Stuttgart/München 2001, p. 47 f.。

時的德國哲學家，一八五〇年時的國際金融之王，一位偉大的拉比或是一位隱士。」[3]華特・拉特瑙出身自一個與德國社會同化了的、頗有名望的猶太家庭；他的父親埃米爾（Emil Rathenau），人稱「電氣工業的俾斯麥」，幫助許許多多德國的城市有了電燈與電車。弗里茲・鮑爾同樣也很仰慕華特・拉特瑙。後來他還把華特・拉特瑙的名言放在他的法學博士論文的前面。

也因此，拉特瑙遭到槍擊的事件，深深地震撼了弗里茲・鮑爾。一九二二年六月廿四日，在柏林的格魯納瓦爾德（Grunewald）一條綠樹成蔭的道路上，拉特瑙被人從另一輛汽車上開槍射殺，不幸身亡。這起事件只是一系列政治謀殺中最著名的一個案件，根據海德堡大學的統計學講師埃米爾・尤里烏斯・甘伯爾（Emil Julius Gumbel）所做的統計，這只是自德國引入民主制度以來所發生的三百五十四起案件中的一起。[4]相關線索顯示，兇手是來自右派的兄弟會。[5]在柏林大學，原本計劃好要為拉特瑙舉辦的追悼會也被迫取消，因為校長擔心無法控制那些歡欣鼓舞的兄弟會成員。[6]「當時我們深感震驚」，弗里茲・鮑爾曾回憶道，「我們感覺到，我們為了基本人權而心繫的魏瑪民主，遭受到了威脅。」[7]

「這裡的主流圈子在政治上的所作所為」，正如鮑爾的兄弟會弟兄在一九二二年十一月時所述，是種暴力行為。有位來自慕尼黑名叫魯道夫・赫斯（Rudolf Hess）的同學——

當時他還在聽課、提交書面作業、在練習課與研討課上做口頭報告——在大學裡糾集了一批兄弟會弟兄，他們經常會去幹些暴力攻擊的事情，而且對於墨索里尼（Benito Amilcare Andrea Mussolini）在一九二二年十月底成功進軍羅馬感到歡欣鼓舞。[8]同一時期，赫爾・戈林（Hermann Göring）也在慕尼黑大學註冊，政治學則是他的學習重點之一。慕尼黑這個城市曾為滋養納粹分子提供了特別有利的溫床，當時算是右翼保守派青年的新星作家恩斯特・約爾格（Ernst Jünger）曾回憶道，「生活花費比柏林便宜，民風也比較強悍；它有

---

3 同上，p. 49。

4 參閱Amos Elon, *The Pity of it all*, p. 368, 370。

5 參閱Wolfgang Zorn, »Die politische Entwicklung des deutschen Studententums 1918 – 1931«, in Kurt Stephensen/Alexander Scharf/Wolfgang Klötzer (ed.), *Darstellungen und Quellen zur Geschichte der deutschen Einheitsbewegung im neunzehnten und zwanzigsten Jahrhundert*, Heidelberg 1965, p. 223–307 (274 f.)。

6 參閱Elon, *The Pity of it all*, p. 265。

7 鮑爾的電視訪問：»Heute abend Kellerclub. Die Jugend im Gespräch mit Fritz Bauer«。黑森電視台於一九六四年十二月八日播出的節目。

8 參閱Kurt Pätzold/Manfred Weißbecker, *Rudolf Heß. Der Mann an Hitlers Seite*, Leipzig 2003, p. 48。

個『蘇維埃共和國』。我看到了工人，看到了穿著用軍灰色布料所製成的裙子的、被解僱的士兵，看到了帶著如同萊布爾（Wilhelm Leibl）所描繪的那些臉孔的小伙子，住在山上的人也來到了這個城市，他們全把（希特勒的）話當成了金科玉律。」[9]

在大學區裡，魯道夫・赫斯所屬的衝鋒隊（SA）經常會穿著風衣、佩帶著十字臂章、打著綁腿招搖過市；當時尚未搭配棕色襯衫。弗里茲・鮑爾曾回憶道：「我經歷過慕尼黑的動盪，那是希特勒的納粹黨首度登場之際。」[10]當時還是學生的鮑爾看到了，「慕尼黑到處都有許多巨型海報，鮮紅色，海報的上方或下方會寫著一些如今無人能夠否認的、像是『猶太人禁止進入』之類的標語。」[11]赫斯一直到一九二三年都還負責領導的第十一百人隊，完全是由學生所組成；在一九二二年秋天時，這些到處打人的小伙子覺得自己是在校園裡發光發熱的贏家。[12]就在幾週前，「種族團體」才剛在全國性的學生委員會裡取得多數優勢。[13]他們在巴伐利亞（Bayern）擁有最大的堡壘，正如一九二一年在埃爾蘭根（Erlangen）的學生集會上所示。[14]少數仍在試圖抵抗新的多數的學生，像是弗里茲・鮑爾和他的兄弟會弟兄，於八月時在慕尼黑成立了「共和黨學生全國聯會」（Reichsbund Republikanischer Studenten）[15]，不久之後，他們也見識到了那些打著綁腿的人的殘酷行徑。

在一九二二年十一月的那個暗夜裡，在「勞埃克堡」的啤酒桌旁，弗里茲・鮑爾也對這個令人沮喪的局勢發表了自己的看法。他在這群人中算是一個新面孔。不久之前，鮑爾才剛從海德堡搬來慕尼黑。在慕尼黑的同學們眼中，他是一個熱愛希臘的戲劇與歌德（Johann Wolfgang von Goethe）的作品的人。他住在文學家與藝術家匯集的施瓦賓區（Schwabing）；著名的詩人暨劇作家貝托爾特・布萊希特（Bertolt Brecht），當時才剛剛

---

9 Ernst Jünger, *Jahre der Okkupation*, Stuttgart 1958, p. 248。

10 鮑爾的電視訪問：»Als sie noch jung waren. Gespräch mit Fritz Bauer«。西德廣播公司於一九六七年八月十一日播出的節目。

11 同上。

12 參閱Pätzold/Weißbecker, *Rudolf Heß*, p. 48。以及Anselm Faust, *Der Nationalsozialistische Deutsche Studentenbund. Studenten und Nationalsozialismus in der Weimarer Republik*, Bd. 1, Düsseldorf 1973, p. 26。

13 參閱Faust, *Der Nationalsozialistische Deutsche Studentenbund*, p. 12。

14 參閱Zorn, »Die politische Entwicklung des deutschen Studententums 1918 – 1931«, in Stephensen/Scharf/Klötzer (ed.), *Darstellungen und Quellen*, S. 223 – 307 (270)。

15 參閱Jürgen Schwarz, *Studenten in der Weimarer Republik. Die deutsche Studentenschaft in der Zeit von 1918 bis 1923 und ihre Stellung zur Politik*, Berlin 1971, p. 262 f.。

在那裡完成自己的終身大事。對於鮑爾的同學所描述「當時那種前途渺茫的絕望氣氛」，鮑爾可說是完全顯得格格不入。

弗里茲・鮑爾那堅定、激憤且帶有些許挑釁意味的態度，這時也把矛頭指向了自己的兄弟會弟兄，他不禁脫口而出：「太多事情了，太多事情變得好像理所當然」[16]，他後來更藉著某些機會，以書面的方式向他的兄弟會弟兄們進一步表示：「似乎沒有什麼能夠撼動人心的重大問題。不幸的是，大多數人居然都認為這是理想的狀態，他們認為這就是目標，和諧得到實現。人們貪圖安逸，不再奮戰，因循苟且，將「慣性法則」奉為民族之神……就這樣陷自己於日益艱困的境地，直到有朝一日，人們認識到，自己就像一顆既笨重、又缺乏彈性的鉛球始終一成不變，但外在的環境卻不斷地在變化著。」「使用一些無聊的流行語（鮑爾舉了一個他自己所屬的自由派兄弟會所熟悉的諺語作為例子），或是其他某些在社團活動課上（指的是兄弟會內部舉辦的一些課程）學到的工具，並無法動搖一九二三年的世界。」弗里茲・鮑爾呼籲應該「尋求奧援」，應該投入政治的鬥爭。學生組織應當有益於此。「我們也可以在別的地方做做體操。」

就在那個晚上，那二十二位朋友推舉這個當年還只有十九歲的同學擔任他們的新會長。[17]

猶太兄弟會

在一年半之前，也就是在一九二一年的春天，當年僅十七歲的弗里茲・鮑爾去到他的第一個大學求學地海德堡時，德國各地的兄弟會才剛剛通過了它們的《艾森納赫決議》（*Eisenacher Beschlüsse*）。[18]據此，兄弟會是不許接納「猶太人或猶太裔的人」作為成員。兄弟會的成員也不許和「猶太裔或有色人種的女性」結婚；誠如後來弗里茲・鮑爾所言，這是第一個、涉及私領域的「雅利安人條款」（Arierparagraf）。[19]這時候，許多不想被套上這件兄弟會緊身衣的組織一直在討論著，它們是否也該採行這種不平等待遇。[20]舉例

---

16 *Monatsberichte des Bundes Freier Wissenschaftlicher Vereinigungen*, May/June 1923, p. 5。

17 參閱*Monatsberichte des Bundes Freier Wissenschaftlicher Vereinigungen*, November/December 1922, p. 6。先前在一九二二年夏天時，鮑爾曾在慕尼黑被選為繼Walter Einstein之後的第二任會長，參閱*Monatsberichte des Bundes Freier Wissenschaftlicher Vereinigungen*, August 1922, p. 3。

18 參閱Arne Lankenau, »Dunkel die Zukunft – Hell der Mut !« Die Heidelberger Studentenverbindungen in der Weimarer Republik 1918 – 1929, Heidelberg 2008, p. 123。

19 鮑爾的電視訪問：»Als sie noch jung waren« (1967)。

20 關於一九二一年時越來越多在聯盟層級上的討論，參閱Schwarz, *Studenten in der Weimarer Republik*,

來說，著名的阿雷曼尼亞（Allemannia）兄弟會便是其中一例，它所屬的壯麗別墅就座落在海德堡的城堡山的山腳下，周圍被高大的樹木所環繞，俯視著卡爾・狄奧多大橋（Karl Theodor Brücke）的砂岩拱門，該會對於這個問題爭論得特別激烈，在會內的報紙上，人們發表了許多贊成和反對平等對待猶太人的言論，但這或許只是因為在這個兄弟會裡，有特別多的猶太人算是他們的「老前輩」。[21]在其他大多數的兄弟會裡，「右傾」的過程相對而言比較順暢。[22]原本被譽為「內卡河畔的自由綠洲」的海德堡大學，其周邊的生活環境也逐漸對猶太人設下了越來越多的限制。[23]對於大學新鮮人弗里茲・鮑爾也不例外。

沒有什麼能夠強迫他，他帶著渴望，望著那些用五顏六色的旗幟與徽章妝點大學區的兄弟會所。如同當時十分之四的學生，他也可以堅持讓自己在某個「學生媽媽」的無名宿舍裡找到自己的下榻之處，憑藉一己之力獨自在這座城市中探索酒吧。[24]到了十八歲時，弗里茲・鮑爾在尋求加入兄弟會的社群上給了自己一個聽起來有點可悲的理由：「加入的前提與動機……就是結社的本能，就是朋友伴著朋友參與共同任務的意願，就是從極端的個人主義的不可能與可笑中產生出的社會主義。」因為，「一個人得在與同志們的團結下才能做成一些真正正面的事情。」[25]

在那段時期裡，那些沒有兄弟會歸屬的學生們，處於大學裡的社會階級的下層。[26]他們之中有一些人試圖成為某個兄弟會的會員，但卻遭到拒絕，有一些人則寧可就這樣當個獨行俠。[27]鮑爾顯然不想如此，他還是希望尋求某個學生組織的支持；於是他找到了它。還會有什麼選擇呢？少數猶太兄弟會的其中之一，而這些兄弟會則是在反猶太主義日益增長的氣焰下，逆勢產生的反抗組織。

---

p. 244。

21 參閱Lankenau, »Dunkel die Zukunft – Hell der Mut !«, p. 122。

22 參閱Matthias Stickler, *Geschichte der studentischen Verbindungen in der Weimarer Republik*, 1998, p. 98。以及Lankenau, »Dunkel die Zukunft – Hell der Mut !«, p. 128。

23 參閱Lankenau, »Dunkel die Zukunft – Hell der Mut !«, p. 116, 222。關於當時海德堡的聲譽，參閱Horst Göppinger對於威瑪共和時期學術環境的描繪，*Juristen jüdischer Abstammung im » Dritten Reich «. Entrechtung und Verfolgung*, München 1990, p. 188。

24 參閱Michael Weiss, *Bücher, Buden, Burschenschaften. Tausend Semester Tübinger Studentenleben*, Tübingen 1991, p. 116。

25 Bauer, »Sinn und Wert der studentischen Korporation«, *Monatsberichte des Bundes Freier Wissenschaftlicher Vereinigungen*, September 1921, p. 9。

26 參閱Weiss, *Bücher, Buden, Burschenschaften*, p. 98。

27 參閱*Monatsberichte des Bundes Freier Wissenschaftlicher Vereinigungen*, Sondernummer zum Pfingstkartelltag 1921, June 1921, p. 10。

在海德堡的校園裡，繫著藍、白、橘彩色緞帶、戴著橘色小帽的猶太兄弟會「巴伐利亞」（Bavaria）是股不容忽視的勢力。[28]這群少數族裔雖然人數不多，但卻充滿著自信，他們很快就對所有在大學城裡散佈反猶太言論的團體，下了用重劍決鬥的戰帖（也因此，學生之間發生了許多鬥毆，直到一九二三年校長才介入）。相形之下，弗里茲・鮑爾在一九二一年五月時所加入的那個小團體，明顯溫和、低調許多，其成員遍及全德九所大學的「自由科學社」（Freie Wissenschaftliche Vereinigung Vereinigung；簡稱FWV），堅持著自由和超越宗教信仰的理念，成員們為自己的藍、紅、銀色徽章感到自豪。儘管如此，卻從來也沒有人見過弗里茲・鮑爾這個學生，身著兄弟會光鮮亮麗的「禮服」、佩戴這種顏色的帽子與緞帶，因為在校園裡，自由科學社是個黑色的兄弟會；正如這些「學生先生」（他們會互相用敬稱）的日常西裝和領帶都是黑色的。[29]他們放棄配戴緞帶與帽子。同樣地，在與女士們的舞蹈之夜中，他們的晚禮服也沒有任何會讓人產生軍事聯想的裝飾。自由科學社的成員們對待當時首度出現在大學裡的少數女學生，相對來說比較尊重。在與「婦女學術學會」（Akademisch-wissenschaftliche Frauenvereinigung）共同舉辦活動時，他們也會和對方平起平坐。[30]弗里茲・鮑爾在這裡贏得了一些朋友，有時他甚至會把他們帶到斯圖加特的父母家中。[31]

在海德堡，自由科學社的啤酒桌是設在某個「騎士廳」的枝狀吊燈下。[32]兄弟會的弟兄們會在位於萊爾巷六號的一家釀酒廠的後室裡飲酒。他們在「美味的桃子波列酒」中為鮑爾的第一學期劃下句點；誠如某項記述所言：「離開酒館後，我們在高聲歡呼中走到城堡露台，在月光的照射下，我們見到了稀有的城堡美景。遺憾的是，我們當中有些人只能在朦朧中欣賞這樣的美景。」[33]愛好和平的作家庫爾特・希勒（Kurt Hiller），於一九〇七年在海德堡獲頒法學博士的學位，他曾經記述過這個自由派的兄弟會的一些習俗：「架少打些，的確如此；但酒可沒有少喝。」[34]希勒表示，在他第一次拜訪自由科學社時，

---

28 參閱Gerhard Taus, »Studentische Vereinigungen, Begriffe und Abkürzungen«, in Manfred Voigts (ed.), *Freie Wissenschaftliche Vereinigung. Eine Berliner antiantisemitische Studentenorganisation stellt sich vor – 1908 und 1931*, Potsdam 2008, p. 12 – 16 (13)。

29 同上。

30 關於這些交流，參閱Thea Wasservogel, *Monatsberichte des Bundes Freier Wissenschaftlicher Vereinigungen*, December 1921/January 1922, p. 4。

31 Walter Fabian對Tiefenthal所做的訪問。

32 *Monatsberichte des Bundes Freier Wissenschaftlicher Vereinigungen*, June 1921, p. 11。

33 *Monatsberichte des Bundes Freier Wissenschaftlicher Vereinigungen*, August 1921, p. 12。

34 Kurt Hiller, *Leben gegen die Zeit*, Bd. 1 (Logos), Reinbek 1969, p. 61 – 63。

「有位留著胡蘿蔔色山羊鬍的年輕婦科醫生」居然對著我大叫「乾杯！」「也就是命令我得將一大杯啤酒一飲而盡。」希勒感到相當吃驚。「即使是根據這些學院俗人的啤酒道德，我根本也沒得罪他們什麼。」[35]

然而，鮑爾是否也參與了兄弟會弟兄這些粗野的活動，這個問題卻是懸而未決。因為多年之後，有位鮑爾年輕時的朋友海因茲・麥爾—維爾德（Heinz Meyer-Velde），他曾在同學們的敦促下加入了哥廷根（Göttingen）的某個兄弟會，並曾向鮑爾抱怨道：「我在那裡被迫喝了很多啤酒！」對此，鮑爾只是表示：「你其實也可以避開這些……」[36]在鮑爾學生時代的一張照片上，我們可以看到他曾經出席一場跳舞晚會，女士們身著晚禮服，還搭配了當時最時尚的查爾斯頓羽飾，男士們則打了黑色的蝴蝶結，其中一人還在自己的翻領上放了幾個看起來有點好笑的薑餅愛心。鮑爾是照片中唯一不看鏡頭的人，即使是對於坐在他附近的女士，他看起來似乎也沒什麼真正的互動。[37]然而，他顯然並不因此就是個「邊緣人」。至少在騎士廳裡的一些激辯中，他很快就受到了大家的關注。

「知識份子的人生就像芬芳的添加物，就像發酵產生的濃郁香氣，瀰漫於世俗的喧囂之上。」十八歲時的弗里茲・鮑爾曾引用哲學家亞瑟・叔本華（Arthur Schopenhauer）的著作如此表示。[38]憑著對於哲學與文學的熱情，他在兄弟會的弟兄們之間頗受敬重。現代、人文、進步，是自由科學社的理念。「在世界史旁」，鮑爾曾引述叔本華的話表示，

「哲學、科學與藝術的歷史也天真無邪且不被血腥沾染地在發展著。」[39]自由科學社對於決鬥敬而遠之，相反地，他們會在星期五晚上聚在一起，輪流為彼此講述一些偉人的事蹟。[40]羅伯特・所羅門（Robert Salomon）講述了杜斯妥耶夫斯基（Fjodor Dostojewski），漢斯・海因斯海默（Hans Heinsheimer）講述了萊辛（Gotthold Ephraim Lessing），漢斯・霍克海默（Hans Horkheimer）講述了浪漫詩人克里斯蒂安・迪特里希・

---

35 同上。

36 引述自對Meyer-Velde所做的訪問。

37 Irmtrud Wojak, Fritz Bauer, p. 83。

38 Bauer, »Hochschule und Politik«, *Monatsberichte des Bundes Freier Wissenschaftlicher Vereinigungen*, September 1921, p. 9 f.。

39 參閱Voigts (ed.), *Freie Wissenschaftliche Vereinigung*，還有鮑爾自己的文章：»Hochschule und Politik«, *Monatsberichte des Bundes Freier Wissenschaftlicher Vereinigungen*, September 1921, p. 9 f.。

40 參閱Matthias Hambrock, *Die Etablierung der Außenseiter. Der Verband nationaldeutscher Juden 1921–1925*, Köln 2003, p. 138。以及Michael Buchholz, »Zur Geschichte der Freien Wissenschaftlichen Vereinigung«, in Voigts (ed.), *Freie Wissenschaftliche Vereinigung*, p. 210–225 (216)。在立場聲明中，他們也要求其他學生組織放棄「學生決鬥」的習俗。

格拉布（Christian Dietrich Grabbe）。[41]就連當時還在第一學期的弗里茲・鮑爾，也都做了一場演講，給弟兄們留下了深刻的印象。

有位同學曾經如此描述對於歷史哲學頗有研究的鮑爾所做的演說：「他從決定論者的立場出發，為我們闡述了他對於歷史的價值與意義、歷史的起源與過程，以及對於不同文化時期的脈絡所做的種種觀察。」[42]鮑爾後來也曾與一群人數更多的聽眾，分享了他的唯物主義史觀的核心思想，而且他還言簡意賅地引述布萊希特的話表示：「首先是飲食，然後才是道德。」根據鮑爾的說法，席勒也早就曾以類似的措辭表達過同樣的想法：「人的尊嚴，莫過於此，給他食物，給他住所，為他遮蔽赤裸的身體，自然就賦予了他尊嚴。」[43]

鮑爾充滿自信的闡述讓兄弟會的弟兄們聽得目瞪口呆。那位同學曾寫道：「由於沒人對他的闡述發出任何異議，因此，令人遺憾的是，當時未能在這個有趣的話題上激起熱烈的討論。」[44]鮑爾的堅定令人留下了深刻的印象。

甚至於在他的第二學期開始前，人們就讓他為這個團體發聲。有鑑於來自右派的壓力越來越大，人們允許他在團體所屬的刊物上表達弟兄們所遭遇的困境。鮑爾譴責了那些「冒牌貨」，這些人「出於自己的政治目的，把那些經過嚴格考驗的優良教師趕離他們的教席。」[45]鮑爾表示：一所「政治化了的大專是荒謬的，如同政治化了的科學那般荒謬，也如同像是『社會民主的氮』或『德意志民族的刑事訴訟』之類的概念那般荒唐，因為如果有什麼可以算是科學與教育的核心本質，那必然就是它們不受日常事件所影響的獨立性、不受政治與政黨所左右的自由與自主。」

當時年僅十八歲的鮑爾寫道，科學不是如同「目前德國的許多大專院校所認為的」那樣，要用來為國家服務。「國家無非就是用來保護生命這個核心的堅硬外殼，是保護人類的果園與花園的圍牆。」國家之所以享有它「在道德上的存在合理性」，「其實是由於它有助於促進科學的發展，有助於創造文化的資產。」在鮑爾的第二學期開始時，他就被推

---

41 參閱Dr. M., »Gedenktag großer Männer«, *Monatsberichte des Bundes Freier Wissenschaftlicher Vereinigungen*, December 1921/ January 1922, p. 2 f.。

42 *Monatsberichte des Bundes Freier Wissenschaftlicher Vereinigungen*, August 1921, p. 12。

43 參閱Fritz Bauer, »Forderungen der Gesellschaft an die Strafrechtsreform«. Vortrag gehalten auf dem Arbeiterwohlfahrt-Sozialarbeitertreffen 30. May bis 3. June 1962 in Bad Godesberg. *Schriften der Arbeiterwohlfahrt* (Eigenverlag), p. 5 – 20 (5)。

44 *Monatsberichte des Bundes Freier Wissenschaftlicher Vereinigungen*, August 1921, p. 12。

45 Bauer, »Hochschule und Politik«, *Monatsberichte des Bundes Freier Wissenschaftlicher Vereinigungen*, September 1921, p. 9 f.。

舉為兄弟會的文膽。[46]

鮑爾在啤酒會上的演說從不會令人呵欠連連。「歌德的實踐理性」曾是他的一場迷你演說的主題，儘管兄弟會的某些弟兄認為，鮑爾針對歌德與康德（Immanuel Kant）的倫理學所做的對比是種臆測的對立，因此未被他所說服，可是最終就連某位提出了批評的聽眾也都崇敬地表示：「對於他的演說，人們絕對有充分的理由可以說，藉由生動的陳述，藉由截然不同的世界觀的介紹，藉由宏偉的輪廓描繪，他完全體現了歌德式風格的魅力，絕對可以稱得上卓越。」[47]兄弟會所屬刊物上的評論當然總是比較客氣，儘管如此，像是這樣的讚譽卻仍極為罕見；另一方面，對於越來越有自信的弗里茲・鮑爾發表的第二場演說所表達難掩的惱怒，也是一樣。鮑爾以「墮落」為題，狂野地穿越了文化史，清查了士兵服從的價值觀，以及其自我設限與流線型風格；在鮑爾看來，這是終將導致文化沒落的「美德」。有位兄弟會的弟兄曾寫道：「這樣的論述總是充滿了個人的色彩，因此，鮑爾對於宗教、上帝、基督教與歷史的理解，理所當然會引發強烈的異議。」[48]

法學院學生華特・愛因斯坦（Walter Einstein）表示自己要做一場跟弗里茲・鮑爾唱反調的演說，兄弟會所屬的刊物曾寫道，因為華特・愛因斯坦「認為，在外面的大環境裡，如同在自由科學社這個小圈子中，所應該謀求的，不是鮮明的個性，不是無條件地維護獨創性（設若其確實存在），而是為了成就另一個更好的自我、為了成就領袖而去放棄自我，藉此一個人才能找到屬於他自己的那個我。因為服從領袖代表著為理念而服務；只肯接受屬於自己這樣的我，將代表著混亂，反之，服從領袖為理念而服務，則能夠成就集體。」[49]不久之後，華特・愛因斯坦便與鮑爾聯袂轉往慕尼黑，他與鮑爾學習同樣的專業，而且不久之後他們還一起擔任了慕尼黑的自由科學社的主席；他們的友誼似乎沒有外人想像的糟。雖然他們在自由科學社裡辯論得如此激烈，不過當事人也明顯表現得十分具有運動家的精神。

這也說明了，為何大力抨擊宗教、國家與康德的弗里茲・鮑爾，在做了一些富有爭議的演說後，依然獲得人們的好感。在一場特別的啤酒聚會裡，某位兄弟會的弟兄模仿了海德堡自由科學社裡一些最傑出的同學，引來了哄堂大笑：「理查・史騰海默（Richard Sternheimer）充滿了激情的名言寶貝；漢斯・施瓦岑（Hans Schwarzen）有受到上帝加持

---

46 參閱 *Monatsberichte des Bundes Freier Wissenschaftlicher Vereinigungen*, December 1921/January 1922, p. 7。

47 同上。

48 *Monatsberichte des Bundes Freier Wissenschaftlicher Vereinigungen*, July 1922, p. 5。

49 同上。

的自我；華特・愛因斯坦有哮喘聲的法學；弗里茲・鮑爾有熱情洋溢的『噓噓作響』（鮑爾是施瓦本人，有時會把「s」音發成「sch」）……」[50]

「認信德意志文化」：與猶太復國主義者的齟齬

至於鮑爾所屬的兄弟會在多大的程度上視自己屬於猶太人，這是個敏感的話題。《猶太學生》（*Der Jüdische Student*）這份期刊曾經嗤之以鼻地指出：「雖然自由科學社的成員確實幾乎全是猶太人，然而，這個組織卻像是在反對遭到某種藐視那般，極力拒絕作為一個猶太人的團體。」[51]

鮑爾所屬的自由科學社，對外總把自己說成是「一視同仁」的組織，換言之，是個對於新教徒、天主教徒與猶太人都同樣開放的團體。[52]然而，事實上，卻幾乎只有猶太學生加入這個團體的行列；尤其是在外界日益高漲的敵視情緒下，導致穿著黑色日常西裝的自由科學社所屬成員，很快就感受到與頭戴橙色小帽、主張猶太復國主義的「巴伐利亞」兄弟會所屬成員同樣面臨的歧視。

德意志民族所屬的眾多兄弟會，不僅規模龐大、而且又有戰鬥力，它們所發起的杯葛，就足以在海德堡，迫使不單只有店家，還有各式各樣的團體，屈從於前已提及的「雅利安條款」。[53]在這樣的情況下，弗里茲・鮑爾見識到某個學生運動俱樂部，如何以他身為猶太人為由，將他拒於門外。[54]為此，他甚至在不得已情況下，賣掉原本想在內卡河上划行、而與一位非猶太裔的朋友合購的獨木舟。早在他展開自己的學業之初，海德堡當地多數民族所屬的一些兄弟會就已要求，在學生經常出沒的區域裡，店家得要保證提供「無猶太人」的環境。[55]

自由科學社的成員始終堅持，要當個真正的、愛國的德國人。他們用自己的紀念捐助方式來紀念在第一次世界大戰中陣亡的弟兄，他們會完整地唱出《德國之歌》

50 *Monatsberichte des Bundes Freier Wissenschaftlicher Vereinigungen*, August 1922, p. 2。

51 引述自Manfred Voigts, »Einleitung«, in Voigts (ed.), *Freie Wissenschaftliche Vereinigung*, p. 5–11 (6)。

52 參閱Lankenau, »Dunkel die Zukunft – Hell der Mut !«, p. 138。

53 同上。

54 鮑爾曾告訴過他的妻子Anna Maria Petersen此事，之後她又於一九九七年時告訴了Irmtrud Wojak這個故事，參閱Wojak, *Fritz Bauer*, p. 529 (註釋72)。

55 參閱Lankenau, »Dunkel die Zukunft – Hell der Mut !«, p. 136。

（*Deutschlandlied*）[56]的全部三個段落，他們的座右銘是：「統一、正義、自由！」[57]在弗里茲・鮑爾於慕尼黑參與撰寫的一份政治信條的草案中，兄弟會的弟兄們雖然要求「寬容的生活方式」，但同時卻也要求「認信德意志文化」。[58]

鮑爾的弟兄並不隱瞞他們的宗教信仰，甚至於在被人問起時，鮑爾自己也沒有隱瞞。[59]只不過他們堅持認為，宗教信仰應該算是私事。如果其他的猶太學生頑固地組成了主張猶太復國主義、只接納猶太人為成員的兄弟會，那麼自由科學社的成員就會認為，誠如某位老前輩所言，那是在人性上「情有可原」的事，只不過「對於我們所主張的，所有德國學生的團結，卻會帶來災難性的影響。」[60]在全國性的激烈討論中，大多數的自由科學社所屬成員都拒絕在大專院校的選舉中，與猶太復國主義者合作。[61]他們覺得，在政治的理念上彼此的落差太大了。自由科學社所屬成員認為，猶太裔與非猶太裔的德國人之間的「攜手並進」是進步的希望所在，相反地，猶太復國主義者則是寄希望於「獨立」。鮑爾與他在海德堡的兄弟會弟兄也都不願意，在標舉至少能在由德意志民族多數所掌握的委員會中拿下兩席的、共同的「猶太人名單」的旗幟下，投入學生自治組織的選舉。直到一九二四年，在海德堡的其他猶太兄弟會（包括「巴伐利亞」與「伊夫里亞」〔Ivria〕）願意以「民族自由團」（Nationalfreiheitliche Gruppe）這個聽起來比較中性的名稱合作下，自由科學社才同意與他們結盟。[62]

然而，這當然無助於對抗校園裡日益高漲的反猶太主義。很快地，自由科學社，以及

---

56 參閱Liederbuch zum Festkommers der Freien Wissenschaftlichen Vereinigung an der Universität Heidelberg anläßlich des 35. Stiftungsfests 1927, p. 3；可上「利奧・貝克研究所」（Leo Baeck Institut）公開於網路上的自由科學社成員Rudolf Zielenziger所屬檔案的網頁查閱，網址為：http://archive.org/details/rudolfzielenziger [10. May 2013]。

57 參閱 Gerhard Taus, »Studentische Vereinigungen, Begriffe und Abkürzungen«, in Voigts (ed.), *Freie Wissenschaftliche Vereinigung*, p. 12–16 (16)。

58 參閱 *Monatsberichte des Bundes Freier Wissenschaftlicher Vereinigungen*, November/December 1922, p. 6。

59 參閱Wojak, *Fritz Bauer*, p. 529 (註釋71)。當鮑爾於慕尼黑大學註冊第三學期時，他在警察登記表的「宗教信仰」項下填寫了：猶太教。這份一九二二年五月十八日填寫的表格，如今收藏於慕尼黑市立檔案館。

60 Arthur Rosenberger, »Was wir tun« (1908), reprinted in Voigts (ed.), *Freie Wissenschaftliche Vereinigung*, p. 70–73 (72)。

61 參閱*Monatsberichte des Bundes Freier Wissenschaftlicher Vereinigungen*, August 1922, p. 2。

62 參閱Lankenau, »Dunkel die Zukunft – Hell der Mut!«, p. 138, 198。

所有猶太人的兄弟會，都被排除在海德堡學生組織的高等學校政治利益聯盟之外。[63]此外，由於自由科學社始終堅持宗教信仰中立，因此它也惹惱了其他的猶太兄弟會。誠如前已提及的《猶太學生》那份刊物所言：「任何應該為捍衛猶太人的榮譽而奮戰的人，都不能對此漠不關心，甚或像是不禁會令人感到激憤那樣嘲弄這件事情。」[64]就這樣，自由科學社變得可以說是「兩面不是人」。一邊是德國的國民，他們認為自由科學社異於德國人，而且差異性是負面的；另一邊則是與他們關係親近的猶太復國主義者，他們逼迫同是猶太人的自由科學社所屬成員應該要感到自豪地接受他們。日後成了在魏瑪共和的政壇上最著名的律師之一、自由科學社弟兄阿爾弗雷德・阿普費爾（Alfred Apfel）曾回憶道：「主張猶太復國主義的學生所發動的攻擊總令我們感到不安，一方面，當我們一大群猶太人聚在一起時，他們會用些不堪入耳的話指責我們同化，另一方面，他們還會用特別強調的猶太民族主義去對抗德國人的反猶太主義。」[65]

有位猶太兄弟會的成員在回憶海德堡的求學時期時曾表示：「閒暇之餘，弟兄們會一起坐下來思考猶太人的命運，首腦們會熱烈地議論著如何因應周遭所發生的種種問題，還有那些最是感到掙扎、痛苦的人，他們往往獨自一人或兩人在夜裡徘徊於內卡河畔或某些親切宜人的狹窄巷弄。我們想要瞭解我們自己。我們感到失望、痛苦和孤獨，我們被夾在中間，因為一邊是轉而投向基督教的同學，他們很快就屈服於某種能夠巧妙地改變自我感受的宣傳，另一邊則是那些認為在猶太復國主義中才能為自身找到解答的同學。」[66]

杜賓根，獅穴

當弗里茲・鮑爾想到自己於一九二四年在那裡完成學業的杜賓根時，他的腦海中只浮現出當地的美景，誠如他在給母親的一封信裡寫道：「熙熙攘攘的市場裡充滿了香氣與噪

---

63 同上，p. 48。

64 引述自Voigts, »Einleitung«, in Voigts (ed.), *Freie Wissenschaftliche Vereinigung*, p. 5–11 (6)。

65 Alfred Apfel的回憶錄《德國司法的幕後》從未以德文出版過，只有分別在一九三四年以法文*Les dessous de la justice allemande*與一九三五年英文*Behind the Scenes of German Justice*版本出版過。Jan Gehlsen（前漢諾威大學校長暨《批判的司法》〔*Kritischen Justiz*〕期刊創辦人）與Ursula Gehlsen目前正著手將這部回憶錄譯成德文。參閱Jan Gehlsen, »Hinter den Kulissen der deutschen Justiz : Alfred Apfel – Anwalt und Autor der Weltbühne«, *Kritische Justiz* Heft 1/2013, p. 80–87。這段話是引述自尚未出版的手稿；感謝Jan與Ursula Gehlsen。

66 引述自Lankenau, »Dunkel die Zukunft – Hell der Mut !«, p. 139。

音，林蔭大道上則有著如田園般的寧靜。」[67]鮑爾非常愛他的母親，而且由於他的母親就是杜賓根人，因此，他對這座城市的所有稱讚，當然也是間接地在稱讚他的母親，就算有那麼一點點的誇張，其實也不足為奇。然而，如果弗里茲・鮑爾對於杜賓根的愛慕甚至也包括了「大講堂的人文主義」[68]，這點就會令人感到有些訝異。

大講堂是這所邦立大學的心臟。在一九二三年夏天，為了能以符騰堡邦邦民的身份參加考試，鮑爾轉到這所大學就讀。[69]在他以「良好」的成績通過第一次國家考試（這也使他在同年級的同學中名列前茅）前，他在這裡度過了自己最後的兩個學期；在一個具有強烈古典主義色彩、有稜有角、配有銅質屋頂的建築物裡，散發著氣派的氣息。令教授們感到驕傲的是，德國沒有其他哪個大學能讓自己的學生如此一致對外地動員參戰。[70]當時流傳著一些關於秘密軍訓與隱藏武器的故事。[71]晚間，在大講堂前被學生戲稱為「跑道」[72]的威廉大街上，加入兄弟會的學生們還會佩帶軍刀與綬帶列隊行進；他們的反猶太主義張狂到，弗里茲・鮑爾原先在高中畢業考後還不敢在這裡註冊。[73]到了這裡，他再也不能指望自己在自由科學社的弟兄，杜賓根並沒有自由科學社。在一九二三／二四年的冬季學期中，這整所大學裡就只有十名猶太人就讀，其中有四名則是法學院的學生。[74]

至於大講堂，十分熟悉杜賓根的鮑爾的母親，當然曉得他所說的是哪個建築物，如果她的兒子會在信中寫到「大講堂的人文主義」，但她卻又沒有立刻感覺到這明顯是在「拍馬屁」，那麼我們就得假定就連在他的杜賓根求學時期，他也從未抱怨過德國的大專院校當時極其反動的氛圍。比鮑爾早一年來此求學的弗雷德・烏爾曼曾在回憶過往時表示，當時為數少得可憐的幾位猶太學生都十分焦慮，總是設法不要引人注意。[75]可是，弗里茲・鮑爾則不然。那是一九二三年的夏天，就在幾週之前，他才剛憤怒地呼籲自由科學社的弟兄們應該「尋求奧援」，因為單單只是憑藉寬容的言語，是「無法動搖一九二三年的世

---

67 弗里茲・鮑爾於一九三八年夏天寫給Ella Bauer的信，Privatarchiv Rolf Tiefenthal。

68 同上。

69 參閱Fred Uhlman, *The Making of an Englishman*, p. 73。

70 參閱Weiss, *Bücher, Buden, Burschenschaften*, p. 108–118；Göppinger, *Juristen jüdischer Abstammung im »Dritten Reich«*, p. 187, 189。

71 參閱Uhlman, *The Making of an Englishman*, p. 104–112。

72 參閱Weiss, *Bücher, Buden, Burschenschaften*, p. 99。

73 參閱鮑爾的電視訪問：»Als sie noch jung waren« (1967)。

74 參閱Lilli Zapf, *Die Tübinger Juden. Eine Dokumentation*, 3. edition Tübingen 1981, p. 266。

75 參閱Uhlman, *The Making of an Englishman*, p. 112 f.。

界」，[76]這時候，身為法學院學生的鮑爾，則是轉到了杜賓根，還坐在新教神學的課堂上；他是課堂上唯一的非基督教徒。比起在校園裡的其他任何地方，在這樣的課堂上，人們必然會更快就發現到，弗里茲・鮑爾是猶太人的這項事實，但他完全不感到難為情。

猶太人與在校園裡居於少數的天主教徒，兩者畢竟有個共同點：自一九一八年起才有機會晉升高階公職的天主教徒，相對而言比較接受共和國，這使得他們在大專院校的政治上，可以成為自由派的猶太兄弟會的盟友。[77]然而，鮑爾卻不是與他們坐在一起，而是與新教徒坐在一起，而且他在下個學期還繼續報名參加像是「教義史」或「《新約》神學」之類的課。[78]

曾經針對性地將自己的神學知識運用在政治論述上的弗里茲・鮑爾，在多年之後，之所以會這麼做，肯定有比只是為了向某人證明什麼還更好的理由。然而，無論他是有心還是無意，在這樣的舉動下，無可避免地會流露出「我不必躲躲藏藏，我毫無畏懼」的信息。

一篇受工業大亨歡迎的博士論文

弗里茲・鮑爾這位斯圖加特的公民之子，在一九二五年取得出色的國家考試成績下，或許可以讓自己過得比較舒適。畢竟相較於他此時所要走上的刑事司法的艱辛道路，也就是投身於處理具有啤酒味或火藥味種種的糾紛，他其實擁有一些更有利可圖的人生機會。而商會與公司總部的世界、有漿洗過的領子與拋光過的袖釦的那個世界，同樣也歡迎他。他的博士論文的故事顯示出了，他至少不是毫不猶豫地與這樣的誘惑擦身而過。

這段歷程始於一九二三年夏季學期的海德堡，當時學生的教科書在某一天還賣五萬五千馬克，到了第二天或許就漲到七萬馬克。[79]大學相對而言變得門可羅雀，越來越少家庭有能力負擔學費，到了十月，馬克幾乎每週都比前一週貶值將近十分之一，中產階級的積蓄都逐漸化為烏有。諷刺畫報《阿呆物語》（*Simplicissimus*）有一期的封面是這樣的：有個身著破爛西裝的男性整個人癱倒在一張長凳上，兩位女士問道：「這位先生想必是在從事某種令人精疲力竭的工作？！」「是的，我是法院的執行官。」[80]對於這場危機的根源，

---

76 *Monatsberichte des Bundes Freier Wissenschaftlicher Vereinigungen*, May/June 1923, p. 5。
77 參閱Jürgen Schwarz, *Studenten in der Weimarer Republik*, p. 265 f., 273。
78 參閱Wojak, *Fritz Bauer*, p. 104。
79 參閱Weiss, *Bücher, Buden, Burschenschaften*, p. 116。
80 封面, *Simplicissimus* Nr. 21/1925, reprinted in Anja Eichler (ed.), *Spott und Respekt – die Justiz in der Kritik*,

這位家境富裕的法學院學生仔細聽取了經濟學講師卡爾・蓋勒（Karl Geiler）的觀點。[81]當時鮑爾才剛購買了蓋勒的新書，《新經濟法的社會組織形式》（*Gesellschaftliche Organisationsformen des neueren Wirtschaftsrechts*）；尤其是在書中提到卡特爾（cartel）與托拉斯（trust）的地方，也就是那些在經濟方面極具勢力的企業集團，鮑爾還特別畫線註記。[82]

這位學生在這裡所讀到的內容，聽起來其實就像是個充滿希望的故事。大約在二十世紀初，許多德國的企業都對具有破壞性的競爭怨聲載道；它們之間逐漸流行起一種想法，那就是：為了大家好，與其彼此削價競爭，不如共同合作、固定價格。在這樣的基礎上，大規模的合作得到了發展，像是在厄爾士山脈（Erzgebirge）有「薩克森紙漿製造商協會」（Sächsischer Holzstoff-Fabrikanten-Verband），在魯爾區（Ruhrgebiet）有「萊因－西伐利亞煤業聯合組織」（Rheinisch-Westfälisches Kohlen-Syndikat）。[83]它們有些採用卡特爾的形式，有些則採用英美的托拉斯的形式（以美國標準石油〔Standard Oil〕托拉斯為榜樣）。卡特爾所指的是，同一行業的不同企業彼此達成一項協議，藉以防止削價競爭；不過它們仍是競爭對手，每個企業都在為自己牟利。托拉斯則是一個更緊密的聯盟，是企業集團的雛形；集團所屬的每個企業都為自己工作，但所有的利潤則都會被注入一個共同的獲利池中。

德國最著名的托拉斯是「法本工業利益集團」（IG Farben）。二十世紀初，在德國化學工業界規模最大的一些廠商，匯聚成這個「法本工業利益集團」，創建了世界上最大的化工企業。自一九二八年起，其宏偉的公司總部就象徵著它龐大的勢力，那是一座新古典主義的六層辦公大樓，以金黃色的石灰岩建成，座落於法蘭克福。「法本工業利益集團」的理事會曾請人繪製他們的油畫畫像；員工們則稱其為「諸神的理事會」。

司法部門原先對於這些新興的化學大亨或煤炭大亨睜一隻眼閉一隻眼。[84]然而，到了一九二二年，當經濟崩潰時，法官們卻開始考慮強迫這些企業重新面對自由競爭。正好就在這個時候，當學生弗里茲・鮑爾開始對它們感興趣時，卡特爾卻也顯露出了它們的陰暗面；由於聯手壟斷的作為，這樣的同業聯盟使得企業特別容易哄抬價格。[85]隨著人們日益

Petersberg 2010, p. 113。

81 這是根據海德堡大學一九二三年夏季學期的收款清單；參閱Wojak, *Fritz Bauer*, p. 530（註釋80）。

82 同上。

83 參閱Matthias Schmoeckel, *Rechtsgeschichte der Wirtschaft. Seit dem 19. Jahrhundert*, Tübingen 2008, p. 247–253。

84 一八九七年二月四日，當時的法院對薩克森紙漿製造商協會做出了友善卡特爾的基本裁決；Reichsgerichtsentscheidung in Zivilsachen, Bd. 38, p. 155 ff.。

85 參閱Schmoeckel, *Rechtsgeschichte der Wirtschaft*, p. 255 f.。

迫切需要來自美國的資金，它們在政治上所遇到的質疑聲浪也逐漸加劇。美國的投資者十分訝異於德國工業體系的盤根錯節。[86]在他們的祖國，標準石油的托拉斯才剛被一項新的、偏向秩序自由主義（ordoliberalism）的經濟法案所粉碎。

打擊卡特爾，還是抵抗美國的壓力？在一九二七年時，弗里茲・鮑爾也帶著自己的博士論文，加入了這場已經吸引了許多德國法界人士參與的辯論。[87]他的這篇博士論文有個「略有中古世紀冗長風的標題」[88]：《托拉斯的法律結構——在對照美國與俄國的托拉斯形式下論德國的經濟聯合組織》（*Die rechtliche Struktur der Truste. Ein Beitrag zur Organisation der wirtschaftlichen Zusammenschlüsse in Deutschland unter vergleichender Heranziehung der Trustformen in den Vereinigten Staaten von Amerika und Rußland*）。鮑爾在文中主張，應該保護托拉斯「們」（他使用了德語化的托拉斯複數形式「Truste」，但這種說法卻未獲普遍認同），抵抗外來的秩序自由主義的巨大壓力。他也在論文開頭處引述了很長一段話，向華特・拉特瑙致敬；在戰爭的最後幾年裡，華特・拉特瑙曾經作為商界領袖，成功建立了企業聯合組織。

鮑爾認為，托拉斯是一種經濟模式，它可以為人們指出「第三條路」，這條路介於「個人主義的經濟思維及其加油口號『讓他做，唉呀，讓他做』」，正如它普遍流行於美國的那樣，以及在蘇聯實行的專制的計劃經濟。[89]當個別的公司聯合成托拉斯，藉以相互扶持時，它們也會因此將「自由主義的自發性和自主性，與社會主義的合理性結合起來」，而且所有的這一切，「既沒有迫使私人企業家的進取精神削足適履地去迎合官僚的公式主義，也沒有消除蘊藏在經濟人（homo oeconomicus）追求獲利之際的動力。」[90]這是一種典型的社會民主主義的立場。鮑爾相信介於自由的市場與國家的監管之間的第三種方式。

然而，另一方面，這卻也是人們在那些企業總部裡樂於見到的一種立場；這位年輕的、理想主義的博士候選人，確實提出了一些支持人們應該繼續保護德國的煤炭大亨或化學大亨的論點。一個人若是能在法律的辯論中鞏固這樣的立場，他就能夠指望在那些企業裡開創出自己的一番事業。而且如果能像弗里茲・鮑爾那麼認真、努力，那就更別說了。

---

86 同上，p. 253–255。

87 同上，p. 248。Schmoeckel說這是一個「不願休止的卡特爾問題論文系列」。

88 鮑爾於一九二七年九月廿一日寫給Horkheimer的信，Max-Horkheimer-Archiv in der Stadt- und Universitätsbibliothek Frankfurt am Main, I/2 230。

89 Bauer, *Die rechtliche Struktur der Truste. Ein Beitrag zur Organisation der wirtschaftlichen Zusammenschlüsse in Deutschland unter vergleichender Heranziehung der Trustformen in den Vereinigten Staaten von Amerika und Rußland*, Mannheim 1927, p. 2。

90 同上，p. 3。

這位博士生所提出的論文篇幅多達兩百多頁，當時法學論文一般來說只要這個篇幅的一半也就可以過關。他表示，自己很清楚也很尊重自己這個行業的慣例，他的架構清晰、論證嚴謹，對於那些他無法苟同其觀點的教授，他也都很有禮貌，而且只在短短的一年之內，他就完成了所有的內容，儘管當時他在白天已經開始以實習生的身份，在斯圖加特的法院裡工作。[91]他的博士指導老師給他的論文打了「極優等」（magna cum laude）[92]的成績；業界也驚艷於這項優異的成就。[93]在一九二七年，弗里茲・鮑爾的面前已開啟了許多扇事業之門。

那是些頗具吸引力的展望。這時候在德國出現了一種新型的律師。商業律師是些雄辯滔滔的人，他們從不久之前起開始進出於企業總部和商會，不過仍然保持著他們的獨立性。他們不認為自己是汲汲於鑽營的人，而是具有政治立場的公民。他們將知識導向與秩序帶入了一個在很大的程度上仍然不受監管的經濟上。在司法改革委員會或是歌劇首演，在自由派的辯論社團或是大學的講台，人們都能見到他們的身影。在這個時期所留下的一些照片上，我們可以見到魏瑪時代著名的商業律師馬克斯・哈根堡（Max Hachenburg）露出了和藹可親的微笑，他的領帶夾與袖釦閃閃發亮，襯衫則有個時尚的圓形領口。[94]另一方面，馬克斯・哈根堡同樣也充滿了愛國心，他曾被任命為國家經濟委員會的成員，那是魏瑪時代一種具有諮詢功能的專家議會。哈根堡曾在他的回憶錄中寫道，他為自己在那裡所遇到的賢達展現出的「才智和精力」[95]感到高興，其中也包括了「法本工業利益集團」的「諸神的理事會」的一名成員。

我們不難想像，鮑爾也能同樣活躍於那個世界。經濟法在當時仍是在新穎且不發達的領域。在這方面，即使有才氣但很快就在公職部門裡遭遇無形阻礙的人，也有機會一展自

---

91 鮑爾在一九二四年十二月九日於杜賓根參加了第一次的國家考試。參閱Just z-Personalakte Fritz Bauer, Archiv des Fritz-Bauer-Instituts, NL – 08/03。他的博士論文，根據印刷版的序言是在「一九二五年年底」交出。鮑爾當時已以實習生的身份在工作的說法，是這麼得出的：根據鮑爾的人事檔案，從一九二八年三月起，他就已是斯圖加特的邦高等法院檢察署的候補官員，根據當時的見習時間一般來說為三年往回推，那麼鮑爾開始見習應該是在一九二五年三月。

92 弗里茲・鮑爾曾告訴他的兄弟會弟兄們自己得到了這樣的博士考試成績，參閱*Monatsberichte des Bundes Freier Wissenschaftlicher Vereinigungen*, April 1926, p. 8。

93 參閱Justiz-Personalakte Fritz Bauer, Archiv des Fritz-Bauer-Instituts, NL – 08/03。鮑爾曾在一九四八年應徵布朗史威克的邦最高法院法官的申請信中，附上了擷取自專業期刊的兩篇大力稱讚其博士論文的評論。

94 參閱Max Hachenburg, *Lebenserinnerungen eines Rechtsanwalts und Briefe aus der Emigration*, Stuttgart 1978, 附圖41。

95 同上，p. 191。

己的長才。許多有才華的猶太律師都在此找到了一個利基。以馬克斯・哈根堡為例，他是曼海姆（Mannheim）那裡的一位拉比的姪子，本想當一名教授，然而，在面臨大專院校聘任委員會充斥強人的反猶太主義這樣的困境下[96]，卻反而得以發揮自己的長才；他曾語帶誇耀地表示，「律師工作促使他與社會大眾的經濟生活有最直接的接觸。」[97]鮑爾的博士指導教授卡爾・蓋勒也有能力幫助鮑爾進入這個圈子。蓋勒在海德堡大學的教授中算是邊緣人物。他是個有實務經驗的人，如同馬克斯・哈根堡；他只是以名譽教授的身份，而非以正教授的身份，來教授經濟法這個新領域的動態發展。蓋勒與工商界有著良好的關係，尤其是與耶拿（Jena）的蔡司公司（Zeiss）。他曾與著名的律師馬克斯・哈根堡一起對德國的商事法典發表評論。他的妻子是猶太人，他的合夥律師也是，他曾在那裡出版了一系列論文集的「本斯海默出版社」（Bensheimer Verlag），弗里茲・鮑爾的博士論文同樣也是在那裡出版，後來被貼上「猶太」出版社的標籤。[98]蓋勒與弗里茲・鮑爾之間必然存在著信任的關係，因為蓋勒曾經熱心地向業界推薦弗里茲・鮑爾，他曾表示，自己「特別樂於」[99]提拔年輕的鮑爾。「光是」博士生鮑爾的「風格及其表達思想的方式，就已證明了他具有一種令人愉悅的特點。」[100]

鮑爾很快就收到了一家石油公司的邀約。然而，鮑爾卻是毅然決定投入刑事司法這個「窪地」，投入政治的奮戰，這樣的決定卻也讓他的父母感到無比困惑。他在動蕩的求學歲月中所贏得的信念是，沒有奮戰就無法前進。在他回憶自己年輕時的情景時，鮑爾曾寫道：「當時他搖搖晃晃地騎著唐吉軻德（Don Quijotte）的瘦馬，他想把牠當成特洛伊的木馬，在亂世中善加利用它去追尋正義。」[101]

---

96 參閱Horst Göppinger, *Juristen jüdischer Abstammung im »Dritten Reich«*, p. 187。

97 Hachenburg, *Lebenserinnerungen*, p. 56。

98 參閱Stefanie Weis, *Leben und Werk des Juristen Karl Hermann Friederich Julius Geiler (1878 – 1953). Ein Rechtswissenschaftler in Zeiten des Umbruchs*, Hamburg 2013, p. 132。

99 Karl Geiler, »Vorwort« zu Bauer, *Die rechtliche Struktur der Truste*, p. VII。

100 Karl Geiler教授的評語，註記的日期為一九二六年，Archiv der Universität Heidelberg，引述自Wojak, *Fritz Bauer*, p. 104。

101 Bauer, »Scham bei der Lektüre. Richter zerstörten die Demokratie« (Rezension von Heinrich und Elisabeth Hannovers *Politische Justiz 1918 bis 1933*), *Die Zeit*, 29. September 1967。

4

威瑪共和的法官：抗擊崛起的邪惡

有人來敲辦公室的門

在這些走道上，人們越來越常聽到警察倉卒的腳步聲。在一九三三年三月廿三日，當這樣的聲響越來越靠近年方二十九歲的地方法官弗里茲・鮑爾的辦公室時，他或許直到最後一刻都還想著，又有一位他的同志被抓了。那個時候，幾乎每天都有社會民主黨人被人拖著走過大廳。位於斯圖加特的檔案街、帶著有稜有角的沙岩門面的地方法院，這時成了那個城市主要的鎮壓場所。[1]這個法院建築群位於當時的符騰堡邦的政治中心；那時的符騰堡邦只有如今的巴登—符騰堡邦（Baden-Württemberg）的一半大。而負責審理中、小型犯罪的地方法院，與高它一級的邦法院毗鄰著，邦法院是個威廉二世時代的建築，裡頭的兩個天井之一還擺了一個木製的斷頭台。[2]幾個月以來，左派分子無論是否受到罪刑之宣告，都被帶到地方法院監獄。[3]如果未受刑責宣告，新的當權者則稱此處為保護性拘留。就在大約一個星期前，整個監獄已經人滿為患，得將部分被拘留的人，轉移到某個臨時的集中營。[4]

戴著手銬站在弗里茲・鮑爾的辦公室門外的幾名男子，身上所穿的是符騰堡的警察制

1 鮑爾所服務的斯圖加特第一地方法院，它的管轄區是在一九二四年時合併了原本斯圖加特市與斯圖加特廳的地方法院的管轄區，再加上南部的諸如瓦爾登布赫（Waldenbuch）等地。這個大都會的北半部當時則是由斯圖加特第二地方法院管轄，如今該院已更名為斯圖加特—坎斯達特（Stuttgart-Cannstatt）地方法院。參閱Helmut Borth, »Das Amtsgericht Stuttgart«, in Eberhard Stilz (ed.), *Das Oberlandesgericht Stuttgart – 125 Jahre von 1879 bis 2004*, Villingen-Schwenningen 2004, p. 233–237 (233)。因此鮑爾在成長與求學期間的主要活動區域並不在他的管轄範圍內。

2 參閱Fred Uhlman, *The Making of an Englishman*, p. 125 f.。

3 參閱Markus Kienle, *Das Konzentrationslager Heuberg bei Stetten am Kalten Markt*, Ulm 1998, p. 29。

4 同上，p. 32。

服。他們是來自直接隸屬於內政部長的政治警察部門。[5]納粹黨人於三月五日的國會大選中變得更為壯大，在「黑白紅戰鬥陣線」（Kampffront Schwarz Weiss Rot）的幫助下，終於首度在國會裡越過絕對多數的門檻。於是斯圖加特的警察開始為他們的新老闆服務，也就是當時納粹衝鋒隊「西南」（Südwest）小隊的隊長迪特里希・馮・雅戈夫（Dietrich von Jagow）；他那時已經認識弗里茲・鮑爾。[6]只要馮・雅戈夫是當地納粹衝鋒隊的打手部隊的負責人，他直接的左派對頭人就是地方法官弗里茲・鮑爾。在一九三一至一九三三年間，鮑爾也曾在斯圖加特領導過親德國社會民主黨的議事廳糾察隊「黑紅金國旗團」（Reichsbanner Schwarz-Rot-Gold）。

有人敲響了辦公室的門。當警察在辦公室裡逮捕弗里茲・鮑爾時，其他的法官同事也在自己的辦公室裡聽到了吵鬧聲。[7]有些人打開了自己辦公室的門，站在門口張望。鮑爾是他們當中年紀最輕的一個，儘管他上任才短短三年的時間，他在政壇上卻已是個風雲人物。鮑爾被人帶著從他們的身邊經過，在場的人只是默默地看著。在他被人帶走時，沒有人說些什麼。

黑白紅中一點紅：司法平行世界

在過去幾年的日常中，鮑爾也受到了他的法官同事們的「側目」；並不是因為他是猶太人，這點地方法院的每個人都知道，因為鮑爾必須在每份人事問卷上都註明。（當時還有其他的猶太人，例如羅伯特・布洛赫〔Robert Bloch〕；鮑爾與布洛赫兩人都是斯圖加特的商人之子，都是單身漢，都於同一年開始在地方法院工作，只不過布洛赫的年紀大了

---

5 這個部門先是於一九三三年四月組成獨立的符騰堡政治警察，繼而才成為蓋世太保。因此，Günther Weinmann, »Das Oberlandesgericht Stuttgart von 1933 bis 1945«, in Stilz (ed.), *Das Oberlandesgericht Stuttgart*, p. 37–62 (44)，這篇文章中所提到的，鮑爾曾被蓋世太保逮捕，這種說法有修正的必要。

6 參閱 Kienle, *Das Konzentrationslager Heuberg*, p. 30。

7 對Weinmann所做的訪問。雖然鮑爾到了晚年，幾乎隻字不提自己在納粹時期所遭受的迫害，不過，戰後，有一回，他和幾位年輕的斯圖加特法官聚在一起（其中包括了Weinmann的同事），他倒是詳述了此事。鮑爾還特別強調，當時那些法官同事一言不發，眼睜睜地看著他被人帶走。

鮑爾十五歲，而且之前他還曾在魏布林根（Waiblingen）的地方法院任職過。）[8]年輕的弗里茲・鮑爾之所以是個異類，其實是因為他是斯圖加特唯一一位在一九二〇年代晚期擁有德國社會民主黨黨證的法官。[9]

當時的斯圖加特是個社會主義者與藝術家匯集的大都會。「在今日的菩提樹下所聽到的不是舒曼（Robert Schumann）的嘆息，而是爵士樂的悠揚樂音。」在一九二七年時，俄國作家暨記者伊利亞・埃倫堡（Ilja Ehrenburg）曾在他的旅遊書《時代的簽證》（*Visum der Zeit*）裡描述了當時的氛圍。「在市公園裡有一場『夏季時裝表演』。寬闊的咖啡館人滿為患：小市民、商店職員、辦公室職員、博士、二十家書店的書商都在此揮霍他們的工資。」[10]當時最能撼動人心的建築師，路德維希・密斯・凡德羅（Ludwig Mies van der Rohe）與華特・格羅佩斯（Walter Gropius），從一九二七年起開始著手興建風格大膽的「白院聚落」（Weißenhofsiedlung），那是三十件全白的建築藝術作品；對於這樣的風格，弗里茲・鮑爾曾表示：「明亮、寬敞、友善於人。」[11]就政治方面來說，這個大都會也是一個現代化的地方。到了一九二〇年代末期，在以農民為主、偏向支持德國國家人民黨（Deutschnationale Volkspartei；簡稱DNVP）的符騰堡邦，斯圖加特是個共和派的小據點。鮑爾在還是學生時就已加入的德國社會民主黨，此時勢力最強。納粹黨人長久以來都還只是一個小派系，即使是在一九二八年的地方選舉中，他們也只能拿到一・一%

的選票。[12]

然而，斯圖加特的法官圈卻是一個截然不同的世界。在一九二八年年底（在檢察機關任職了幾個月後）開始擔任助理法官的鮑爾曾回憶道：「他們早已遠離了懷抱強烈菁英思想的學生兄弟會，投向後備軍官兵團，他們的言行舉止完全就是保守、專制。」[13]「皇帝

---

8 參閱 Alfred Marx, *Das Schicksal der jüdischen Juristen in Württemberg und Hohenzollern 1933–1945*, o. O. 1965, p. 3 f.，以及http://www.stolpersteine-stuttgart.de/index.php？docid=251 [10. May 2013]。斯圖加特的民事法官Alfred Marx本身也是遭到去職的猶太法官，他在戰後致力於研究其他猶太裔司法人員的命運。Robert Bloch是從一九二八年九月十七日起在斯圖加特擔任法官。

9 參閱Uhlman, *The Making of an Englishman*, p. 149。Irmtrud Wojak指出，除此之外，在斯圖加特第一地方法院，還有另一位候補官員也曾是德國社會民主黨的黨員；參閱Wojak, *Fritz Bauer*, p. 113。

10 引述自Jörg Schweigard, *Stuttgart in den Roaring Twenties. Politik, Gesellschaft, Kunst und Kultur in Stuttgart 191–1933*, Karlsruhe 2012, p. 27。

11 引述自Gerhard Zwerenz, »Interview mit Fritz Bauer«, *Streit-Zeit-Schrift* 1968, Heft 2, p. 89–93 (92)。

12 參閱Schweigard, *Stuttgart in den Roaring Twenties*, p. 102–110。

13 Bauer, »Justiz als Symptom« (1962), reprinted in Joachim Perels/Irmtrud Wojak, *Die Humanität der Rechtsordnung*, p. 365–376 (369 f.)。

已經離開，但滿朝的將軍、官員和法官卻都遺留了下來。」[14]當納粹黨人從一九三〇年起，藉由聚眾示威與遊行，更強烈地把他們的戰場轉向街頭後，警察與司法機關則是寬容以對。而警察與司法機關對於納粹黨人的態度遠遠不如對於共產黨人的嚴厲。人們睜一隻眼、閉一隻眼；弗里茲・鮑爾認為，他們或許也是出於同情。當時他絕大多數的法官同事都很厭惡由「『心中無上帝』、『心中無祖國』的傢伙」所創建的共和國。「司法官們不喜歡他們」，鮑爾曾回憶道，「他們以司法獨立的幌子破壞了這個新的國家。」[15]

只有一次，在最剛開始時，當時鮑爾才只有二十五歲，剛剛完成為期三年的見習，他親身經歷了所謂「政治的司法」（politische Justiz）。那是一九二八年的秋天，兩名年輕人收到了檢察官寄給他們的郵件。檢察官指控他們，他們曾在某個星期天下午在斯圖加特販售了「至少十份」《紅色青年陣線》報（*Die Rote Jungfront*）給路人。[16]他要求他們分別被關進監獄一週和兩週。在這兩位共產黨人提出異議後，案件就提交給法官審理。然而，那位承辦檢察官卻十分地漫不經心，他並未親自出庭執行自己的控告工作，而是把案子丟給一個菜鳥，要他以他的名義去出庭。這個菜鳥就是弗里茲・鮑爾，他則降低了原本那位承辦檢察官的刑罰請求。從此以後，人們就再也不讓他靠近「政治的司法」。[17]

在地方法院，政治方面的犯罪行為案件，不久之後就都交給一位名叫弗勞恩克內希特（Frauenknecht）的法官審理。[18]有位二十二歲的泥水匠在斯圖加特的職業學校裡散發了

《紅色同學報》（*Der Rote Schulkamerad*），而且還呼籲學生發起罷工「反對德國資本家的飢餓襲擊」，結果他被判入獄一周。[19] 對於自一九二九年五月起被禁止的「紅色陣線戰士同盟」（Rote Frontkämpferbund）的運作，甚至就連對於反法西斯主義的言詞，弗勞恩克內希特法官同樣也都判處監禁懲罰。他在判決中寫道：「光是在演講中說出『你們在哪裡遇到法西斯主義者，你們就在那裡打他們。』這樣的話，無須進一步論證，就足以讓人看出其煽惑他人對於別人施加暴力的態度，只因別人的政治活動。」[20] 所給予的刑罰就是拘

---

14 Bauer, »Scham bei der Lektüre«, *Die Zeit*, 29. September 1967。

15 Bauer, »Justiz als Symptom« (1962), reprinted in Perels/Wojak, *Die Humanität der Pechtsordnung*, p. 369 f.。

16 參閱Strafakte des Amtsgerichts Stuttgart I, Staatsarchiv Ludwigsburg, F 302 II Bü 653。

17 參閱鮑爾於一九三二年八月四日寫給斯圖加特檢察署的信，Staatsarchiv Ludwigsburg, F 302 III Bü 51。

18 Frauenknecht從一九三二年起開始負責審理所謂「違反一九三二年三月廿八日總統令」的案件。其中，「打擊政治騷亂」的構成要件，給了法官很大的裁量權限。

19 Strafakte des Amtsgerichts Stuttgart I, Staatsarchiv Ludwigsburg, F 302 II Bü 844。

20 Strafakte des Amtsgerichts Stuttgart I, Staatsarchiv Ludwigsburg, F 302 II Bü 1220。

役一周。

另一方面，在一九三〇年十一月八日，有位斯圖加特的納粹衝鋒隊隊員，用刀刺了一位名叫赫曼・魏斯豪普特（HermannWeißhaupt）的年輕共產黨工人的腹部，導致他不幸身亡，那位衝鋒隊隊員只被判處了輕微的徒刑，而且在一九三三年納粹黨人執政後更完全獲得赦免。[21]誠如鮑爾在回憶過往時所述，「當時在裁決與右派（像是卡普政變〔Kapputsch〕、啤酒館政變〔Hitlerputsch〕、希特勒的合法性誓言〔Legalitätseid〕、波克斯海默文件〔Boxheimer Dokumenten〕等等）或左派（像是巴伐利亞蘇維埃共和國〔Bayerische Räterepublik〕）有關的案件時，存在著幾可說是在方法上的不平等。」[22]

在那些年裡，德國的司法機關在政治上的「大小眼」，幾乎成了眾所周知的事實；鮑爾稱這種情況為納粹統治的「法律序曲」[23]，因為右派的勢力因此受到了鼓勵。卡爾・馮・奧希茨基（Carl von Ossietzky）、埃里希・穆薩姆（Erich Mühsam）與庫爾特・圖霍爾斯基（Kurt Tucholsky）只是少數幾位最具娛樂性的評論家的代表，他們擺脫了舊王朝的新聞審查制度的束縛，把這類亂象當成他們嘲諷的主題。諷刺刊物《阿呆物語》在一九三一年時刊登了一幅漫畫，兩名法官被描繪成披著堅硬外皮、慢條斯理的老蜥蜴，他們身著長袍、頭戴黑色貝雷帽、手裡拿著深色精裝法典，一副手握生殺大權的樣子，其中一位法官對另一位法官說：「我真是搞不懂，人們幹嘛那麼生氣？」另一位法官則答道：「一個無辜被判刑的人，就會讓人想起，至少有十個有罪的傢伙在外頭悠哉悠哉地四處趴趴走！」[24]

同一年，猶太裔律師阿爾弗雷德・阿普費爾，他是鮑爾從前所屬的兄弟會「自由科學社」的成員之一，在位於萊比錫（Leipzig）的最高法院，為卡爾・馮・奧希茨基所負責的《世界舞台》（*Weltbühne*）擔任辯護人。[25]案件涉及到一篇以《德國航空颳起的風》（*Windiges aus der deutschen Luftfahrt*）為題的文章，《世界舞台》的作家原本所懷有的「愉悅的確信」，以為叛國罪的指控將「如泡沫般破裂」，在殘酷的現實中卻踢到了鐵板；對於剛剛贏得的新聞自由，德國的最高法院並沒有因此表現出些許的同情。[26]

---

21 參閱Schweigard, *Stuttgart in den Roaring Twenties*, p. 105。

22 Bauer, »Scham bei der Lektüre«, *Die Zeit*, 29. September 1967。

23 同上

24 *Simplicissimus* 1931, Nr. 6, p. 69, reprinted in Anja Eichler (ed.), *Spott und Respekt*, p. 107。

25 參閱Michael Buchholz, »Zur Geschichte der Freien Wissenschaftlichen Vereinigung«, in Manfred Voigts (ed.), *Freie Wissenschaftliche Vereinigung*, p. 210–225 (211)。

26 引述自Claudia Schöningh, »Kontrolliert die Justiz«. *Die Vertrauenskrise der Weimarer Justiz im Spiegel der Gerichtsreportagen von Weltbühne, Tagebuch und Vossische Zeitung*, München 2000, p. 274。

對於法官們的反動心態所給予最尖銳批評的，其實是來自德國社會民主黨。[27]古斯塔夫・拉德布魯赫（Gustav Radbruch）是該黨主要的法界政治家之一，在他於一九二一年成為德國的司法部長時，他主要的目標就是，把那些老頑固趕出司法機關。他呼籲年輕人投身司法工作。他所屬的政黨曾公開地威脅，如果德國的司法權不改其敵視共和的態度，將不排除根據《威瑪憲法》（*Weimarer Verfassung*）第一〇四條，針對司法高層進行一場人事清算。當時的法官們普遍都擔心該黨果真獲得這麼做的權力；這也就是為何偏向民族保守主義的「德國法官協會」（Deutsche Richterbund）會竭盡所能地在司法政策上，污名化德國社會民主黨。

為了響應古斯塔夫・拉德布魯赫的呼籲，在那段時間裡，弗里茲・鮑爾不單只是默默地致力於由內向外改變司法。他在人們於德國社會民主黨的機關報《前進》報（*Vorwärts*）上呼籲，成立一個支持共和的競爭組織，藉以與勢力龐大的德國法官協會抗衡後，[28]並於一九二八年在符騰堡邦註冊了一個「紅色」的「共和派法官協會」（Republikanischer Richterbund）。[29]只有3%的法官支持他。[30]古斯塔夫・拉德布魯赫是協會所屬刊物《司法》（*Die Justiz*）的共同編輯，他不僅痛斥當前的司法機關沒有自省能力，而且還警告其「反射性的防禦動作」，將招致毀滅。[31]

另一方面，這位支持德國社會民主黨與威瑪共和國、叛逆的年輕法官鮑爾，卻也特別小心翼翼，避免在法院的日常工作上惹出風波。他在這當中表現出了一種特質，也有助於他一生的堅韌不拔，那就是早在還很年輕的時候，他就懂得謹慎地運用策略。他會選擇自己打什麼樣的仗，不打什麼樣的仗。而且他會盡力避免過於激動。雖然，就政治而言，他走的是一條逆勢的道路，而且早在初任法官時就已是如此。不過，他卻也從來不會做到陷自己於失去法袍（法袍也代表著他所具有的影響力）的危險地步。在擔任少年事件助理法官短短兩年後，弗里茲・鮑爾於一九三〇年被提升為正式的地方法官；這在當時可說是異常迅速的晉升。[32]如果有人在多年後表示，鮑爾甚至因此成為魏瑪共和國最年輕的地方法官，即使沒有全國性的文件可以證明這一點，鮑爾也不會反駁這樣的說法。[33]那是一次順

27 參閱Ralph Angermund, *Deutsche Richterschaft 1919–1945*, Frankfurt am Main 1990, p. 36 f.。
28 參閱Birger Schulz, *Der Republikanische Richterbund (1921–1933)*, Frankfurt am Main 1982, p. 22。
29 同上，p. 206。
30 參閱Angermund, *Deutsche Richterschaft 1919–1945*, p. 41。
31 Gustav Radbruch, »Justiz und Kritik«, *Vossische Zeitung*, 16. February 1926。
32 關於當時一般的升遷過程，參閱Angermund, *Deutsche Richterschaft 1919–1945*, p. 29。
33 參閱Bauer的電視訪問：»Als sie noch jung waren« (1967)。

利的、未受政治反感阻礙的晉升，猶如閃電般的升遷。黑夜裡，人們把待命法官的勤務丟給他，白日裡，人們則要他負責處理在大都會裡發生的犯罪行為。[34]這時他已不再是處理少年事件的法官，他得領導一個法官所謂的「股別」（Buchstabenreferat），年僅二十七歲的他，得要負責審理所有被告姓氏為Brb-Bz、G與Se-Sz開頭的案件。他在哪裡量刑就遵照那個法院的慣例。他不會試圖技巧性地緩和當時法律的嚴酷，也避免讓自己在地方法院裡淪為眾矢之的。

當警察把一名因失業而要靠乞討過活的鋼琴製造師帶到他面前時，就顯示出了這一點。[35]正如鮑爾所言，這是「暗藏」乞討的法律棘手案件。失業的鋼琴製造師並非單純只是乞討，而是先請求給予工作。在當地的某位業者將他解僱後，他才請求「協助」。由於就法律上來說這算是一個邊緣案件，鮑爾肯定會有辦法給予通融。他可以基於某種善意宣告那位失業者無罪；然而，如果他這麼做，案件到了下一個審級，他的判決可能就會被撤銷，他等於是白忙一場。「判處兩天拘役顯然是適當的」，鮑爾盡可能地從輕發落；他毫不拐彎抹角地肯定了這樣的罪責。

在另一個案件裡，情況也是一樣。有個貧困的建築工人，在某個秋日裡，於法伊欣根（Vaihingen），用一根捕鳥用的膠桿抓了五隻金翅雀，接著把牠們帶到北車站那裡的工地，將牠們賣給在那裡工作的工人。在未經允許下，人們是不能夠捕捉當地的鳥兒，也不能把牠們烤來吃，即使在大規模失業的高峰時期，法律在此也是無情的。[36]「另一方面」，弗里茲・鮑爾的判決則是，「毫無疑問，被告是迫不得已才這麼做。」儘管如此，「拘役十四天顯然是適當的。」

「猶太人鮑爾的行為是否符合司法部的規定」

弗里茲・鮑爾表示：「我不會單純只是因為別人使用了『猶太人』一詞就提起刑事訴訟。」[37]「我並不會因此感到自己受辱。」在一九三一年九月廿五日這一天，法庭的聽眾席中湧入了許多納粹份子與反法西斯主義者，出現了許多納粹衝鋒隊的棕色襯衫與支持共和的國旗團的綠色襯衫。納粹黨與德國社會民主黨所屬的報紙都動員了各自的讀者。這回

---

34 Akte des Amtsgerichts Stuttgart I, Geschäftsverteilungsplan für das Jahr 1931, p. 3, Staatsarchiv Ludwigsburg, F 304 Bü 6。

35 Strafakte des Amtsgerichts Stuttgart I, Staatsarchiv Ludwigsburg, F 302 III Bü 369。

36 Strafakte des Amtsgerichts Stuttgart I, Staatsarchiv Ludwigsburg, F 302 II Bü 1225。

37 Bauer於一九三一年八月四日寫給斯圖加特檢察署的信，Staatsarchiv Ludwigsburg, F 302 III Bü 51。

弗里茲・鮑爾例外地不是坐在法官席上，而是在證人席上。他背對著觀眾，案件與他有關。而訴訟的標的是對於地方法官鮑爾博士的誹謗，換言之，事涉他的名譽。這是當時年僅二十八歲的鮑爾所捲入的第一樁政治醜聞，而這也是他第一次不禁為自己在司法機關裡的存在感到沉重的擔憂。關於這起案件的審理，斯圖加特的《納粹信使報》（*NS-Kurier*）事後幸災樂禍地寫道：「進行得越久，鮑爾先生原本容光煥發的臉孔就蒙上了越深的陰影，到了最後，已完全陷於烏雲罩頂。」[38]

事情是這樣的：當時二十三歲的阿道夫・格爾拉赫（Adolf Gerlach）於一九三一年六月一日成為當地《納粹信使報》的主編，接著他就在六月五日於報上發表了一篇關於弗里茲・鮑爾的文章，其標題為《一名猶太地方法官為了圖利所屬政黨濫用自己的職權》。阿道夫・格爾拉赫在文中表示，社會民主黨的報紙《施瓦本起床號》（*Schwäbische Tagwacht*）對於斯圖加特知名的納粹黨人的審判案卷總是瞭如指掌。其中的內情就是，弗里茲・鮑爾偷偷地將機密文件洩露給報社方面的同志。阿道夫・格爾拉赫寫道：「理由就是一個詞，那就是：猶太人！我們要問司法部長貝耶爾（Ernst Josef Beyerle）一個問題：猶太人鮑爾的行為是否符合司法部的規定？」[39]

這樣的攻擊讓弗里茲・鮑爾感到緊張；事實證明，他的緊張並非沒有道理。他循司法途徑來保護自己。鮑爾對阿道夫・格爾拉赫提出了誹謗的刑事訴訟。隸屬於具有天主教色彩的「德國中央黨」（Deutsche Zentrumspartei）的符騰堡邦司法部長約瑟夫・貝耶爾，為了使事情不會平白遭人抹黑，也跳出來幫助這位年輕的地方法官，同樣對此提起刑事訴訟。不過，他其實對鮑爾非常惱怒。多年之後，當貝耶爾於一九四五年後重返政府部門時，他說了一些對於惱人的紅色青年鮑爾相當不滿的話。[40]

雖然鮑爾在法庭上承認，有一回，他曾告訴過某位或許是在德國社會民主黨的會議上認識的《施瓦本起床號》的記者，關於某件訴訟的一些細節，可是這些細節之前已在公開審理的過程中被討論過，加上那個案件也與納粹黨人無關，涉案人其實是一個行騙國際、名叫席格弗里德（Siegfried）的詐欺犯。納粹黨人的案件與他，弗里茲・鮑爾，一點關係

---

38 »Die Affäre um Dr. Bauer. Der Ausdruck ›jüdischer Amtsrichter‹ ist eine Beleidigung«, *NS-Kurier*, 26./27. September 1931, Württembergische Landesbibliothek Stuttgart, I 124 (膠捲) or Ztg 9450 (紙本)。

39 »Ein jüdischer Amtsrichter mißbraucht sein Amt zu Parteizwecken/Der ›Informator‹ der Tagwacht«, *NS-Kurier*, 5. June 1931, Württembergische Landesbibliothek Stuttgart, I 124 (膠捲) or Ztg 9450 (紙本)。

40 鮑爾曾在一九四八年十月十二日寫給他的同志Erwin Schöttle的一封信裡提到，Beyerle從來不曾原諒過他在「黑紅金國旗團」裡的政治工作。Archiv der sozialen Demokratie, Nachlass Erwin Schöttle, Mappe 15。

也沒有，而且詐欺犯席格弗里德「不太可能會是納粹黨人」，鮑爾憤怒地表示。「從他的外表看來，他是猶太人！」[41]一般說來，鮑爾是不會說出如此輕蔑的言語。

鮑爾的法官同事對他的聲援僅止於符合司法部長的希望。他們保護這位年輕的同事對抗《納粹信使報》的指責：他為了自己所屬的德國社會民主黨的政黨利益，傷害了斯圖加特司法機關的客觀性。不過，承審法官卻是要鮑爾如同一般的門外漢那樣先做證人宣誓，在一個上頭還坐著兩位陪審員的法官長椅前。接著他們還公開地責罵這位年輕的同事。「即使法庭認為」，弗里茲．鮑爾向《施瓦本起床號》的編輯提供信息，「與現行法令不符」，但卻也無法證明鮑爾這位年輕同事的舉動是「為了圖利所屬政黨」，換言之是出於惡意，誠如判決所述那樣。[42]基於這樣的理由，法院最終做出有利於弗里茲．鮑爾、不利於阿道夫．格爾拉赫的判決，只不過，對於他們的這位年輕法官同事來說，這其實是力道明顯較微弱的恢復名譽聲明。弗里茲．鮑爾明確表示，不希望《納粹信使報》說他是猶太人的這件事，也在法庭上成為審理的一個主題，因為他並不會因此感到自己受辱；然而，他的法官同事們卻並不理會他這樣的期望。相反地，他們認為，阿道夫．格爾拉赫在文章中「不合理地四度重複」「猶太人」一詞，在形式上已構成侮辱，根據判例，受辱者是否感到自己遭到冒犯無關緊要。事後《納粹信使報》得意洋洋地嘲弄道：「『猶太地方法官』一詞是對法院認證的侮辱！」[43]

這個判決是去職的前奏。當地方法院院長在一九三一年底例行性地詢問調職希望時，弗里茲・鮑爾請求能和前一年一樣，讓他留在原本的刑事法庭。[44]不過，事與願違，院長最後卻決定把他調到在政治上比較無害的民事法庭；[45]在那裡，弗里茲・鮑爾既不能判處刑罰，也沒有機會在涉及公共利益的案件上做出裁決。新的職位對於鮑爾來說就好比是停放列車的鐵路支線。在那裡，他從此以後就只能安安靜靜地分析租賃契約、購買契約與索賠金額。他就這麼一直待在那裡，到了一九三三年，所有的猶太裔法官也都跟著被排除在刑事司法之外，全被調到了民事法庭，而這則是他們之後接連遭到開除的預備階段。[46]

---

41 鮑爾於一九三一年八月四日寫給斯圖加特檢察署的信，Staatsarchiv Ludwigsburg, F 302 III Bü 51。

42 一九三一年九月二十五日對於Adolf Gerlach的判決，p. 7, Staatsarchiv Ludwigsburg, F 302 III Bü 51。

43 »Die Affäre um Dr. Bauer. Der Ausdruck ›jüdischer Amtsrichter‹ ist eine Beleidigung «, *NS-Kurier*, 26./27. September 1931。

44 Akte des Amtsgerichts Stuttgart I, Wünsche der Abteilung I B und II B zum Geschäftsverteilungsplan 1932, Staatsarchiv Ludwigsburg, F 304 Bü 4。

45 Akte des Amtsgericht Stuttgart I, Übersicht über die Verteilung der Geschäfte der Abteilung A für Zivilsachen im Jahr 1932, Staatsarchiv Ludwigsburg, F 304 Bü 6。

46 參閱Göppinger, *Juristen jüdischer Abstammung im »Dritten Reich«*, p. 52, 56 f.。

與庫爾特・舒馬赫的二重奏：對抗納粹衝鋒隊的街頭戰鬥

在這場慘烈的失敗後（而且，從一九三一年起，在經常集會遊行下，納粹黨人在斯圖加特變得越來越受矚目），弗里茲・鮑爾轉而求助於庫爾特・舒馬赫；誠如他所言，抱著「想要做點什麼的衝動」。庫爾特・舒馬赫是德國社會民主黨在斯圖加特的領導人。他經營著黨報《施瓦本起床號》。「我們不需要學究」，舒馬赫回答道，「工人並不想看學者。」不過弗里茲・鮑爾倒是獲得了一個嘗試的機會。鮑爾回憶道：「後來他叫我去一個非常激進的青年社會主義者俱樂部，要我在那裡做場演講；演講頗受好評，我得這樣說。」[47]

過去在當學生時，鮑爾的演講就因頗具娛樂價值而在學生圈中獲得好評。如今在斯圖加特，誠如納粹衝鋒隊那些懷有敵意的觀察者所述，這位年輕的地方法官所使用的是一種「容易理解的、通俗的表達方式」[48]。演講者弗里茲・鮑爾有種能夠打動人心的真誠。後來的一位同路人，法界政治家約爾根・鮑曼，曾以一樁軼事來表明這一點：在一九六〇年代時，鮑爾曾前往聯邦議院（Bundestag），在德國社會民主黨黨團前，就刑法改革的問題發表談話。第一位發言者上台發言，接著是第二位，最後才輪到鮑爾。「當時他表現得真是太好了」，鮑曼說道，「他有著低沉、雄渾的嗓音。在場的是德國社會民主黨所有的國會議員，全是些文雅的紳士。他開口便說：『同志們，同志們！』大夥都著實驚艷於他的演說，觸電的感覺恐怕也不過如此。那就是弗里茲・鮑爾。」[49]

舒馬赫和鮑爾，一個普魯士人和一個施瓦本人，組成了一個獨特的二人組。他們兩人都是獲頒博士學位的司法人員，來自受過良好教育的資產階級家庭，他們兩人也都在斯圖加特贏得了工人的同情，這些工人是受到他們的呼籲，對於納粹黨人採取武裝對抗的。舒馬赫是個年輕的傷殘軍人，身上有無數手榴彈碎片的他只剩一條手臂。「他的臉就像一顆乾癟的蘋果，嘴唇極薄，宛如只是用刮鬍刀片在臉上輕輕劃開一刀，他還有雙冰冷的綠色眼睛」，有位名叫弗雷德・烏爾曼的斯圖加特律師曾回憶道，「如同邱吉爾，他也會不停

---

47 鮑爾的電視訪問：»Als sie noch jung waren« (1967)。

48 這些出自「奮鬥時期」（Kampfzeit）的印象，後來被寫進了蓋世太保的一份關於Fritz Bauer 的報告裡：Archiv Auswärtiges Amt, Politisches Archiv (Berlin), R 99722：»Mit echt jüdischer Frechheit hetzte er bei jeder Gelegenheit gegen die nationalsozialistische Bewegung.«，引述自Wojak, *Fritz Bauer*, p. 135。

49 引述自Thomas Horstmann/Heike Litzinger, *An den Grenzen des Rechts. Gespräche mit Juristen über die Verfolgung von NS-Verbrechen*, Frankfurt am Main 2006, p. 136。

地抽著香菸或雪茄。人們可以在他的身上強烈感受到他的意志力，還有他無條件地相信自己的所作所為的絕對正確性。」[50] 舒馬赫的演說總是充滿熱情且犀利。「整場納粹運動就是一直在煽惑人類的心魔」，一九三二年二月廿三日，他在一場著名的國會演說中猛烈抨擊納粹黨，納粹份子首次「在德國的政治上成功地徹底動員了人類的愚蠢。」[51]

弗里茲・鮑爾這時總是與庫爾特・舒馬赫一起東奔西跑，他們經常聯袂登台發表政治演說，誠如鮑爾回憶所述：「每個週末，他演講，我也演講，有時還會多達三、四或五次，所關乎的就是要為《魏瑪憲法》而奮戰，還有對抗魏瑪時期的極端份子。」[52]

一九三二年四月，有名男子在斯圖加特的某個煙霧瀰漫的大禮堂裡高喊：「自由！」緊接著，從數百個喉嚨中發出了回應：「萬歲！」

「自由」－「萬歲」－「自由」－「萬歲。」[53]

在這三聲問候中，是反法西斯主義者相對於納粹份子的「勝利萬歲」的一種助威口號，斯圖加特的「黑紅金國旗團」的同志們，於一九三二年四月歡送了他們的地方主席庫爾特・舒馬赫。國旗團是個「守護共和的組織」，一個準軍事團體，至於黑、紅、金三色，在當時已足以被理解為支持民主的政治聲明。它們是「漢巴赫集會」（Hambacher Fest）的顏色，與代表帝國的黑、白、紅三色形成鮮明對比，後者在魏瑪共和國成立時因受到德國民族主義者的施壓而得以保存，這是一場持續很久的國旗之爭的開端。在大禮堂裡為庫爾特・舒馬赫歡呼的許多工人都穿著制服：蓬鬆的綠色馬褲，高筒的黑色靴子、粗布製成的襯衫，還有工廠工人典型的扁帽。納粹黨人嘲笑國旗團是「黑紅芥末色猶太守護團」[54]，因為除了工會以外，許多猶太人的體育協會與青年協會也加入了他們的行列，藉以在街頭上與納粹衝鋒隊的暴徒抗衡。

幾個月後，舒馬赫的繼任者弗里茲・鮑爾，成為斯圖加特的國旗團的新任領導人。[55]

---

50 Uhlman, *The Making of an Englishman*, p. 157。

51 引述自Schweigard, *Stuttgart in den Roaring Twenties*, p. 61 f.。

52 鮑爾的電視訪問：»Als sie noch jung waren« (1967)。

53 »Reichsbanner nötiger denn je! Hauptversammlung des Reichsbanners Schwarz-Rot-Gold Groß-Stuttgart«, *Schwäbische Tagwacht*, 30. April 1931。

54 參閱Jacob Toury, »Jüdische Aspekte der Reichsbannergründung«, in Jacob Toury (ed.), *Deutschlands Stiefkinder. Ausgewählte Aufsätze zur deutschen und deutschjüdischen Geschichte*, Stuttgart 1997, p. 94–114 (111)。

55 參閱Robert M. W. Kempner, »Generalstaatsanwalt Dr. Fritz Bauer gestorben. Ein Streiter ohne Furcht und Tadel/Ein Leben für das Recht«, Zeitschrift *Das Reichsbanner*, July/August 1968。在一九三一年八月時，在國旗團的邦主席Karl Ruggaber（一位德國社會民主黨籍的邦議會議員）領導下，鮑爾只

自從一九三〇年九月當選國會議員之後，舒馬赫就一直奔波於斯圖加特與柏林之間，他並未消失於斯圖加特的舞台，仍在斯圖加特做些熱力四射的演講。在一九三二年六月的某個晚上，他只與另一位演講者同台，那位演講者就是：弗里茲・鮑爾。[56]「在熱烈的歡呼聲中，鮑爾博士同志揭開了這場集會的序幕。」親德國社會民主黨的《施瓦本起床號》在描述當晚的情況時寫道。[57]

新任的地方主席弗里茲・鮑爾並未真正地融入工人的社交圈。由於鮑爾不能廢弛自己在地方法院裡的職務，在集會結束後他往往都得先行離開，誠如他在德國社會民主黨裡的同志赫爾穆特・米爾克所述。他「並不是很愛交際」[58]。「弗里茲有點像是局外人。」不過，他的果斷和修辭能力，倒是頗能撼動人心。這位當時二十九歲、戴著眼鏡的地方法官將整個部隊團結在一起。一九三三年春天某個寒冷的星期日下午，當國旗團的成員穿著制服、揮舞旗幟走過路德維希堡的街道時，他則是他們在集市廣場上的主講者。[59]

這位司法官為國旗團的成員解釋，在受到警察或法院的審訊時應該如何應對，他呼籲他們要拿出自己的奮戰精神。[60]《施瓦本起床號》曾寫道：「鮑爾博士在對所有的國旗團成員發出懇切的呼籲中結束了這場集會。他們則對他報以『自由』的呼吼聲，並且高舉自己的拳頭證明，他的呼籲已有為戰鬥做好準備的心呼應著。」[61]

在晚間於斯圖加特車站旁的齊柏林酒店（Hotel Zeppelin）裡舉行的戰略會議中，雪茄

是先被選為符騰堡邦國旗團青年團的負責人；參閱»Die Gaukonferenz des Reichsbanner«, *Schwäbische Tagwacht*, 10. August 1931。

---

56 »Treugelöbnis der Schufo: Mitgliederversammlung des Reichsbanners«, *Schwäbische Tagwacht*, 28. June 1932。

57 同上。

58 引述自Wojak, Fritz Bauer, p. 109。

59 參閱Alfred Tischendorf受斯圖加特市長之託於一九六〇年三月廿三日寫給弗里茲・鮑爾的信，Stadtarchiv Stuttgart, Bestand 8600 Nr. 172 (under: Bauer, Fritz)：「在一九三三年三月五日舉行的最後一次國會大選的前幾週，在一個寒冷的星期天下午，你在於路德維希堡的集市廣場上舉辦的一場民眾踴躍參與的大型造勢活動中擔任主講人；當時我則是那場以國旗團和鋼鐵陣線在市區街道遊行拉開序幕的、令人印象深刻的集會的負責人。」

60 蓋世太保關於弗里茲・鮑爾的報告，Archiv Auswärtiges Amt, Politisches Archiv (Berlin), R 99722，引述自Wojak, Fritz Bauer, p. 135。

61 »Treugelöbnis der Schufo: Mitgliederversammlung des Reichsbanners«, *Schwäbische Tagwacht*, 28. June 1932。

的煙霧瀰漫。[62]有鑑於形勢的嚴峻，鮑爾建議應該建立國旗團自己的部隊營房。[63]在一九三一年時，右派的勢力已經連成一氣，德國國家人民黨、鋼盔前線士兵聯盟（Stahlhelm）與納粹黨，將其軍事組織串連成「哈茨堡陣線」（Harzburger Front）。另一方面，當時成員人數介於一百至一百五十萬的國旗團[64]，則與一些自由的工會及工人組織一起串連成「鋼鐵陣線」（Eiserne Front）[65]。乍看之下，雙方彷彿是勢均力敵，然而在左派陣營裡卻存在著嚴重的隱憂：左派陣營實際上依然四分五裂。斯圖加特的共產主義者把社會民主黨人視為「社會法西斯主義者」，而與之對抗。弗雷德・烏爾曼曾回憶道：「如果庫爾特・舒馬赫在慶生會上喝了一杯香檳，共產黨員就會寫說，有人發現他酒醉又生病，『因為他吃了太多的牡蠣和太多的魚子醬』。」[66]

當弗里茲・鮑爾於一九三三年三月五日的國會大選的前幾天，呼籲舉辦最後一場造勢活動，左派陣營的災難性分裂變得更顯而易見。在舒馬赫與其他社會民主黨的領導人物帶領下，共有大約二萬五千人參與了這場斯圖加特的街頭遊行。走在隊伍前頭的是數千名國旗團的成員，接著是工會的成員，跟在後頭的則是數千名婦女；共產黨人就在這個地方切斷整個遊行隊伍，當年在斯圖加特舉辦的最後一次自由的示威活動，就這麼被分成了兩半。[67]

在國會大選的前一天，左派人士全都憂心忡忡，因為希特勒有望獲得勝利。當時有四名德國社會民主黨的黨員被帶到了地方法院，因為他們在兩天前侵入斯圖加特電台的廣播室，在直播中高呼：「打倒希特勒，自由萬歲，票投德國社會民主黨！」[68]弗里茲・鮑爾的一位法官同事在速審速決下，將這四個社會民主黨人送入監獄。判決所載雖然只有幾週的刑期，然而，這樣的判決到了第二天還能有多可靠，其實沒人知道。到了晚間，由於擔心逮捕行動擴大，斯圖加特的所有德國社會民主黨的領袖人物，全都聚集到了弗雷德・烏爾曼設在檔案街的律師事務所；斯圖加特的地方法院同樣也位於這條街上。人們認為納粹

---

62 參閱Wojak, *Fritz Bauer*, p. 109。

63 蓋世太保關於弗里茲・鮑爾的報告，Archiv Auswärtiges Amt, Politisches Archiv (Berlin), R 99722，引述自Wojak, Fritz Bauer, p. 135。

64 參閱Benjamin Ziemann, *Die Zukunft der Republik? Das Reichsbanner Schwarz-Rot-Gold 1924–1933*, Eonn 2011, p. 23。

65 同上，p. 48。

66 Uhlman, *The Making of an Englishman*, p. 160。

67 同上，p. 161。

68 參閱Günther Weinmann, »Das Oberlandesgericht Stuttgart von 1933 bis 1945«, in Stilz (ed.), *Das Oberlandesgericht Stuttgart – 125 Jahre von 1879 bis 2004*, p. 37–62 (42)。

的勝選至少是不無可能的。有的人睡在地板上，有的人睡在椅子上，有的人則睡在沙發上，他們都小心翼翼地把武器擺在隨時拿得到的地方。[69]

一周後，各邦都展開了一體化（Gleichschaltung）。一個納粹政府接管了符騰堡邦。原本的司法部長貝耶爾，被納粹黨人尤里烏斯・克里斯蒂安・默根塔勒（Julius Christian Mergenthaler）所取代，他同時也接掌了文化部。一九三三年三月二十三日，有人敲響了弗里茲・鮑爾在地方法院裡的辦公室的門。

69 參閱Uhlman, *The Making of an Englishman*, p. 163。

5

集中營與直到一九四九年的流亡

在集中營裡

繼弗里茲・鮑爾被捕數週後，庫爾特・舒馬赫也在一九三三年七月被送到位於斯圖加特南部的荷伊山（Heuberg）的集中營。入營時一名守衛對他大喊：「嘿，你還是立刻上吊吧，你永遠也無法離開這裡！」[1]對此，舒馬赫反駁道：「不，你必須親自擔負起這個

1 引述自Peter Merseburger, *Der schwierige Deutsche. Kurt Schumacher*, Stuttgart 1995, p. 169。

責任。」

弗里茲・鮑爾後來曾表示：「我還記得，在一九三三年時，他被呈夾道隊形的集中營守衛用蕁麻毒打，集中營的負責人還語帶嘲弄地問他：『舒馬赫，為何你會在這裡？』他毫不猶豫地回答說：『因為我屬於落敗的一方。』他直率的回答，甚至使得平常老愛罵人的集中營負責人一時語塞。」[2]

庫爾特・舒馬赫在集中營裡表現得可說是視死如歸。這位傷殘軍人只有一條手臂，為了整他，人們要他在營區裡撿鵝卵石，將它們收集在一個桶子裡，接著再將桶子清空，然後重新開始。[3]有一回，集中營的守衛大聲指責他，說自己曾在舒馬赫舉辦的某場活動之後發生的酒館鬥毆中受了重傷，庫爾特・舒馬赫對此感到遺憾，只不過，令他遺憾的其實是「那個傢伙當時居然沒死」[4]，誠如他的傳記作者彼德・默瑟伯格（Peter Merseburger）所述。當時鮑爾曾試著找機會與舒馬赫說話。他們兩人被囚禁的時間都還不算很久。鮑爾曾回憶道：「我坦白地表示，自己每天只是倒數著何時會被釋放的時間。他對我說：『我將一直待在這裡直到納粹的統治終結，而納粹的統治終將結束，一旦它挑起那場無法避免的戰爭。我想，那或許得花上十年、十一年，那也就是我待在這裡的時間。』我得說，在我這一生中，即使如今我已不再是司法官，我也從來沒有見過，除了他以外，有哪個人如此明白、堅決地對自己下了一個囚禁十年或十一年的判決。」[5]

斯圖加特的納粹衝鋒隊在荷伊山上進行了殘酷的報復。[6]當時整個凌辱人心的系統還未發展到日後在奧斯威辛集中營那種魔鬼般的程度，納粹親衛隊也還沒有發言權，當時主要是由符騰堡邦的警察負責；不過，事實上，那時已有數千名納粹衝鋒隊的打手，急忙置辦了輔助警察的制服，他們其實就是曾在街頭、酒館或大禮堂，與國旗團的成員鬥毆的同一批人。這時他們大舉展開報復，對舒馬赫，對符騰堡邦的國旗團主席卡爾・魯格伯（Karl Ruggaber）[7]，以及對國旗團的地方主席弗里茲・鮑爾而進行。那時，被關在鐵絲網後的鮑爾，依然穿著他在地方法院被捕時的衣服。在荷伊山上發號施令的是，來自斯圖加特德格洛赫區（Degerloch）的納粹衝鋒隊成員卡爾・布克（Karl Buck），他是一個留著

---

2 Bauer, »Im Kampf um des Menschen Rechte«, reprinted in Perels/Wojak, *Die Humanität der Rechtsordnung*, p. 37–49 (39)。

3 參閱Merseburger, *Der schwierige Deutsche*, p. 170。

4 同上，p. 174。

5 鮑爾的電視訪問：»Als sie noch jung waren« (1967)。

6 參閱Markus Kienle, *Das Konzentrationslager Heuberg*, p. 30。

7 同上，p. 69。

希特勒鬍的健壯男性；二戰結束之後，他因為曾在亞爾薩斯（Elsass）的希爾梅克集中營（Camp de Schirmeck）擔任過指揮官的罪行，被法國的法院判處死刑。不過他後來被赦免，於一九五七年獲得釋放，在斯圖加特的郊區度過了平靜的餘生。

在荷伊山上，弗里茲・鮑爾和其他社會民主黨的領導人被迫與其他犯人分開，單獨囚禁在十九與二十三號刑房[8]，他們在那裡經常遭受使用各種暴力手段的嚴刑逼供[9]。「囚犯被分為三等」，鮑爾的獄友，在一九四五年之後成為斯圖加特高等法院法官的恩斯特・普朗克（Ernst Plank）曾回憶道，「頭等的囚犯是那些叛徒或正在『改正歸邪』的人，他們獲得較好的待遇。第二等的囚犯是一些工作人員，他們無法具體證明這些人有何犯行，於是就在這些人身上測試他們的民族改造、更新方法（nationale Erneuerungsmethode）。他們對待二等囚犯的方式就如同從前的監獄那樣，只不過態度更為嚴格，食物也更糟，從前政治犯所享有的一些禮遇在這裡全被取消。第三等的囚犯就是所謂的領導者！有德國共產黨（Kommunistische Partei Deutschlands；簡稱ＫＰＤ）的阿爾伯特・布赫曼（Albert Buchmann）、國旗團的地方法官鮑爾博士、社會民主黨的華特・恩格哈特（Walter Engelhardt）與德國共產黨反對派（Kommunistische Partei-Opposition；簡稱ＫＰ-Ｏ）的編輯馬克斯・哈默（Max Hammer）。這一等的囚犯所獲得的待遇是最糟的，其實旨在對於當事人進行身、心的摧毀。」[10]

人們要他們面對牆壁站成一長排，然後踹他們的膝蓋背面，讓他們的頭去撞牆。有時納粹衝鋒隊的成員會用剪刀來整他們。有名囚犯後來曾回憶道，「在某位納粹衝鋒隊的成員進行剪髮的過程中，被剪髮的囚犯得要半蹲。如果那個囚犯因筋疲力盡而摔倒或因某些原因而無法再維持半蹲姿勢，他的部分頭皮就會留在剪刀上。」[11]

對於自己曾在集中營裡遭受過的八個月的屈辱，弗里茲・鮑爾本人只曾透露過一個小小的事件。在集中營裡，鮑爾必須清理所謂的「十二汽缸」（Zwölfzylinder）[12]，那是茅坑下方的穢物溝。鮑爾透露此一細節，只是為了說明，如此一來，他就能幻想著，集中營裡的種種刁難行為，其實是讓他們雙方都受到了屈辱：囚犯弗里茲・鮑爾（這是此舉的意

---

8 同上，p. 64。

9 同上，p. 73, 82 f.。

10 Ernst Plank, »Bericht des Genossen E. P.«（Plank所遺留下的三頁用打字機書寫、未標明日期的文稿），拷貝收藏於Archiv Dokumentationszentrum Oberer Kuhberg, Rep. 2, 76（拷貝還標有「Gedenkstätte Dachau, 20.518」字樣）。關於Plank，參閱Kienle, *Das Konzentrationslager Heuberg*, p. 120。

11 引述自Kienle, *Das Konzentrationslager Heuberg*, p. 81。

12 對Meyer-Velde所做的訪問。

義所在），還有年輕的守衛，他的工作就是要在一旁監督鮑爾數小時，這是一種「哲學思想」。鮑爾在一九六〇年代將這件事情告訴兩位朋友時，他們都感到有點錯愕。

關於從一九三三年三月起鮑爾到底在荷伊山上遭受了怎樣的苦難，他終生都不願多談。他在戰後之所以不公開談論此事，其實是有一定的道理：一個為了讓納粹份子在德國的犯行受到司法審判而奮戰的司法官，必須至少在表面上保持著自己是受到法律的驅使，而非復仇的驅使。如果他公然地將司法追訴化為私人恩怨，此舉只會讓他在一九五〇與一九六〇年代的政治對手「撿到槍」。不過，就連在私下的對話裡，他卻同樣也保持沉默。他的朋友吉塞拉（Gisela Meyer-Velde）與海因茨・麥爾—維爾德夫婦曾表示，他「非常不願意」[13]談論這個話題。他的朋友沃爾夫岡・卡文（Wolfgang Kaven）也曾表示，我們懂得避免去提到這個話題。[14]朋友們猜測，也許是鮑爾認為自己不適合去談論自己所遭受的苦難，鮑爾對於訴苦之事感到不宜。

相形之下，鮑爾曾經主動甚至多次坦率地回顧另一件事情，此舉更加凸顯出這一點。鮑爾雖不談論自己，但卻一再提到庫爾特・舒馬赫，他在集中營裡的不屈不撓，簡直讓鮑爾佩服得五體投地。庫爾特・舒馬赫與弗里茲・鮑爾，這兩位曾經一起在斯圖加特對抗過納粹黨人的同志，後來在荷伊山各分東西。舒馬赫一直被囚禁到一九四三年；相反地，鮑爾則在八個月後找到了一條出路。一九三三年九月，身為德國共產黨與德國社會民主黨

「特別危險」的幹部之一，鮑爾被轉移到位於婦女街、老舊的烏爾姆衛戍部隊監獄[15]，因為荷伊山營區已經人滿為患。[16]

鮑爾被關在一間有扇厚實鋼門的獨居牢房，他原本以為自己在那裡的處境會更加嚴峻，不過，事實卻證明，他其實遇上了意外的「幸運」。在那裡發號施令的不是納粹衝鋒隊的輔助警察，而是符騰堡的一些資深官員，他們的主管則是一位名叫格奈爾（Gnaier）的中士。[17]鮑爾後來曾表示，這位中士「無法理解，為何可以單單只是因為一名法官具有

---

13 同上。

14 對Kaven所做的訪問。

15 人們可能會在別的地方讀到，鮑爾曾在這段期間被轉移到奧伯勒庫貝格集中營（Konzentrationslager Oberer Kuhberg）。不過，這個集中營其實是建於一九三三年十一月。在向奧伯勒庫貝格集中營紀念館（Gedenkstätte Oberer Kuhberg）求證下，我們可以肯定，鮑爾在被囚禁於烏爾姆衛戍部隊監獄前，不可能會先被關到這個集中營。

16 根據Kienle, *Das Konzentrationslager Heuberg*, p. 38，在一九三三年的五月和九月，都曾有過這樣的轉移。鮑爾是在九月時的第二次轉移中才被送走，由此可以推斷，他在一九三三年七月時應該還曾遇到Kurt Schumacher被關進集中營來的事情。

17 參閱Silvester Lechner, *Das KZ Oberer Kuhberg und die NS-Zeit in der Region Ulm/Neu-Ulm*, Stuttgart 1988, p.

社會民主主義的信念、擔任了黑紅金國旗團的領導者，就把他逮捕。」[18]這位主管給了鮑爾一個聽起來令人難以置信的機會。「由於他本人忙不過來，於是他就要我幫忙處理赦免申請和審查信件。」誠如鮑爾所述，「藉著這樣的機會，我就偷了原本被夾在我的檔案裡的我的護照，接著我還在自己的審查下把它寄回家。」

符騰堡的納粹政府在一九三三年十一月釋放了大量的「保護性拘留者」，藉以為新的軍營騰出空間，弗里茲・鮑爾也幸運獲釋。

他曾告訴家人，這得歸功於他在司法機關裡的朋友，他們幫了他一把。[19]的確是有這樣的可能。像是鮑爾在德國社會民主黨裡的同志曼弗雷德・烏爾曼（Manfred Uhlmann），眾所周知，他之所以能夠逃過集中營，就是因為他在鮑爾被捕那天，從一位與他有交情的法官那裡得到了密報。而這位斯圖加特的法官戈特洛布・迪爾（Gottlob Dill），是烏爾曼和鮑爾的高中校友，他請一位中間人轉告烏爾曼：「如果你見到了烏爾曼，請你告訴他，巴黎現在很美。請你告訴他：就是現在。」[20]同樣眾所周知的還有中等法院院長馬丁・里格（Martin Rieger），直到一九四二年都還竭盡所能地向蓋世太保（Gestapo）斡旋，藉以阻止弗里茲・鮑爾的猶太裔前地方法官同事羅伯特・布洛赫被轉移到奧斯威辛集中營。[21]因此，弗里茲・鮑爾很有可能可以在那裡建立起一股殘餘的反抗勢力。

然而，光是這樣並不夠。在一九三三年時，想要恢復自由的政治性的「保護性拘留者」，無論如何都得對新的統治者表示忠誠；未經簽名的服從聲明是沒用的。[22]這類屈辱的聲明有些必須手寫，有些則已有印好的表格。事實上，在一九三三年十一月十三日，《烏爾姆日報》（*Ulmer Tagblatt*）確實曾以《前社會民主黨人表明忠誠》為題，同時公佈了八名被關在烏爾姆衛戍部隊監獄的社會民主黨人的服從聲明，被排在最前面的兩位簽名者就是國旗團的領導人卡爾・魯格伯與弗里茲・鮑爾。

「我們相信，政府渴望為德國人民創造工作與麵包；我們知道，這場為德國人民的生

63。根據Lechner的查證，「Gnaier」也可以寫成「Gneier」。不過，在他那個時代的電話簿裡，卻都找不到這兩種拼法。

18 Leni Yahil訪問鮑爾的文字稿，上頭還有他的手寫修改與在一九六二年三月九日的簽名。Archiv Yad Vashem, 0 – 27/13 – 5。

19 Walter Fabian對Tiefenthal所做的訪問。

20 引述自Uhlman, *The Making of an Englishman*, p. 163 f.。

21 參閱Weinmann, »Das Oberlandesgericht Stuttgart von 1933 bis 1945«, in Stilz (ed.), *Das Oberlandesgericht Stuttgart – 125 Jahre von 1879 bis 2004*, p. 44。

22 參閱Kienle, *Das Konzentrationslager Heuberg*, p. 114 f.。

存而進行的奮戰並沒有戰爭的意圖。……在這場德國人為爭取榮譽與和平的奮戰中，我們毫無保留地站在祖國這邊。」這封致符騰堡政府的納粹領導人的公開信以「本於忠誠與尊敬」作結。[23]

這是鮑爾日後從未再提起的事；這是他為了避免發生更糟的事情所忍受的屈辱。

相反地，庫爾特．舒馬赫則是符騰堡邦少數始終拒絕這樣的服從聲明的囚犯之一，他們寧可自我犧牲也不願屈服。[24]因此，在鮑爾獲釋時，舒馬赫仍被監禁；這也就是為何他們會分道揚鑣。所以，當鮑爾在晚年時提起庫爾特，除了欽佩之外，我們還可以聽出他的汗顏。鮑爾表示：「我怯懦地渴望著自由的時刻」，我在「魏瑪共和國時期，以及在後來納粹政權垮台之後，最重要的是在集中營裡……，我都對（舒馬赫的）金石為開的信念以及他的勇氣深感佩服。」[25]

他把所有關於自己所受苦難的問題全都丟在一旁。

丹麥，一九三六年：猶如獲得緩刑的罪犯

完全談不上什麼自由。在被從集中營裡放出來後，受盡凌辱的社會民主黨人弗里茲．鮑爾，在斯圖加特過著如獲得緩刑的罪犯的生活。他得要定期向警察報到，得要為他在集

中營裡的「膳食、住宿與管理」繳納每日二・六〇馬克的費用，得要低著頭做人。[26]在他被監禁的期間裡，憑藉一項淨化公務體系的法案，納粹黨人已經拿走了他的地方法官的職

23 一九三三年十一月十三日《烏爾姆日報》（*Ulmer Tagblatt*）的複製本，參閱同上，p. 115。以《前社會民主黨人表明忠誠》為題的報導所標示的日期為十月廿二日。署名者是依重要性而非依姓氏的字母順序排列；鮑爾排在國旗團的邦主席Karl Ruggaber後，在德國社會民主黨的邦主席Erich Roßmann前。如果仔細觀察，不難發現，在署名者名單中所出現的並不是「Fritz Bauer」，而是「Fritz Hauer」；兩者在以舊德文字體書寫下其實蠻容易搞混。然而，人們卻從未聽聞有個如此重要、知名且排名如此前面的Fritz Hauer。根據弗里茲・鮑爾同樣也是在差不多那個時候獲釋的這項事實看來，這一切應該只是印刷錯誤。

24 同上，p. 115。

25 Bauer, »Im Kampf um des Menschen Rechte« (1955), reprinted in Perels/Wojak, *Die Humanität der Rechtsordnung*, p. 37–49 (39)。

26 參閱Kienle, *Das Konzentrationslager Heuberg*, p. 68。

務。[27]在一九三三年八月，斯圖加特的其餘六名猶太裔法官也遭遇了同樣的命運。[28]就連以從事律師工作來維持生計，這時也已變得不可能，因為，從一九三三年春天起，猶太裔律師就被禁止進入法院大樓，到了一九三三年的夏天，他們的執照更被吊銷。[29]弗里茲・鮑爾只有在父親的布料公司裡中才找得到工作；「這對他來說是段恐怖的歲月」，誠如他的妹妹瑪戈所述。[30]

從一九三五年起，定義猶太人所根據的不再是宗教的認信，而是根據《帝國國民法》（*Reichsbürgergesetz*）。據此，祖父母之中至少有三人是「全猶太人」就算猶太人，至於祖父母之中有一或兩人是「全猶太人」則算是「混血猶太人」。另一位司法官隨後也被從斯圖加特的司法機關掃地出門。[31]在納粹統治的頭兩年裡，在面臨杯葛與特別法的刁難下，這個城市的五分之一的猶太人，為數將近一千人左右，被迫離開自己的家園，[32]其中包括了鮑爾的妹妹瑪戈。她與她的丈夫布商華特・蒂芬塔爾（Walter Tiefenthal）在一九三四年時一起移居到哥本哈根，藉以在那裡展開新生活。弗里茲・鮑爾後來則在一九三六年時以紡織商人的身份跟著他們過去。

當他在一九三六年三月十五日搭乘火車前往丹麥時，德國這個國家已經完全被烏雲籠罩。[33]他在火車的車窗外，見到了希特勒幾天前才派國防軍進駐、非軍事化的萊茵地區；這是強權重新覺醒的展現。當時鮑爾已經花一五〇德國馬克先將他的家具送去了丹麥。在斯圖加特的火車站有位朋友前來送行，這位朋友就是卡洛・施密特（Carlo Schmid），他後來曾在戰後成為德國社會民主黨的聯邦總統候選人。[34]卡洛・施密特在告別時曾試著勸

27 鮑爾是在一九三三年五月廿五日根據《公務員重整法》（*Gesetz zur Wiederherstellung des Berufsbeamtentums*）遭到解職。參閱Justiz-Personalakte Fritz Bauer, Archiv des Fritz-Bauer-Instituts, NL – 08/03, Bl. 41。鮑爾自己後來則曾說了一九三三年三月、四月、五月幾個不同的時點。

28 參閱Weinmann, »Das Oberlandesgericht Stuttgart von 1933 bis 1945«, in Stilz (ed.), *Das Oberlandesgericht Stuttgart – 125 Jahre von 1879 bis 2004*, p. 37–62 (43)。以及Helmut Borth, »Das Amtsgericht Stuttgart«，同上，p. 233–237 (235)。

29 參閱Göppinger, *Juristen jüdischer Abstammung im »Dritten Reich«*, p. 90 f.。

30 Walter Fabian對Tiefenthal所做的訪問。

31 參閱Göppinger, *Juristen jüdischer Abstammung im »Dritten Reich«*, p. 77 f.。

32 參閱Roland Müller, *Stuttgart in der Zeit des Nationalsozialismus*, Stuttgart 1995, p. 295。以及Paul Sauer/Sonja Hosseinzadeh, *Jüdisches Leben im Wandel der Zeit*, p. 135。

33 參閱警方的弗里茲・鮑爾檔案封面上的日期，Stadtarchiv Kopenhagen, Udl. Nr. 53.658 – 113.954。

34 鮑爾在一九六一年十二月四日寫給Schmid的生日賀卡中回憶了這段往事。參閱Archiv der Sozialen Demokratie, Nachlass Carlo Schmid, Mappe 972。

尉鮑爾：一切都會過去。就在不久前，鮑爾才剛又在斯圖加特，被抓去關了一天。[35]在一九三六年二月一日時，他被人警告，我們一直在盯著你，如果我們再次發現你涉入什麼疑似政治陰謀的事情，我們就會把你抓回集中營。在離開集中營後，鮑爾一直與社會民主黨人所組成的一個網絡保持著聯繫，而且他也經常會去從前的聚會場所。誠如鮑爾所述，他過去在司法機關的一位老同事，這時也對他提起一項刑事訴訟（至於個中緣由為何，鮑爾後來並未透露），使「繼續留在故鄉已經沒有意義」[36]。

到了哥本哈根，再度有個充滿成見的生活等待著他。有別於蒂芬塔爾夫婦成功地在當地立足，鮑爾則是從一開始就被丹麥當局以懷疑的眼光，視為動亂製造者。他每個星期四都得去向外事警察報到。[37]他也被監視的陰影所籠罩；丹麥的官員們會在他散步時偷偷地跟蹤他。[38]他們想要在他身上找些罪證；而且他們也找到了他們想要找的東西。

有別於在德國，同性性交在丹麥基本上是合法的。然而，當弗里茲・鮑爾在剛抵達丹麥後的第一個月裡，與一位丹麥男性共度了一夜，丹麥的警察就嚴厲地質疑他：是否參與了被禁止的同性戀賣淫行為？[39]他並沒有被真正地起訴。弗里茲・鮑爾並未否認（合法的）性交一事，不過他卻否認自己（違反禁令地）為此支付了對價。「人們可以從大街上看到這個德國人把衣服全脫光，就連睡衣褲也都未穿上一件。」在報告上寫下這些句子的那位丹麥警察，到了深夜兩點半都還守在弗里茲・鮑爾的窗外監視著他。[40]丹麥的外事警察費了很大的功夫想要抓住鮑爾的小辮子，但到頭來卻是徒勞無功。

儘管如此，他們還是試圖用他們所知道的一些事情向他施壓。他還發生過第二次的同性性交。這下他到底要用什麼方式來為自己做辯護呢？

鮑爾完全否認了第二次的同性性交，而且他還耍了一點心機，利用了他們這回對他所做的攻擊，藉機提醒丹麥官員他所提出的工作申請。他對官員們表示：「若能允許我工作，那將有助於我克制自己強烈的性衝動。」[41]

鮑爾說這樣的話有多認真？他是否真的承認自己是同性戀？如果是的話，他是否真的

35 參閱Polizeiakte Fritz Bauer, Stadtarchiv Kopenhagen, Udl. Nr. 53.658 – 113.954。

36 鮑爾於一九三七年九月廿一日寫給Horkheimer的信，Max-Horkheimer-Archiv in der Stadt- und Universitätsbibliothek Frankfurt am Main, I/2 230。

37 參閱一九四三年八月四日的報告，Polizeiakte Fritz Bauer, Stadtarchiv Kopenhagen, Udl. Nr. 53.658 – 113.954。

38 參閱一九三六年六月五日的報告，同上。

39 參閱一九三六年四月十八日的報告，同上。

40 同上。

41 參閱一九三六年十月二十一日的報告，同上。

認為這是一種可恥的事，一種「強烈性衝動」？弗里茲・鮑爾所說的這些話，有部分是意在就法論法地與對他懷有惡意的當局爭辯；這是一個重要的脈絡。弗里茲・鮑爾所說的這些話有多少是真的、有多少是別有所圖，這個問題依然懸而未決，因為人們從未在別的地方發現，能夠支持「鮑爾確實視自己為男同性戀」這項假設的其他類似陳述。人們對於在一九三六年之前鮑爾是否有過同性戀的行為，也一無所知，至於在一九三六年之後，丹麥的外事警察也再沒有觀察到他有任何同性戀的「關係」。[42]所以這是一段小插曲嗎？鮑爾在情感方面的終生孤寂後來變得更為清晰。根據他與丹麥外事警察之間的充滿侮辱性的對抗，我們首先只能確定，即使是在民主的丹麥，這個鮑爾選擇流亡的國度裡，他同樣也受到了當權者恣意的擺佈。這是一項很少有其他刑法司法官也能從中獲得某些心得的經驗；從長遠來看，這肯定會影響他對司法的看法。

孤獨的折磨

鮑爾希望盡快離開丹麥。然而，數度嘗試取得美國簽證卻都失敗[43]；如前所述，他母方的不少親戚很久以前就都已經移居美國。[44]雖然在為《中央協會報》的德國猶太讀者撰寫的文章裡，他總會用最熱情的話語描述自己當下的流亡生活：「丹麥人以一種理所當然的態度享受著生活的幸福。」[45]然而，在私底下，他卻透露了為何自己依然感到十分地沮喪：「我在這裡過得格格不入……由於缺乏一本正規的護照，我怕自己在丹麥只會一直被人給綁手綁腳。」[46]

「親愛的教授！」在一九三七年九月二十一日，弗里茲・鮑爾寫信給了當時人在紐約的馬克斯・霍克海默（Max Horkheimer）。[47]鮑爾希望能從遠方，與霍克海默旗下、從法

---

42 參閱一九三九年三月三日的報告，同上。

43 參閱Wojak, *Fritz Bauer*, p. 129。

44 對Hirsch所做的訪問。（Otto Hirsch膝下於一九一六年生的兒子，Hans George Hirsch，如今住在美國馬里蘭州（Maryland）的貝塞斯達（Bethesda）。）

45 Bauer, »Die glückliche Insel Dänemark«, *C.V.-Zeitung*, 24. December 1936。只有這篇文章支持「鮑爾在丹麥確實過得很自在」這樣的假設；參閱Steffen Steffensen, »Fritz Bauer (1903–1968). Jurist und Volkswirt«, in Willy Dähnhardt & Birgit S. Nielsen (ed.), *Exil in Dänemark. Deutschsprachige Wissenschaftler, Künstler und Schriftsteller im dänischen Exil*, Heide 1993, p. 171–177。

46 鮑爾於一九三七年九月廿一日寫給Horkheimer的信，Max-Horkheimer-Archiv in der Stadt- und Universitätsbibliothek Frankfurt am Main, I/2 230。

47 同上。

蘭克福出走的社會研究所建立聯繫。

一年半以來，他一直隔海在為《中央協會報》撰寫一些無害的散文，他已成為該報駐斯堪地納維亞的通訊記者；他同時還身兼窗簾與襯衫的商務代表。他對後者顯然並不熱衷，最能讓人看出這一點的，或許莫過於他後來從未穿過什麼昂貴的襯衫，他幾乎總是穿著上頭沾了菸灰的襯衫，而且還會把襯衫的袖子給捲起來。[48]弗里茲・鮑爾是個紡織商人嗎？他的妹夫，紡織企業家華特・蒂芬塔爾，認為他是個書呆子，拙於現實生活。[49]想在丹麥從事律師工作，但他並未在丹麥參加過國家考試。想在大學裡工作，他的出身又不對。雖然他所擁有的法律政策專業領域方面的知識，包括古斯塔夫・拉德布魯赫與法蘭茲・馮・李斯特（Franz von Liszt）的現代之再社會化思想及預防思想，使學術界產生了極大興趣；除了鮑爾有求助過的哥本哈根的猶太裔刑法教授史蒂芬・赫維茲（Stephan Hurwitz）以外，這些觀念在斯堪地納維亞半島也十分受歡迎。不過，刑法偏偏是個主權國家即使在承平時期，也禁止外人說三道四的領域。因此那位教授不得不讓弗里茲・鮑爾明白，他不必期待自己能夠獲得教職，德國人在那裡是沒有機會的。[50]

於是鮑爾轉而求助於大了他八歲的霍克海默。他們彼此至少都聽過對方的名字。他們兩人其實都是在斯圖加特的猶太教區的小圈圈裡中長大。霍克海默的父親在那裡生產人造羊毛，鮑爾的父親則是在那裡做布料買賣。鮑爾在故鄉時就已聽說過，工廠老闆的兒子馬克斯早早就離家前往法蘭克福從事學術工作。[51]另一方面，在馬克斯・霍克海默位於斯圖加特的父母家裡，人們在提到猶太布商之子弗里茲時，則是充滿了敬重，因為他在很年輕的時候就當上了地方法官。[52]在流亡的歲月裡，鮑爾想起了這段同鄉的淵源，於是他在一九三七年時寫信向霍克海默求助，希望對方能幫他在對方遷往的紐約的研究所裡謀職。

在這當中，鮑爾顯然不乏自信。「或許你在紐約已被我的朋友們叨擾過」，鮑爾幽默地向這位教授寫道，「若非如此，那麼這種沒有樂趣的樂趣依然可期。」[53]霍克海默的同事弗里德里希・波洛克（**Friedrich Pollock**）曾在自己的教授資格論文裡引用過鮑爾的博士

48 對Warlo與Wiese所做的訪問。

49 一九三六年十月廿一日警方的報告裡的陳述，Polizeiakte Fritz Bauer, Stadtarchiv Kopenhagen, Udl. Nr. 53.658 – 113.954。

50 參閱Leni Yahil訪問鮑爾的文字稿，上頭還有他的手寫修改與在一九六二年三月九日的簽名。Archiv Yad Vashem, 0 – 27/13 – 5, p. 2 f.。

51 參閱鮑爾於一九六五年二月十五日寫給Horkheimer的信，Max-Horkheimer-Archiv in der Stadt- und Universitätsbibliothek Frankfurt am Main, I/2 230。

52 參閱Horkheimer於一九三七年十月九日寫給鮑爾的信。

53 參閱鮑爾於一九三七年九月廿一日寫給Horkheimer的信。

論文，這項事實為鮑爾增添了不少勇氣。[54]「我暫時假定，你也曾讀過那個參考文獻裡所臚列的書！」[55]鮑爾有點急躁地補充道，但這時鮑爾已經遭到馬克斯・霍克海默拒絕。

這位教授向他表示，遺憾的是，自己所屬的研究所經費實在不夠充裕。鮑爾在輕率的回信中甚至寫錯了波洛克的名字，後來霍克海默不再親自回信，只是交由一位同仁代答。對方表示，鮑爾如果願意的話，可以幫研究所所屬刊物寫些推薦斯堪地納維亞那裡的書籍的書評，[56]僅此而已。簡言之，對於這個孜孜不倦的人來說，這是一種莫大的折磨。

德國人正逼近中

那是弗里茲・鮑爾展開流亡生涯幾週後，在某個哥本哈根的公園裡的一個晴天。[57]一九三六年的夏天才剛剛開始，在遙遠的柏林，希特勒風風光光地出席了奧運會。外國「慷慨地」忽視了德國對於萊茵地區的重新軍事化（儘管此舉明顯違反了《凡爾賽條約》），這使得柏林當局感覺自己獲得承認。斯圖加特的左派律師理查・施密特（Richard Schmid）來到哥本哈根，與弗里茲・鮑爾聊了好幾個小時。施密特在回憶過往時表示，當時弗里茲・鮑爾相當鬱悶，雖然他很高興自己能夠逃離蓋世太保的魔掌，但他當時的流亡生活卻也十分糟糕。鮑爾曾對這位訪客表示，在丹麥老是有人會問他，你到底在反對希特勒什麼？

丹麥政府拒絕為弗里茲・鮑爾的父母提供庇護。他所提出的所有申請信函也全都苦無成果。在丹麥，即使得知斯圖加特的猶太教堂在一九三八年十一月的九至十日夜裡遭人縱火，人們還是沒有認真看待這樣的威脅。[58]這是由斯圖加特第二消防隊的負責人以專業手法所放的一場大火，而且還強調這是「自發性的民怨」。緊接著，斯圖加特的猶太人所屬的商店與住宅也遭到了破壞。數百名猶太人在夜裡被捕，之後則被帶到韋爾茨海姆（Welzheim）與達豪（Dachau）的集中營。其中也包括了弗里茲・鮑爾的舅舅，杜賓根的猶太教堂新任負責人利奧波德・希爾許，他在一九三九年時逃往南非，有些教區成員跟隨著他。[59]弗里茲・鮑爾小時候喜歡在裡頭玩耍的那間開在杜賓根的服裝店，早在展開「雅

54 參閱鮑爾於一九三八年二月一日寫給Horkheimer的信。
55 參閱鮑爾於一九三八年二月一日寫給Horkheimer的信。
56 參閱Horkheimer的同仁（簽名無法辨識）於一九三八年三月七日寫給鮑爾的信。
57 參閱Richard Schmid, »Nachruf auf Fritz Bauer 1903–1968«, *Kritische Justiz* 1968, Heft 1, p. 60 f.。
58 參閱Sauer/Hosseinzadeh, Jüdisches Leben im Wandel der Zeit, p. 139。
59 參閱E. Guggenheimer, »Aus der Geschichte des Synagogenbaus«, in Israelitische Kultusvereinigung

利安化」時，就已經失去；正如弗里茲・鮑爾的父親也失去了自己的布料生意。

過了好幾個月以後，直到一九三九年，也就是到了鮑爾的父母分別為六十九與五十九歲時，他們才終於獲得丹麥方面所發給的許可，才能嘗試逃往北方。在此之前，他們又花了幾個月的時間等待德國這邊同意。「特此證明，居住於斯圖加特、古斯塔夫・希格勒街九號的路德維希・以色列・鮑爾，及其本名艾拉・莎拉・希爾許的妻子，經查核全無積欠任何稅賦、罰款、規費」，斯圖加特北部稅務局在一九三九年十二月一日開立證明，「猶太資產稅與帝國逃亡稅皆已繳納或被徵收。」[60]當弗里茲・鮑爾於一九四〇年一月一日在哥本哈根車站迎接他的父母時，他們已有五年沒見面了。

鮑爾後來在回憶這段歲月時曾表示：「我個人和其他許多流亡者都聽說了在波蘭所發生與消滅猶太人有關的種種事情。當時就連丹麥的政治人物，也都很難被這些傳言或新聞說服。他們普遍都認為不太可能會有這種事情。」[61]短短幾個星期之後，納粹黨人再度追上這個家庭。德國國防軍在一九四〇年四月九日入侵丹麥。

納粹黨人起初希望爭取丹麥成為盟友，因此丹麥政府在形式上可繼續執政。不過新的實質統治者卻想清除所有納粹的政敵。在德國的佔領軍士兵與丹麥警察前來敲蒂芬塔爾一家的門，準備逮捕弗里茲・鮑爾時，他已先躲了起來；他很清楚會發生什麼事。站在大人們的雙腿之間、蒂芬塔爾家四歲大的兒子，朝著那些身著制服的男子大聲呼喊，他知道弗里茲舅舅在哪。所幸這個小男孩用的是丹麥語，德國士兵聽不懂他在說些什麼，也給了丹麥人充耳不聞的機會。

不過，「後來人們還是在科雪爾（Korsør）的街道上將他捕獲」，誠如瑪戈・蒂芬塔爾所述。[62] 於是弗里茲・鮑爾於一九四〇年九月又被關了起來，先是送到哥本哈根的西區監獄，接著又連同其他的納粹政敵一起被送到設在西蘭島（Sjælland）上的霍斯羅德集中營（Horserødlejren），該島距離丹麥本土的海岸有八公里遠。那個集中營其實就是鐵絲網後面的兩個簡陋、大風經常呼嘯而過的木造營房。中立的瑞典就在眼前，但卻是可望而不

Württemberg und Hohenzollern (ed.), *Festschrift zur Einweihung der Synagoge in Stuttgart*, Stuttgart 1952, p. 25–31 (30)。

60 Finanzamt Stuttgart-Nord, Unbedenklichkeitsbescheinigung, 1. December 1939, Staatsarchiv Ludwigsburg, EL 350 I Bü 23925。

61 Leni Yahil訪問鮑爾的文字稿，上頭還有他的手寫修改與在一九六二年三月九日的簽名。Archiv Yad Vashem, 0 – 27/13 – 5, p. 4。

62 Walter Fabian對Tiefenthal所做的訪問。原文是將丹麥地名「Korsør」悄悄改為德文版的「Kossör」。

可及。家人每個星期天都能來此探望弗里茲・鮑爾，[63]不過，一直到他在十二月獲釋之前，有長達兩個半月的時間，鮑爾始終都得擔心自己會像那裡的有一半的囚徒那樣，被轉移到德國的集中營。[64]

瑞典，一九四三年：與威利・布蘭特共事

對於如何保護自己在哥本哈根的危險處境，他有了最後一個點子。他與一位名叫安娜・瑪麗亞・彼德森（Anna Maria Petersen）的丹麥女性假結婚，誠如他的妹妹瑪戈在回憶過往時所述。[65]安娜・瑪麗亞・彼德森是個幼稚園女老師，她的父親是霍爾斯坦（Holstein）人。弗里茲・鮑爾與安娜・瑪麗亞・彼德森是在一九四三年六月四日於哥本哈根的戶口登記處登記結婚，上頭所載的宗教信仰則是新教路德教派丹麥國教會。[66]「親愛的安娜・瑪麗亞，謝謝妳的來信與其他的一切。麗斯（Lis）會告訴妳關於我的事情。妳還會收到我的來信。祝一切安好，弗里茲。」[67]藉由這封他在同年十月所寫下簡短的告別信，我們不難想像他們的關係有多疏離。

他們從未一起生活過，也從未彼此介紹給對方的家人認識。他們的假結婚無法長久維持藉以保護鮑爾的目的。到了一九四三年秋天，納粹黨人計劃要將所有的猶太人全都從丹

麥驅逐出境，突然間，人們不再根據丹麥移民法的各種細緻的分級，與丹麥女性的婚姻對此也不再有任何幫助。唯一有幫助的，就只剩逃亡一途。

在得知德國佔領者所計劃發動的突襲下，弗里茲・鮑爾及其家人，包括他本人、他的父母、他的妹妹瑪戈、他的妹夫以及兩個小外甥，在歷經八個躲藏在地下室的日子後，於一九四三年十月十三日夜間，乘坐丹麥漁民的動力漁船逃往瑞典。[68]唯有如此，他們才能逃出留在斯圖加特的親戚們早已遭遇到的納粹殘殺的毒手。弗里茲・鮑爾的姨媽寶拉・希爾許（Paula Hirsch）和他的表弟埃里希・希爾許（Erich Hirsch），早在一九四一年十二月，就在首波大規模的驅逐潮底下，連同其他一〇一三名斯圖加特的猶太人，一起被送往

---

63 同上。
64 參閱Polizeiakte Fritz Bauer, Stadtarchiv Kopenhagen, Udl. Nr. 53.658 – 113.954。
65 Walter Fabian對Tiefenthal所做的訪問。
66 參閱Stadtarchiv Kopenhagen, Heiratsregister 2092/1943。
67 參閱Wojak, *Fritz Bauer*, p. 154。Irmtrud Wojak曾在Bauer的外甥Rolf Tiefenthal設於丹麥的私人檔案室讀過Bauer寫給Anna Maria Petersen的告別信。
68 同上。

里加（Riga），後來更在那裡遭到殺害。[69]

「這裡充滿著嫉妒，多年來，人們為了過去和現在所存在的一些職位爾虞我詐、勾心鬥角。」[70] 鮑爾就是這樣子描述他在一九四三年時於斯德哥爾摩所見到的社會主義移民的世界。該城是德語移民的中心之一。當時約有一百二十名德國社會民主黨的前議員與活躍份子住在這裡，其中包括了威利・布蘭特以及後來的奧地利總理布魯諾・克萊斯基（Bruno Kreisky）。在無數不斷分裂、重組與重疊的圈子、群體與「國際組織」裡，人們熱切地討論與計劃著後希特勒的時代，就像一群沒有固定形式的蜜蜂；其中也包括了弗里茲・鮑爾。在與家人一起抵達瑞典後，為了不再錯過這些「有毒的」辯論，他讓家人留在瑞典南部的哥德堡（Gothenburg），自己則繼續北上前往斯德哥爾摩。[71]

鮑爾同時加入了多個團體，像是國際經濟政策工作組（Internationaler Wirtschaftspolitischer Arbeitskreis）、自由德國文化協會（Freier Deutscher Kulturbund）、德國反納粹組織工作委員會（Arbeitsausschuß deutscher antinazistischer Organisationen）等等。[72] 有位同志幫他取得某個社會科學研究所的獎學金，讓他的生活有了著落。[73] 鮑爾這位雄辯滔滔的演說家也迅速贏得聲譽。一九四四年十二月，整個斯德哥爾摩的「蜂群」首次議定成立一個共同的領導組織，鮑爾獲選為這個九人領導委員會的成員。[74] 除此以外，鮑爾還得與黨內年輕的左翼份子威利・布蘭特一起主持流亡者的刊物《社會主義論壇報》；鮑爾是主編，布蘭特則是他的兩個共同編輯者之一。鮑爾不但認為小了他十歲的布蘭特能幹且討人喜歡，而且也認為他格外才華洋溢。他曾在寫給老戰友庫爾特・舒馬赫的信中表示：「他是一個很能在國際上結交朋友的人。」「有些同志認為他是條『灰獵犬』（意指「輕浮的人」），因為他有時像美國人一樣時髦。」誠如鮑爾所述，「這樣的看法並不盡然是錯的，他是一個在移民中已被西方，特別是美國，所同化的記者。如果有我們的同志批評他，那些人通常都是二、三線的記者，儘管他們很想，但很遺憾地卻無法一起加入我們的工作行列。」[75]戰爭結束後，在弗里茲・鮑爾急著趕回丹麥與美國人取得聯繫

69 參閱Wojak, *Fritz Bauer*, p. 539。

70 鮑爾於一九四六年五月廿三日寫給Schumacher的信，Archiv der sozialen Demokratie, Nachlass Fritz Bauer, 1/FBAB 000001。

71 Walter Fabian對Tiefenthal所做的訪問。

72 參閱Wojak, *Fritz Bauer*, p. 166, 169。

73 同上，p. 166。

74 同上，p. 177。

75 鮑爾於一九四六年五月廿三日寫給Schumacher的信，Archiv der sozialen Demokratie, Nachlass Fritz Bauer, 1/FBAB 000001。

之際，威利・布蘭特曾在一九四六年的新年再次拜訪過他。[76]後來，到了一九五五年，在布蘭特出任柏林市議會議長時，他曾嘗試請他的朋友前去柏林擔任檢察長。[77]

弗里茲・鮑爾是如何撕毀自己的博士論文

當他拿起自己過去的經濟法博士論文，「一部早已為歲月的牙齒所啃蝕的作品」[78]，誠如弗里茲・鮑爾在一九三八年寫給馬克斯・霍克海默的信中所坦承，在這個時候，那彷彿就像一場返回天真年代的旅程。弗里茲・鮑爾再也無法像一九二五年時那麼溫和地評論工商界的領袖。畢竟，在那之後發生了太多的事情。

在有些迫於無奈下，鮑爾在流亡的歲月裡，重拾經濟學的研究。在德國所受的刑事法官訓練，到了這裡一點也派不上用場。如果他想要找個動腦的工作，那麼他就得去另一個領域裡尋找。而且，在這個領域裡，鮑爾還得從根本上徹底糾正自己；他也只能逐漸承認這一點。

他於一九四一年時在哥本哈根出版了一部學術著作。藉由《金錢》（*Penge*）一書，他讓外界看到了，他不僅有能力銷售紡織品，還有能力從事教學與研究的工作。這是一本用丹麥文撰寫的著作，篇幅約三百頁。它是一本關於貨幣政策的教科書，結構嚴謹、內容豐富、敘述詳實，適合在經濟學的講課上使用。導論的部分讀起來擲地有聲，鮑爾引用了不少世界文學的名言，從索福克勒斯（Sophocles）到莎士比亞（William Shakespeare），再到歌德的《浮士德》（*Faust*）。他開頭便道：「金錢統治著世界。」[79]許多最傑出的詩人都會談論「黃金與錢財」[80]，然而他們所指的其實是它們所體現的權力。鮑爾解釋了，金錢是如何產生[81]、為何左右錢財的「不是金屬，而是信念」[82]、金錢又是如何獲得或失去其價值。他並未堅持特定的論點，只是在該書的結尾處提出一項替代金錢機制的簡短建議，相較於在這之後所附上的、大篇幅的參考文獻，這項建議顯得有點單薄。這是一部吃力不

---

76 Brandt於一九四六年一月十三日寫給Schumacher的信，Archiv der sozialen Demokratie, Nachlass Kurt Schumacher, Mappe 64。

77 參閱Wojak, *Fritz Bauer*, p. 280 f.。

78 鮑爾於一九三八年二月一日寫給Horkheimer的信，Max-Horkheimer-Archiv in der Stadt- und Universitätsbibliothek Frankfurt am Main, I/2 230。

79 Bauer, *Penge*, Kopenhagen 1941, p. 5。

80 同上，p. 5。

81 同上，p. 9–23。

82 同上，p. 24–39。

討好的作品，與其說作者想要藉著它表達些什麼想法，不如說它是一塊求職的敲門磚；在一九四三年到了瑞典後，鮑爾立即就請人把這本書翻譯成瑞典文。[83]

一九四五年在瑞典，在社會主義者的圍繞下，鮑爾的態度截然不同。在一九三二年的年底，誠如他在《經濟的重新定向》（*Ökonomisk Nyorientering*）一書中所述，德國的危機基本上已被處理、克服，納粹黨人登上頂峰，不過他們的黨庫卻空空如也。納粹黨人首先整頓了「大地主還有大型工業與銀行業的代表」[84]，並強行讓希特勒被任命為總理。「就這樣，這個公然宣揚戰爭與德國擴張的人掌握了大權。」在法本工業利益集團的倡議下，當時德國工業界有一筆金額高達三百萬德國馬克的一次性捐款，流向了國家社會主義德國工人黨和德國國家人民黨；在這當中，法本工業利益集團更「以身作則」地捐出了金額最高的一筆為數四十萬的捐款。當時在美國流傳著一句話：卡特爾造就了希特勒，希特勒造就了戰爭。這時鮑爾有如回顧性地闡釋了為何一切必然會如此。

正如他在別處所揭示的，他的理論是屬於馬克思主義的。[85]在它們的市場區隔（market segmentation）裡，如有權力以人為的方式提高價格的托拉斯與卡特爾，遲早都會面臨同樣的問題：如果它們想要賣出更多的商品，要麼就得降低價格、要麼就得提高工人的收入；不過它們都沒有興趣做這樣的事（但這卻也無可厚非）。[86]在這樣的情況下，新的銷售機會只存在於國外。「它們得在自己的國家之外尋找買家。所有資本主義國家都存在著這種情況。」其結果就是，爭奪勢力範圍。各國的商業聯合組織四處爭搶地盤。「人們為了殖民地，為了工業不發達的國家，南美、中國、印度、中東國家、巴爾幹地區，打成一團。在這當中，各國的資本家勾心鬥角、爾虞我詐，他們為了搶同一根骨頭打得頭破血流。」[87]鮑爾表示，希特勒在一九三九年時要求爭取「生存空間」，這其實「只是海外市場與海外投資的另一種說法。」[88]作為希特勒在工業界的支持者，弗里茲・鮑爾舉了將鋼鐵公司「蒂森」（Thyssen）與「萊因－西伐利亞煤業聯合組織」為例。[89]至於法本工業利益集團，他卻沒有明確提及；事實上，它曾在一九四二年十月底於莫諾維茨（Monowice）經營了屬於自己的「布納集中營」（Konzentrationslager Buna），作為奧斯

---

83 Fritz Bauer, *Pengar i går, i dag och i morgon*（金錢的昨日、今日、明日）, Stockholm 1944。

84 Fritz Bauer, Ökonomisk Nyorientering, Kopenhagen 1945, p. 28。

85 Bauer, »Sozialismus und Sozialisierung«, *Deutsche Nachrichten*, 12. May 1947。

86 Bauer, Ökonomisk Nyorientering, p. 19。

87 Bauer, »Sozialismus und Sozialisierung«, *Deutsche Nachrichten*, 12. May 1947。

88 同上。

89 Bauer, Ökonomisk Nyorientering, p. 7, 27。

維辛集中營的輔營，直到一九四五年，約有近三萬名主要為猶太人的囚犯死在那裡。

鮑爾寫道，要是認為現在就足以除去希特勒及其黨羽，這其實是種幻想。事實上，人們必須改變造成納粹主義的整個局勢；工業必須被「平定」[90]。這不單只是適用於德國。鮑爾表示，人們有意藉由戰爭來解決大型工業的問題，最近一次是在德國。然而，這樣的問題其實同樣也存在於歐洲其他的地方。[91]「人們不是要對抗資本家，而是要對抗資本主義的制度，它就像是一部運轉得並不能令人滿意的機器，人們認為可以用一部更好且更有效率的機器來取代它。反對社會主義最重要的論點就是，它扼殺了個人的進取心，限制了自由。可以肯定的則是有限度的自由。這就例如像是交通規則；一旦單行道、靠右行駛、行車速限等限制被實施，人們當然就不能夠再愛怎麼開車就怎麼開車。雖然這些限制會讓個別駕駛人或行人感到不自在，但所有的人卻都能從中受益。」[92]

在他於一九四八年發表的《壟斷集團的獨裁》（*Monopolernes Diktatur*）一書中，他則是更進一步地指出，任何形式的經濟的權力集中都是邪惡的，就連那些透過國際協議的權力集中也不例外。透過描繪自己辦公桌上的種種物品，並且一一點出存在於其生產與銷售背後的那些「壟斷資本主義」或是對卡特爾，鮑爾揭示了自己的想法。[93]他描述了在他的安德伍德（Underwood）打字機旁的一堆書籍，藉此來譴責丹麥出版商協會（Danish Publishers Association），該協會藉由最低價格協議與供應限制等，以價格制約的方式來控制圖書市場。鮑爾桌上的紙，則在他的描述中，與斯堪地納維亞的紙業生產的卡特爾連在一起。此外，電燈還有像是電線、檯燈的黃銅底座、燈座的精美外形、燈罩、燈罩布料的顏色、燈泡等等，也都是卡特爾的產品。桌子本身也是代表決定木材出口配額的「國際木業卡特爾」的一個例子。就連橡皮擦，也都令鮑爾想起了一個關於市場強權及其濫用的「恐怖故事」：在一九三四年時，英國、印度、荷蘭與法國之間締結一項《國際橡膠管理公約》（*International Rubber Regulation Agreement*），該公約限制了橡膠的生產，禁止了橡膠樹的重新種植，從而也左右了橡膠的價格。鮑爾甚至表示：「在我看來，珍珠港事件之後的整場戰爭，或許將會輸在缺乏天然與合成的橡膠。」[94]

「社會主義所提出的答案是計劃經濟」，他在一九四七年時坦承，如果有哪個區塊能被允許經濟的權力集中，那麼頂多就是指國家。弗里茲・鮑爾表示：「人們無法容忍汽

90 同上，p. 28。
91 同上，p. 22。
92 Bauer, »Sozialismus und Sozialisierung«, *Deutsche Nachrichten*, 12. May 1947。
93 Bauer, *Monopolernes Diktatur*, Kopenhagen 1948, p. 5–8。
94 同上，p. 9。

車、自行車等等交通工具的駕駛人，在道路上愛怎麼行駛就怎麼行駛。因此，人們也不樂見，在一個國家裡推動經濟的人愛生產什麼就生產什麼，不樂見他們任意定價，也不樂見他們把資本或商品都弄到國外，正如目前他們個個都喜歡這麼做的那樣。」[95]

鮑爾這時甚至可以正面看待蘇聯政府在東德建立計劃經濟的嘗試。「長期而言，德國的情況會讓計劃經濟變得必要，無論人們是計劃經濟的朋友、還是偏好自由發揮。」[96]鮑爾表示，在戰後廢墟被清理掉後，東德農民必須上繳給國家的牛油、牲畜或穀物，其數量「當然」也考慮到了需求與歉收等因素。「在整個計劃經濟方面，從德國東部還有其他一系列國家的經驗中，整個德國可以學到很多東西。」

當盟軍開始粉碎德國的卡特爾與托拉斯時，弗里茲・鮑爾贊成他們的舉措。在一九四七年時，他曾在流亡者的刊物《德國新聞》（*Deutsche Nachrichten*）上寫道：「國際間的壟斷者（鮑爾視他們為『有限責任愛國者』）在整個戰爭期間相互合作。在第一次甚至第二次世界大戰期間，他們彼此交會於在中立的外國。」[97]到了一九五二年，阿登納政府在美國的施壓下，禁止了德國大多數的卡特爾，鮑爾對於政府的批評就只是做得不夠徹底。[98]在德國社會民主黨左翼所屬刊物《思與行》（*Geist und Tat*）上，鮑爾所發表的文章標題為《卡特爾的國度》（*Das Land der Kartelle*）。

這時他自己不再引用自己年輕時的作品，他過去在一九二五年時所發表的博士論文。

這時的他，對於當時那位意氣風發、友善地看待工業的學生所懷抱的心情、看法，已是形同陌路。

「不合時宜」：正當猶太人在一九四五年後的政壇上不受歡迎之際

在一九四五年五月八日納粹投降時，弗里茲・鮑爾緊接著火速地採取了行動。在旅外九年後，這時他馬上告別流亡的同志們，準備動身返回德國。一九四五年五月九日，在斯德哥爾摩的工會大廈的會議大廳裡，他向一大群聽眾發表了一場具有綱領色彩的告別演

---

95 Bauer, »Sozialismus und Sozialisierung«, *Deutsche Nachrichten*, 12. May 1947。關於計劃經濟的干預措施的利弊，Bauer也曾在Ökonomisk Nyorientering的p. 158 ff.探討過。

96 Bauer, »Die Wirtschaftsgesetzgebung in der Ostzone«, *Deutsche Nachrichten*, 14. April 1947。

97 Bauer, »Ein bisschen Arsenik. Blick hinter die Kulissen der Wirtschaft«, *Deutsche Nachrichten*, 28. April 1947。

98 Bauer, »Das Land der Kartelle«, *Geist und Tat. Monatsschrift für Recht, Freiheit und Kultur*, June 1952, p. 167–171。

說。[99]在演說中，他呼籲大家，以堅定的態度去著手建設一個長久以來始終只是在理論上受到討論的民主德國。弗里茲・鮑爾毅然離開了瑞典；儘管他的父母和他的妹妹還留在當地。他的父親患有血癌，於一九四五年十二月不幸去世。在到了第一個中繼站丹麥後，鮑爾立即求助於美國人，他希望能在重建工作中擔負起某些使命，期望能帶著某種委託重返德國。

然而，事與願違，到了哥本哈根以後，他卻又經歷了痛苦的四個年頭，在那段期間裡，弗里茲・鮑爾只能苦苦地觀望與等候；而且，在那段期間，他有了在歷經失落的十年後，或許可算是最令人痛苦的認知。

鮑爾過去那些「德國的」同路人，此時都在重建工作中身居要職。誠如鮑爾所知，一九四五年十月，在法蘭克福，他那屬於自由派、善於交際的博士指導老師卡爾・蓋勒，被美國人任命為黑森邦的無黨派的邦總理。在杜賓根，法國軍政府任命他的老朋友卡洛・施密特擔任符騰堡－霍亨索倫邦的第一位政府首腦。在斯圖加特，與鮑爾頗有交情的社會主義律師理查・施密特成了邦檢察總長。在漢諾威，庫爾特・舒馬赫成了德國社會民主黨黨主席。在呂貝克（Lübeck），誠如弗里茲・鮑爾所聽聞，先前流亡時的那位年輕同志，此時年僅三十三歲的威利・布蘭特，獲得盟軍的邀請，出任其家鄉的市長，不過為了登上更大的政治舞台，進入聯邦議院與庫爾特・舒馬赫並肩作戰，他婉拒了這項邀請。那麼，難道就沒有任何位子能給弗里茲・鮑爾嗎？

當庫爾特・舒馬赫在一九四六年五月當選為德國社會民主黨的黨主席時，人還在哥本哈根苦苦等候的鮑爾，寫了一封信給他：「我當然也非常想要親眼看看德國目前的局勢。去年五、六月的時候（也就是在德國投降後不久），我已經和美國人談過返回斯圖加特的事宜，他們讓我填了一堆問卷（他們對司法人員感興趣），但是我始終未能獲得一個正面的回應。我不曉得其中的原因。我在想（根據我私下與使館的人員所做的一些對話），他們並不想要猶太人，或者更正確地來說，他們認為，對於或多或少帶有公共性質的工作，猶太人是不合時宜的。這是我想要親自瞭解一下實情的事情。」[100]

鮑爾尋求對話，他伸手、他請求。他明白地表示，他想結束自己的「個人困境」[101]，尋求在公職中扮演某種角色，「我想在司法機關或行政部門，像是司法部或經濟部，擔任

99 參閱演說稿，刊印於*Politische Information*, 15. May 1945, p. 11 f., Archiv Fritz-Bauer-Institut。

100 鮑爾於一九四六年五月廿三日寫給Schumacher的信，Archiv der sozialen Demokratie, Nachlass Fritz Bauer, 1/FBAB 000001。

101 鮑爾於一九四八年十月十二日寫給Schöttle的信，Archiv der sozialen Demokratie, Nachlass Erwin Schöttle, Mappe 15。

某項職位。」[102]然而卻徒勞無功。在這個時候，如果讓猶太裔的政治人物來當德國人的官員，與鮑爾交談過的同盟國顯然不想冒這個險；對於同盟國而言，若是想要爭取德國人的合作、想要在德國建立新的體系，此舉恐怕並不明智。

這對他的打擊有多麼大。弗里茲・鮑爾這位愛國者一心只盼著，這樣的事情能有過去的一天。早在學生時代，他就已曾要求過猶太裔的同學們「認信德意志文化」。在一九四五年五月九日於斯德哥爾摩發表的演說中，他也強調了一個涵蓋整個德國的大我。「我們承認，我們德國有義務去賠償以它的名義所犯下的戰爭罪行。……我們並不要求世人同情我們德國人民。我們曉得，我們德國人民必須在數年甚或數十年的努力下……才能贏得世人的尊重與好感。」[103]這些話並不是說給像是年輕的拉爾夫・佐丹奴（Ralph Giordano）之類的猶太憤青聽；他在一九四五年時漫步在面目全非的故鄉漢堡，誓言要向德國人復仇，「糾結在過去的網中，在他永遠也不會忘記的無數過往的畫面中。」[104]不，鮑爾的我們，指的是「我們德國人」[105]。

被德國入侵的波蘭、荷蘭或蘇聯等國家，或許有更多的殘堆瓦礫得要清理，鮑爾在一九四五年九月發表於《德國新聞》上的一篇文章，鼓勵他的同胞：「我們必須效法這些民族的樂觀態度。」如果德國現在得將領土還給鄰國，那麼大家應該記住一百年前在同樣的情況下，丹麥人曾經幫過自己的一句話：我們對外失去的東西，我們必須對內贏回。「同樣的口號今日必然也適用於德國。……新的德國必須成為一個具有社會正義的國家。……它的工人與農人、它的技術人員與建築師可以讓席勒這句話成真：『從廢墟中綻放出新的生命！』」[106]

儘管如此——還是太猶太了。

一九四九年夏天，科隆的猶太裔醫師雷文博士（Dr. Lewin）獲選為奧芬巴赫（Offenbach）市立婦科醫院的主任醫師，然而，在市長的提議，與隸屬於德國社會民主黨的上級長官的同意下，他卻立刻遭到撤換，原因在於他是一位猶太裔醫師，他的家人都慘遭納粹黨人殺害，他自己則是幸運地在集中營裡死裡逃生，奧芬巴赫的婦女或許會對他心存疑慮。[107]人們認為，他肯定會帶著「他的種族怨恨以及他對集中營的報復之心」上

---

102 同上。

103 參閱演說稿，刊印於*Politische Information*, 15. May 1945, p. 11 f., Archiv Fritz-Bauer-Institut。

104 Ralph Giordano, *Die Bertinis*, Frankfurt am Main 1982, p. 712。

105 Bauer, »Wiedergutmachung und Neuaufbau«, *Deutsche Nachrichten*, 4. September 1945。

106 同上。

107 參閱*Neuer Vorwärts*, 24. September 1949, p. 10。

任，至少民眾認為存在著這樣的危險。庫爾特・舒馬赫對此感到震驚，他隨即為他在奧芬巴赫的德國社會民主黨的同志們正確地指出：「我們絕不能容忍新社會民主主義的機會主義種族理論。」[108]舒馬赫看到了一九四九年的嚴重危機，「有心人有鑑於『德國人民的政治無知』，想讓猶太裔的候選人在選舉中變得較無吸引力，想讓他們遭到選民拒絕。除了這是錯誤的以外（因為一個抱持著反猶太主義信念的人，無論如何，都不會選擇社會民主主義者），人們也永遠無法從這些庸俗的人身上得知，他們真正的動機究竟是什麼。」[109]希特勒時代的終結並未消弭猶太裔與非猶太裔德國人之間的鴻溝，而且這樣的鴻溝還變得比以往更深。人們普遍認為，在發生了過去十二年的種種事情後，倖存於聯邦共和國的少數猶太人，若非心心念念想著要報仇，至少也和非猶太裔的德國國民是「同床異夢」。比如從前的猶太裔德國外交部長華特・拉特瑙，或是猶太裔巴伐利亞邦邦總理庫爾特・艾斯納（Kurt Eisner），他們從長遠看，都是難以想像。

科隆的雷文博士與斯圖加特的弗里茲・鮑爾所遭受到的拒絕與不信任，不單只是讓他們兩人迅速地上了一課。在一九四九年所成立的第一屆德國聯邦議院裡，為數將近五百位的國會議員，只有三位是猶太裔議員。其中之一的雅各布・阿特麥爾（Jakob Altmaier），庫爾特・舒馬赫特別命他擔負起與猶太教區及以色列這個國家的溝通橋梁的任務。[110]另一位想要更上層樓的猶太人懂得還是先別提自己的猶太裔背景會比較好，他就是來自漢堡的德國社會民主黨的政治人物，彼德・布拉赫斯坦（Peter Blachstein）。他在年少時曾活躍一些猶太人的組織，如今在國會手冊中則自稱「沒有宗教信仰」，只是稱呼自己為「政治迫害下的受害者」。[111]至於早在年少時期就已背離猶太教區的社會民主黨人魯道夫・卡茨，則自稱是屬於新教的；他曾在一九四七年時擔任過什列斯威—霍爾斯坦邦的司法部長，後來到了一九五一年時甚至還進入了聯邦憲法法院，《明鏡週刊》（*Spiegel*）曾寫道：「在卡爾斯魯爾的司法殿堂、那些不食人間煙火的判官中，他簡直就像個護民官，勇敢、親民且粗壯。」[112]

108 Schumacher於一九四九年十一月廿六日寫給Peter Blachstein的信，reprinted in Willy Albrecht (ed.), *Kurt Schumacher. Reden – Schriften – Korrespondenzen, 194 –1952,* Bonn 1985, p. 990–992。

109 同上。

110 參閱Willy Albrecht：»Jeanette Wolff, Jakob Altmaier und Peter Blachstein. Die drei jüdischen Abgeordneten des Bundestags bis zum Beginn der sechziger Jahre«, in Julius H. Schoeps (ed.), *Leben im Land der Täter. Juden im Nachkriegsdeutschland (1945 –1952)*, Berlin 2001, p. 236–253 (243)。

111 同上，p. 246。

112 »Nachruf auf Rudolf Katz (30. September 1895 – 23. Juli 1961)«, *Der Spiegel*, 2. August 1961。有時還會提到Walter Strauß，他曾在戰後於柏林共同創立了基督教民主聯盟，從一九五〇至一九六三年還

弗里茲・鮑爾這時同樣也說自己「沒有宗教信仰」。他還強調，自己在流亡期間從未與猶太教區或猶太裔德國移民有過接觸。[113]至於他先前曾經擔任過猶太刊物《中央協會報》駐斯堪地納維亞通訊記者的事情（在此過程中，他必然與猶太人的生活有所接觸），連同他與來自柏林的猶太裔律師埃里希・雅各比（Erich H. Jacoby）在流亡期間的交情，他則是絕口不提，[114]在德軍入侵丹麥前，埃里希・雅各比曾經計劃在丹麥與他的未婚妻以傳統的猶太儀式完婚。[115]這時候，弗里茲・鮑爾冷酷地與其他的猶太人保持距離。

魯道夫・卡茨曾經延請弗里茲・鮑爾前往什列斯威—霍爾斯坦邦，擔任在政治上比較不會引人側目的行政法院院長一職。不過，「我沒有答應」，鮑爾曾對一位朋友表示，「一方面是因為我沒有任何行政法院方面的經驗，另一方面則是因為我認為，坐在這種職位上的人，該有我所沒有的院長的威嚴。」[116]

在漢諾威，有些同志則鼓勵他去應徵司法行政方面的工作，擔任檢察長或某個刑事審判委員會（Strafsenat）的主席。另一方面，對於鮑爾所採取的保留態度卻也還是清楚可見。鮑爾在同志們之間鼓吹，要以友好的態度對待同盟國；此舉讓他立刻引來黨內右翼份子的憤怒。有人曾在一封關於鮑爾及與他政治理念相同的人的信裡表示，這種支持「賠償與《波茨坦協定》（*Potsdam Agreement*）」的主張，簡直糟透了。「他們使自己成為最糟的民族主義的僕從——他人的僕從。」[117]前布朗史威克的國旗團成員漢斯・雷諾夫斯基

（Hans Reinowski）在寫給前德國國會議員庫爾特・海尼格（Kurt Heinig）的信中表示：現在是時候「與那些無根的博托庫多人（Botocudo）開戰，他們不願當猶太人……，不是德國人，也不敢公開成為布爾什維克黨徒。」[118]而海尼格則稱鮑爾是「俄國的內應」[119]，換

擔任了聯邦司法部的常務國務秘書；參閱Thomas Horstmann/Heike Litzinger, *An den Grenzen des Rechts*, p. 166。不過，Walter Strauß自出生起就已是新教徒，他只在根據納粹黨人的標準下短暫當過猶太人；二〇〇二年出版的*Preuße, Protestant, Pragmatiker*這部Friedemann Utz的傳記，很確切地描述了此事。

113 Leni Yahil訪問鮑爾的文字稿，上頭還有他的手寫修改與在一九六二年三月九日的簽名。Archiv Yad Vashem, 0–27/13–5。

114 參閱Wojak, *Fritz Bauer*, p. 133。

115 參閱Corinna Waffender, »Porträt einer erfolgreichen Weltbürgerin. Ruth Jacoby, Schwedens Botschafterin in Berlin«, *Jüdische Zeitung*, April 2007。（Ruth Jacoby是Erich H. Jacoby的女兒。）

116 鮑爾於一九四八年九月十四日寫給Schumacher的信，Archiv der sozialen Demokratie, Mappe 165。

117 兩位不知名的同志在一九四五年十一月廿二日的通信，引述自Wojak, *Fritz Bauer*, p. 201。

118 Reinowski於一九四六年五月廿六日寫給Heinig的信，引述自同上，p. 211。

119 Heinig於一九四六年十二月廿二日寫給某位未提及姓名的同志的信，引述自同上，p. 205。

言之，說他是個叛徒。

鮑爾呼籲，德國應該坦然接受戰爭落敗所造成的領土損失。有位德國的同志則污衊他：「永遠在俄國人的屁股裡蠕動，真是令人作嘔。」[120]

對於鮑爾所提出的申請，德國社會民主黨執政的政府只是通知他，漢諾威的邦檢察總長這個頗具影響力的職位，已經保留給其他的人選。[121]「也許」，根據鮑爾的推測，當權者的意思是，「提供我一個比較低階的職位，這樣會比較好控制我。」[122]

120 兩位不知名的同志在一九四六年八月廿一日的通信，引述自同上，p. 201。

121 鮑爾於一九四八年十月十二日寫給Schöttle的信，Archiv der sozialen Demokratie, Nachlass Erwin Schöttle, Mappe 15。

122 鮑爾於一九四八年九月十四日寫給Schumacher的信，Archiv der sozialen Demokratie, Mappe 165。

6

平反七月二十日密謀案的參與者：他的功勞

對抗納粹幽靈的政治流亡者：雷莫爾審判，一九五二年

在一九五一年春天的這個晚上，同時有八百個人擠入了一個很小的大廳，另有四百人在外頭等著，當場還有一輛繪有黨徽的紅色宣傳車為他們助興。入口處站著一些隸屬於社會主義帝國黨（Sozialistische Reichspartei）的會場服務人員，他們佩帶著紅色的臂章，穿著黑色的褲子與長靴。為了防止會議廳群毆而裝備齊全的秩序維持部隊稱自己為「帝國陣線」，他們所屬的、穿著橄欖綠襯衫與短褲的新生代組織則稱為「帝國青年」。在大廳裡

的人群上方瀰漫著濃濃的煙霧，擴音喇叭裡傳來了《巴登威勒進行曲》（*Badenweiler-Marsch*），阿道夫・希特勒曾在這首曲子的樂音下檢閱武裝親衛隊，接著播出的則是《普魯士的榮耀》（*Preußens Gloria*）。[1]

當時年僅三十九歲的奧圖・恩斯特・雷莫爾（Otto Ernst Remer），在會場裡透過擴音喇叭高聲喊道：「下薩克森人是二十世紀的普魯士人。」他當天「身著如彌賽亞般的羅登縮絨厚呢長袍」，誠如《明鏡週刊》所述，他戴著綠色氈帽，在外套翻領上還有一隻著三十根黑羽毛的帝國鷹。「這裡是未來整個德意志帝國的結晶核心。」這位激動地揮舞著雙手的演說者接著說道。在場的群眾也給了他熱烈的回應，宛如獲得解放般的歡呼。[2]

《世界報》（*Die Welt*）的記者指出：「那是一九三一、一九三二年之交，納粹集會的氣氛。」在一九五一年五月六日星期天舉行的選舉中，標舉反對「歧視」舊納粹黨員的社會主義帝國黨成員奧圖・恩斯特・雷莫爾，囊括了11％的選票。社會主義帝國黨在下薩克森邦的邦議會中坐擁十六個席位。其中甚至包括了四個「直接席位」（Direktmandat）。在下薩克森邦的三十五個鄉鎮中，社會主義帝國黨佔絕對多數。

而誇誇其談毒氣室的「革命性技術」的社會主義帝國黨黨主席弗里茲・多爾斯（Fritz Dorls）坐鎮在遙遠的波昂。他是第一屆德國聯邦議院唯二的兩名社會主義帝國黨的議員之一；德國聯邦議院此時尚未受到5％的門檻所保護。不過，「納粹幽靈」真正的堡壘其實是在下薩克森邦，因此國際媒體總是簡稱社會主義帝國黨為「雷莫爾黨」。

該黨是一個令康拉德・阿登納感到擔憂的、實實在在的政治勢力。雖然阿登納政府決定請求聯邦憲法法院禁止社會主義帝國黨。不過德國基督教民主聯盟（Christlich Demokratische Union Deutschlands；簡稱CDU）同時卻也想進行整合。這位總理想要吸收包括下薩克森邦在內的社會主義帝國黨的議員加入聯盟，但這項計謀後來沒有展開，無非只是因為與此同時，聯邦憲法法院在一九五二年十月廿三日發佈了對於社會主義帝國黨及其所屬議員的禁令。

身材瘦長、額頭高聳的奧圖・恩斯特・雷莫爾，在舊朝的圈子裡享有英雄般的聲譽，這與他在一九四四年七月二十日所扮演的角色有關。在傳出希特勒在東普魯士的狼穴指揮所遭炸彈暗殺身亡的消息時，官拜少校的雷莫爾正在柏林指揮一個警衛團。雷莫爾的任務就是封鎖約瑟夫・戈培爾（Joseph Goebbels）也身在其中的政府區。他很快就發現，在證實希特勒其實已倖存下來後，這個叛變陰謀已然崩潰。雷莫爾所要做的就只剩下告訴心急

---

1 參閱»Remer-Partei. Schickt deutsche Maurer«, *Der Spiegel*, 2. May 1951。以及Ernst Riggert, »Das letzte Aufgebot«, *Die Welt*, 26. April 1951。

2 參閱Norbert Frei, *1945 und wir. Das Dritte Reich im Bewußtsein der Deutschen*, München 2005, p. 137。

如焚的戈培爾這個好消息。「這個大個子讓身材矮小的戈培爾欣喜若狂」，前納粹宣傳員、後來成為《明鏡週刊》通訊記者的威爾弗雷德・馮・歐文（Wilfred von Oven），曾在他於一九五〇年在布宜諾斯艾利斯出版的《陪著戈培爾到最後》（*Mit Goebbels bis zum Ende*）一書裡讚頌了那一刻。[3]外形削瘦的奧圖・恩斯特・雷莫爾變身成了「一位高大、精瘦、皮膚曬得黝黑的軍官，在他的野戰服的衣領上，佩帶著飾有橡樹葉圖樣的騎士鐵十字勳章。」希特勒曾盛讚雷莫爾少校是那一天的英雄。那時為了感謝他的功勳，希特勒晉升他為少將，並將元首護衛旅（Führer-Begleit-Brigade）交由他指揮。在戈培爾的宣傳下，他更被捧成新聞媒體的明星；七月二十日那場事件的焦點人物不能是施陶芬貝格上校（Claus von Stauffenberg），應該要是這位扭轉局勢的少校。

「他本是成千上萬的塵埃的其中之一」，某位觀察家在一九五二年時中肯地描述道，「這時，有一束光線閃過，這顆塵埃突然變得清晰可見。一場偶發事件讓這位少校顯得『出類拔萃』。他在誤打誤撞下站上了歷史的大舞台。如今他依然還想繼續成為鎂光燈的焦點。」[4]

在戰爭結束後，雷莫爾仍為自己的所作所為感到自豪。在痛斥一九四四年七月二十日密謀案的反叛者下，他呼籲昔日的同袍團結。「那些反叛者，有部分是被外國人給收買了的叛國者」，在贏得下薩克森邦的傲人選舉成果前，雷莫爾曾在一場造勢活動中高呼。一九五一年五月三日，雷莫爾在布朗史威克的射擊俱樂部表示：「我敢跟你們打賭，有朝一日，這些叛徒都會被帶到德國的某個法庭受審。」[5]

於布朗史威克，自一九五〇年起開始擔任布朗史威克的邦檢察總長的弗里茲・鮑爾，就在這樣的背景下登場。

時任阿登納政府內政部長的是德國基督教民主聯盟的羅伯特・萊爾（Robert Lehr），他本身也曾參與過反抗運動。當他向檢察機關告發雷莫爾把反抗運動鬥士誹謗成「叛國者」時，檢察機關的主事者起初還向他表示，看不出有「一定告得成的把握」[6]，建議他撤回告發。由於下薩克森邦的司法部早已小心翼翼地下令向上呈報有關雷莫爾的所有事情，因此弗里茲・鮑爾才能在告發雷莫爾無聲無息地消失在案卷裡前，得知這件事。於是鮑爾決定出手。

---

3 引述自Michael Freund, »Der Angeklagte aus Versehen. Der Prozess gegen Remer«, *Die Gegenwart*, 15. March 1951, p. 166–169 (166)。

4 同上，p. 167。

5 引述自Frei, *1945 und wir*, p. 138。

6 同上。

他讓自己所領導的小團隊積極地行動起來。多年後，當弗里茲・鮑爾從下薩克森邦被調往大都會法蘭克福時，他在布朗史威克的同事們諷刺地向那些在黑森邦的同事們表示祝賀：現在輪到你們去忍受鮑爾博士了！[7]鮑爾積極地驅策著手下的司法人員。他要求同事們「盡快」起訴雷莫爾。有位布朗史威克的資深檢察官曾在與一位名叫赫爾穆特・克拉默（Helmut Kramer）的見習律師談話時表示：「即使時至今日，每當我想到弗里茲・鮑爾，我仍會感到噁心。」[8]

最後，弗里茲・鮑爾將起訴書交給了他手下的一名檢察官。這位檢察官名叫埃里希・貢特・托夫（Erich Günther Topf），他本身曾是納粹衝鋒隊的下士。他不僅拒絕將雷莫爾所做的陳述，即參與七月二十日密謀案的那些人是「叛國者」，視為侮辱，也拒絕將其評價為在客觀上屬於不實言論，而且更在文件上寫下「容有疑慮」，表達自己的異議。在這樣的情況下，鮑爾乾脆把自己的法袍從櫃子裡取出。「有鑑於這場審判的根本重要性」，這位邦檢察總長決定親自出馬。[9]

一九五〇年，布朗史威克的邦檢察總長

弗里茲・鮑爾在一九五二年時所站上的，其實是個很小的舞台，一個「低微的」職

務。這也更說明了他的雄心壯志，在回到德國不久後，他就能憑藉雷莫爾的審判吸引到怎樣的關注。

當他最終在一九四九年四月總算又能立足於德國後，他先是任職於邊界附近的一個偏鄉法院，過了不久，他又轉任一個被他諷刺地稱為「閒差」[10]的職位，整天無所事事，幾乎沒有什麼實際的職責。布朗史威克的市中心在戰爭中被徹底摧毀，廢墟隨處可見。在直到數十年後才被完全清理乾淨的瓦礫堆中，冒出了首批混凝土建築物。在一封一九四五年時寫給馬克斯・霍克海默的邀請函中（鮑爾邀請霍克海默前往布朗史威克的法院大廈做一場關於人類形象演變的演說），鮑爾曾開玩笑地表示：「你在信中寫道，期待認識美麗的布朗史威克。很顯然，你對這個城市的想像還停留在中古世紀；我猜想，那或許是雄獅海

---

7 對Warlo所做的訪問。

8 對Kramer所做的訪問。

9 參閱Claudia Fröhlich, »Wider die Tabuisierung des Ungehorsams«. Fritz Bauers Widerstandsbegriff und die Aufarbeitung von NS-Verbrechen, Frankfurt am Main 2006, p. 37 f.。

10 鮑爾於一九四八年十月十二日寫給Schöttle的信，Archiv der sozialen Demokratie, Nachlass Erwin Schöttle, Mappe 15。

因里希（Heinrich der Löwe）去世前幾年的榮景。」[11]

說到「閒差」，事實上，在整個肇建的聯邦德國裡，弗里茲・鮑爾是全部十九位邦檢察總長（Generalstaatsanwalt）中的其中之一，誠如人們在司法機關裡稱他們為「總座」（General）。他的辦公室是在位於布朗史威克的邦最高法院裡。在聯邦的檢察官制度下，他可以算是地方諸侯，他在整個所屬管轄範圍內負責監督檢察官。檢察官在他的監督下獨立進行他們各自的工作；身為邦檢察總長的弗里茲・鮑爾可以有權介入，但不必非得這麼做。他可以為檢察官們設定指導方針，對某項犯行從嚴追究，或對某項犯行從寬處理，甚至任職於其所屬管轄範圍內最偏遠的鄉村法院的檢察官，也都可能會受他的指令所約束。司法獨立原則適用於法官，不適用於檢察官。他們所適用的是一套嚴格的機關等級制度。邦檢察總長想在自己的轄區裡為總是需要詮釋的刑法注入怎樣的精神，他們可以藉由對檢察官們下達命令來達到目的，或者，在那些特別是在司法政策上引發社會熱烈討論的個案中，他們也可以直接接手處理，把這些案件視為優先課題，親自上場奮戰，藉以給下屬們一個榜樣，或是藉以給整個國家傳達一項信息。

位居弗里茲・鮑爾之上的，是下薩克森邦的司法部長奧圖・克拉普（Otto Krapp）。他是下薩克森邦的中央黨的領袖，該黨則是隸屬於德國社會民主黨的邦總理辛里希・威廉・科夫（Hinrich Wilhelm Kopf）的執政聯盟小夥伴。這位司法部長是在鮑爾完成學業三年後完成法律學業，接著就成為律師及納粹衝鋒隊的成員。在就職的歡迎儀式上，他有點詭異地稱鮑爾為「回歸者」。一九五〇年四月一日，鮑爾獲得了服務二十五週年紀念的一紙證書。[12]從一九三三年春天起，根據納粹的法律遭到解職的那許多年，人們在計算時衡諸特殊情況，未將這些年資略而不計，藉以避免相對於那些能夠持續任職的同事，對鮑爾造成不公平。

而且這些同事的人數其實非常地多。下薩克森邦的司法部也曾在一九四九年時承認，司法機關的「陣容」基本上就跟納粹政權崩潰之前一樣；諸如鮑爾之類的「回歸者」，對此也都不敢抱持任何的幻想。[13]鮑爾曾經針對德國各邦最高法院的情況推測道：「可以假定，這些法官有三分之二到四分之三，也曾活躍於納粹非法治國家的司法機關，而且，他

---

11 鮑爾於一九五四年三月二日寫給Horkheimer的信，Max-Horkheimer-Archiv in der Stadt- und Universitätsbibliothek Frankfurt am Main, I/2 230。

12 參閱一九五〇年三月廿四日漢諾威方面所頒發的感謝暨祝賀狀（副本），Justiz-Personalakte Fritz Bauer, Archiv des Fritz-Bauer-Instituts, NL – 08/03。

13 參閱一九四九年一月廿八日該部內部會議的談話內容；引述自Fröhlich, »Wider die Tabuisierung des Ungehorsams«, p. 61。

們幾乎無一例外地要不就是納粹黨員、要不就是軍法官（軍法官不能同時具有納粹黨員的身份）。」[14]鮑爾前後共有十四年無法從事司法工作。在他這時得以被允許在布朗史威克擔任邦檢察總長前，他先是在某個刑事法庭擔任首席法官一年的時間，藉此證明自己所具有的專業能力。

在回到德國兩週後，他寫了一封信給他的老友庫爾特・舒馬赫，他在信中表示：「我暫時有著回到家的感覺；這比我所預期的要好得多。人們，就連我的同事們，都非常友善且包容。」[15]對於這個具有局限性的「暫時」，鮑爾很有禮貌地未做任何更進一步地發揮。對於在庫爾特・舒馬赫的幫助下，他才得以在布朗史威克獲得一個職位，弗里茲・鮑爾對此很是感謝；畢竟在此之前，曾有四年之久，他在求職的路途上四處碰壁。

直到數年之後，鮑爾才在他處語帶抱怨地表示：當時人們強烈抗拒重返故鄉的流亡者，而且人們其實從一開始就能看出這一點。「重返故鄉的流亡者提醒了人們他們想要壓抑的那些事情。人們會擔心他人可能會去質疑他們的一些問題。」[16]

在《基本法》（*Grundgesetz*）於一九四九年五月廿三日生效時，那或許曾是個歡愉的片刻。「今日的黑、紅、金三色旗」，鮑爾曾在寫給舒馬赫的信中表示，「讓我想起了我們昔日的國旗團。」[17]遺憾的是，幾乎無人能與他分享這個美好的時刻。弗里茲・鮑爾的親戚沒有人再住在德國。他的父母和妹妹都留在斯堪地納維亞半島，許多舅舅、阿姨和表兄弟姊妹去了美國，有些是去拉丁美洲或南非，有些則是被謀殺。

在他的朋友和同志方面，情況也是如此。弗里茲・鮑爾過去在斯圖加特的猶太裔法官同事羅伯特・布洛赫，在一九四二年七月十三日被送往奧斯威辛集中營，那是一場無人生還的毀滅性流放。[18]鮑爾從前的兄弟會（具有自由主義與猶太色彩的自由科學社）弟兄，有許多人同樣也慘遭殺害。逃離德國的人當中幾乎無人返回德國。像是曾因飲酒習慣激怒愛好和平的作家庫爾特・希勒的利奧・赫茲（Leo Herz），那位「留著胡蘿蔔色山羊鬍的

---

14 Bauer, »Justiz als Symptom« (1962), reprinted in Perels/Wojak, *Die Humanität der Rechtsordnung*, p. 365–376 (366)。括號裡的引文為原始內容。

15 鮑爾於一九四九年四月廿四日寫給Schumacher的信，Archiv der sozialen Demokratie, Nachlass Kurt Schumacher, Mappe 165。Bauer在信中寫道，自己已回國兩週。

16 Sender Freies Berlin (ed.), *Um uns die Fremde. Die Vertreibung des Geistes 1933–45*, Berlin 1968, p. 69。

17 鮑爾於一九四九年五月廿三日寫給Schumacher的信，Archiv der sozialen Demokratie, Nachlass Schumacher, Mappe 71。

18 參閱Alfred Marx, *Das Schicksal der jüdischen Juristen in Württemberg und Hohenzollern 1933–1945*, p. 3 f.，以及http://www.stolpersteine-stuttgart.de/index.php?docid=251 [10. May 2013]。

年輕婦科醫生」[19]，這時改以利奧・哈特（Leo Hart）的身份居住於倫敦。其他的人則是逃往紐約、洛杉磯或布宜諾斯艾利斯，還有一些人前往巴勒斯坦。[20]鮑爾之所以能夠得知這些消息，其實是因為從前的一位弟兄恩斯特・羅森塔爾（Ernst Rosenthal），正嘗試在倫敦重建這個網絡。[21]

在弗里茲・鮑爾接到羅森塔爾的來信後，他才得知從前學生時代的許多朋友，是如何在特雷西恩施塔特集中營（Das Lager Theresienstadt）「重逢」。「突然間……被從荷蘭送來這裡的卡爾—沃爾夫岡・菲利普（Karl-Wolfgang Philipp）（綽號叫做「連字符」），連同他年輕的妻子，出現在我們之間，接著便是彼此一陣噓寒問暖。」弟兄埃里希・西蒙（Erich Simon）描述道。卡爾—沃爾夫岡・菲利普，如同弗里茲・鮑爾，都是在一九二二—一九二三年活躍於海德堡的弟兄，弗里茲・鮑爾認識他時，他是那裡的第一任主席。弟兄們在特雷西恩施塔特經常會面，於是鮑爾可以讀到像是這樣的內容，「根據過去自由科學社的方式」，「我們秉持自由科學社的立場，……負面看待卡特爾修道會兄弟會（亦即在所謂的「卡特爾修道會」〔Kartell-Convent〕中組織起來，且強而有力的一些猶太兄弟會）」，「在知識份子中，他們總是佔多數。」[22]

他們甚至曾在特雷西恩施塔特組織了一個夜間法學社團，「總是有大約一百人參加，人們會在聚會裡討論國際比較法方面最複雜的一些問題。」飢餓、疾病和放逐，最終使大部分的弟兄喪命。有一回，有位自由科學社的弟兄曾在特雷西恩施塔特，在裝著另一位弟兄的棺材旁，輕聲地祝福對方：「安息吧，忠實的、熱愛啤酒的老友！」那位他們戲稱為「連字符」的弟兄，在到那裡不久後，又接著被送往某個滅絕營。「自由科學社是否能在

---

19 Kurt Hiller, *Leben gegen die Zeit*, 1. Bd., Reinbek 1969, p. 61–63。

20 參閱一九四八年時用打字機打的成員名單；可上「利奧・貝克研究所」公開於網路上的自由科學社成員Rudolf Zielenziger所屬檔案的網頁查閱，網址為：http://archive.org/details/rudolfzielenziger [10. May 2013]。

21 參閱一九四八年八月自由科學社聯盟的通函；請至上述「利奧・貝克研究所」的網頁查閱。Rosenthal 以「復活的老傢伙聯盟的首位主席」的名義致上「來自自由科學社誠摯的問候」。編寫那份用打字機打的成員名單的人，也早在一九四八年時就已知道，「Fritz Bauer (*16. 7. 1903)」在從瑞典歸來後住在丹麥的地址「Maltagade 15, Copenhagen」，換言之，他們彼此之間還有新的聯繫。在一九四五年後，自由科學社從此就在大學校園裡銷聲匿跡。

22 »Erich Simon, F.W.V. Theresienstadt. Zum Gedächtnis der Toten, Rundschreiben des Bundes der Freien Wissenschaftlichen Vereinigungen, August 1948«；請至上述「利奧・貝克研究所」的網頁查閱。Erich Simon是在柏林求學。在學生時期，鮑爾或許曾在自由科學社的全國性集會中遇見過他；不過這純屬臆測。

某所大學裡重生」，埃里希・西蒙在一九四八年時寫道，「如今依然在未定之天。儘管如此，對於自由科學社的回憶卻仍將長存，對於特雷西恩施塔特的自由科學社的回憶亦然。」[23]

這時鮑爾得知，在他從前那些海德堡的弟兄裡，只有一個能夠重新在德國公務體系中立足。那位名叫理查・諾伊曼（Richard Neumann）的弟兄，被盟軍任命為任職於柏林的邦檢察總長。[24]

然而，柏林與下薩克森相隔遙遠。下薩克森邦的南部，弗里茲・鮑爾於一九五〇年擔任邦檢察總長的地方，除了被炸得面目全非的布朗史威克這個城市以外，當地全是鄉村，甜菜田和馬草場。在這樣的環境下，從一九四九年起，特別是在下薩克森邦，贏得許多選票的社會主義帝國黨諸如此類的言論，「難道有人會相信，在一九四五年大量湧入那些人們，一看就知他們是披著美國或英國制服的流亡者，可以戰勝反猶太主義。」十分受到民眾青睞。[25]

在這樣的環境下，身為「總座」的弗里茲・鮑爾，可想而知，也只能分得很小的「版圖」。在聯邦共和國裡，每位邦檢察總長都管轄著一個等同於某個邦最高法院所轄範圍的地區，而且，諸如巴伐利亞、北萊茵─西伐利亞與下薩克森這些大邦，在它們廣闊的土地上還分佈了多個邦最高法院。因此，在下薩克森邦裡，鮑爾還得與另外兩位邦檢察總長分享管轄的權力。任職於布朗史威克的鮑爾，其管轄範圍是三者之中面積最小、人口最少、同時也是最沒有資源的地區。

在鮑爾就任時，納粹犯行的審理已在布朗史威克的司法機關裡成了一個主題。當時迪特里希・克拉格斯（Dietrich Klagges）正在刑事法庭受審；某個冬日的早晨，在刑事陪審法庭大廳的霓虹燈管下，擠了一堆記者，他們全是為了克拉格斯而來。被兩個身著制服的人帶進法庭的克拉格斯，在一九三三至一九四五年期間，曾經擔任過布朗史威克邦的邦總理。在歷經兩百五十名證人出庭作證的冗長審理程序後，鮑爾的三名法官同事在一九五〇年判處克拉格斯無期徒刑。身為邦檢察總長的鮑爾在後來的上訴審中，竭盡一切所能地努力維持原判。戰後初期，偶爾也會有些納粹「嘍囉」被告上法庭。不過他們也只是為數很少的零星個案，而且總是取決於機緣巧合，像是西方盟國是否施壓（他們剛開始時會這樣

23 參閱*Monatsbericht des Bundes Freier Wissenschaftlicher Vereinigungen*, May/June 1923, p.6。

24 鮑爾之所以知道此事，那是因為前述那份一九四八年時用打字機打的成員名單，裡頭也註記了成員們當時所從事的職業。

25 引述自Landesinformationsdienst des Landes Schleswig-Holstein von 28. Dezember 1951, Akten 1 Bv 1/51-H6-Urkunde Nr. 237。

做）、公眾是否對於那個案件特別激憤（這種情緒很快就會消退）、檢察官是否具有發動訴訟的政治意願等。在弗里茲・鮑爾之前，上一任布朗史威克的邦檢察總長是庫爾特・斯塔夫（Curt Staff），儘管他確實起訴了迪特里希・克拉格斯，不過實情其實是早在一九四五年時，在盟軍的施壓下，他不得不形式性地敦促屬下們辦理。[26]

踩煞車的人比把事情公諸於世的人更有機會升官。德國刑事司法體系的最高層級，聯邦法院，在一九五八年的一項調查中，引用了一系列混淆視聽的官方聲明，像是聯邦共和國在司法上不承認任何一個紐倫堡大審的判決，也能讓我們看出這一點；[27]隸屬於德意志黨（Deutsche Partei）的聯邦議院議員暨聯邦司法部長（一九五六—五七）漢斯—約阿辛・馮・梅爾卡茲（Hans-Joachim von Merkatz），甚至把這樣的不予承認，說成是事涉「德國的尊嚴」[28]。梅爾卡茲總說那是「揣測性的」戰爭罪行，對於盟軍所做的刑事判決，聯邦法院也說那只是「揣測性的」戰爭罪行。[29]少數前納粹親衛隊或蓋世太保所屬成員必須站在德國法官面前受審的例外情況，主要提醒了觀察者注意這個已成常態的現象：成千上萬的納粹黨羽重新掌權，在警政單位、在政府部會，不久之後也會在新成立的聯邦國防軍之中。

「包括高居頂層的聯邦法院法官與檢察官在內的公務人員」，誠如弗里茲・鮑爾後來在回憶過往時所述，「都視自己為遁入幻象的靜養中心般，把自己不動如山的地位看成是德國歷史連續性的保證。根據康德所言，對於每個司法人員來說，每部現行的與其後（當這個制高點遭到改變）的憲法都該是最好的。秉持這樣的理念，德國的公務人員將被降格為可改變的工作人員，降格為沒有信念和良心的法匠，如果他們活得夠久，他們就能分別根據就職宣誓，『認真負責地』，直到一九一八年為他們的皇帝和國王服務，接著直到一九三三年繼續為一個徒有形式的共和國服務，然後直到一九四五年繼續為一個流氓政權服務，在這個政權瓦解後，再繼續為一個以維護人權為導向的、民主的、社會的法治國服務。」[30]

---

26 參閱Hans-Ulrich Ludewig, »Nazi-Verbrecher Klagges ohne Einsicht. Der ehemalige Braunschweiger Ministerpräsident erhielt – nach vorzeitiger Haftentlassung 600 DM Rente monatlich«, *Braunschweiger Zeitung*, 8. May 2012。

27 參閱Entscheidungen des Bundesgerichtshofs in Strafsachen, Bd. 12, p. 36, 40 f.。

28 同上，p. 41 f.。

29 同上，S. 40 f.。

30 Bauer, »Justiz als Symptom« (1962), reprinted in Perels/Wojak (ed.), *Die Humanität der Rechtsordnung*, p. 365–376 (367 f.)。

「這個問題立即引爆了人們激動的情緒」：一個討論著反抗的國家

在弗里茲・鮑爾於一九五二年，在布朗史威克親自出馬控告奧圖・恩斯特・雷莫爾（由於前一位是重返德國的猶太裔流亡者，另一位則是納粹餘孽的明星人物），每天早晨，在位於布朗史威克明茨街的邦法院前，總是排著長長的人龍，等待著法庭開門。[31]為了方便管理，法院印製了入場證。社會主義帝國黨表示他們有二十五名觀眾，其中包括了十六名邦議會黨團成員以及該黨的黨主席與邦主席。有位訴訟觀察者寫道：「坐在被告席上的奧圖・恩斯特・雷莫爾，時而皺起眉頭，時而露出微笑，時而用手遮住嘴巴與辯護人竊竊私語。」[32]只要一有機會，他就會從座位上站起身來，做場小小的演說；在此過程中，他總是隨興地把一隻手放在夾克的口袋裡，並且激動地揮舞著另一隻手。當時法院大樓有部分仍是廢墟，鐵鎚的敲打聲不時迴盪在走廊上，[33]每當審判長在法庭上要求休息，他總會望向觀眾席，反覆提醒在場觀眾切勿歡呼鼓譟。[34]

七月二十日密謀案告上了法庭，這是全國性的報紙對於即將進行的審判所做的報導。對於雷莫爾的控訴只是一種形式，惡意誹謗這種在司法上的「芝麻小事」（情節較輕的犯行），只不過是在布朗史威克的法庭上應該展開的、真正更大的爭議的背景。惡意誹謗（有別於侮辱）在司法上是以陳述不真實的事情為前提。因此，在法庭上還得討論，雷莫爾所說，七月二十日密謀案的那些刺客是叛國者，這種說法在客觀上究竟是否為真。這才是問題所在，而這也就是為何它會變成一場大規模的審判的原因。

雖然阿登納意欲讓肇建的聯邦共和國重新武裝自己，因此這個年輕的共和國急於尋找一些沒有歷史包袱的榜樣和傳統。七月二十日密謀案的那些將士，正好可以提供一個作為軍人良心的幌子。然而，卻也同樣存在著許多曾經誓死效忠希特勒的前國防軍士兵，他們的人數多達數百萬，施陶芬貝格的形象被描繪得越光明，在他旁邊那些沒有起而反抗的德國群眾就顯得越黑暗。聯邦議院裡的德國社會民主黨，希望透過法律來澄清「出於信念」的反抗的合法性，但基督教民主聯盟卻另有盤算；因為如此一來，就會把在國會裡為勢力龐大的軍人組織發聲的權利，讓給自由民主黨與德意志黨這些聯盟小夥伴。[35]弗里茲・鮑爾並非第一位在這樣的局勢下負責處理社會主義帝國黨黨員奧圖・恩斯特・雷莫爾的司法

31 參閱Fröhlich, »Wider die Tabuisierung des Ungehorsams«, p. 104。
32 Michael Freund, »Der Angeklagte aus Versehen«, *Die Gegenwart*, 15. March 1951, p. 166–169 (168)。
33 Guido Zöller, »Rehabilitierung der Widerstandskämpfer«, *Rhein-Neckar-Zeitung*, 14. March 1952。
34 參閱Fröhlich, »*Wider die Tabuisierung des Ungehorsams*«, p. 105。
35 參閱Frei, *1945 und wir*, p. 135 f.。

人員。[36]他也不是第一個將一九四四年七月二十日的密謀案變成司法審判主題的人。但他卻是在這類案件上弄出如此大陣仗的第一人，整個國家都在注視著訴訟的發展，都在聆聽著法庭上的攻防。鮑爾邀請了自他在布朗史威克上任起就與之建立良好關係的新聞媒體，組織了來自德國各界的援軍（像是當時的聯邦被驅逐者部的部長、聯邦憲法保衛局的局長、教會人士、軍方人士等等），在為期一週的審判過程中，專注於確實從法庭上向外擴散某些深遠的影響。[37]

在鮑爾於布朗史威克發表了被媒體傳播到全國的結案陳詞不久後，當時的柏林市市長恩斯特・羅伊特（Ernst Reuter）就在本德爾勒街區，為一座施陶芬貝格的紀念碑揭幕。截至當時為止，一直被排除在軍眷撫卹行列外的施陶芬貝格的遺孀，這時總算被從國家的譴責中解放出來，她的丈夫終於獲得平反。迪奧多・荷伊斯（Theodor Heuss）在柏林的大學生面前認可了從前德國的反抗運動，稱呼七月二十日密謀案的參與者是「英雄」，是「藉由鮮血……抹去……希特勒強迫我們德國人蒙受的恥辱」的勇士。[38]雖然，一直要等到一九六〇年代，人們才開始定期在本德爾勒街區舉辦紀念活動，刺殺希特勒的施陶芬貝格上校的肖像也才首度出現在德國的郵票上。[39]不過，一九五二年卻無疑是個轉折點。在審判開始前不久，只有38%的德國民眾贊同德國反抗運動鬥士的行為。然而，到了一九五二年，在這個始於布朗史威克的法庭、最終在歷史政策上吹皺一池春水的年份，這年年底，表示贊同的民眾卻已「高達」了58%。[40]

人們對於雷莫爾審判的反應有多強烈，從法庭上的情況我們就能清楚看出，誠如某位觀察家所指出：「人們在那裡廣泛地討論了，有別於前線由於缺少士兵死傷慘重，難道不

---

36 由於Remer曾在一場選戰造勢活動中抹黑聯邦政府說，為了怕萬一遇到戰爭，在倫敦準備了一個流亡避難區，於是，在一九五一年時，費爾登（Verden；位於下薩克森邦兩位邦檢察總長的其中另外一位的轄區裡）的檢察署將他起訴，最後法院判處了他四個月的有期徒刑。參閱Frei, *1945 und wir*, p. 135。

37 對Meyer-Velde所做的訪問。

38 聯邦總統Theodor Heuss於一九五四年七月十九日在柏林自由大學（Freie Universität Berlin）所做的演講；引述自Olivier Guez, *Heimkehr der Unerwünschten. Eine Geschichte der Juden in Deutschland nach 1945*, München 2011, p. 131。

39 參閱Peter Steinbach, »Vorwort« zu Eberhard Zeller, *Oberst Claus Graf Stauffenberg. Ein Lebensbild*, p. XVIII。

40 參閱Report No. 114, 5. December 1951, in Anna Merrit/Richard Merrit (ed.), *Public Opinion in semisovereign Germany. The HICOG Surveys, 1949–1955*, Illinois 1980, p. 147; Report No. 167, 12. January 1953, p. 198。

是七月二十日密謀案的陰謀者們為自己的國家留下好幾個師的兵力。可以察覺到，在這裡，公眾對此反應熱烈，就連法庭裡的警察也都在交換著戰時的回憶。是否屬於『陰謀破壞』，這個問題立即引爆了人們激動的情緒。」[41]這個問題在此應該本於司法的拘束力來釐清。如果邦檢察總長弗里茲・鮑爾獲勝，那麼德國的其他所有公民都會被警告，他們將不能再稱呼那些沒有罪責的反抗運動鬥士為「叛國者」。

純就司法而言，鮑爾手上的牌算不上是一副好牌。對於奧圖・恩斯特・雷莫爾所做的誹謗、指控也存在爭議。因為刺殺希特勒的刺客是叛國者，這樣的陳述可以用不同的方式來理解；可以用日常口語的方式，可以用道德的方式，絕對不是只能局限於法學的方式。這當中有意見自由的空間。在一九五〇年時，德意志黨所屬的國會議員沃爾夫岡・黑德勒（Wolfgang Hedler），也因為做出類似於雷莫爾的陳述（他稱反抗運動鬥士為「癟三」、「叛徒」），同樣被告上基爾（Kiel）的法庭。承審法官雖然指責黑德勒的行為有失分寸，最後卻認為那關係到議員的政治觀點，而對於那些觀點，如同對於反抗運動鬥士，法院都無須置喙。其結果就是：無罪，因為在民主體制裡，刑法的利劍不能用在意見對抗中。[42]迪奧多・荷伊斯在一九五二年時也曾表示，「無論它們的程序有多客觀，無論它們有多麼正直地致力於法律之發現，這種完全不是判決的歷史判斷，也完全不是法院分內之事。」[43]

就連弗里茲・鮑爾打算邀請對方以專家身份前往布朗史威克作證的一位歷史學家漢斯・羅特費爾斯（Hans Rothfels），也都這麼說。雷莫爾的陳述，刺殺希特勒的刺客決定要「叛國」，不一定會構成客觀的謊言。羅特費爾斯在寫給鮑爾的信中表示：「眾所周知，對於紀念那些反抗運動鬥士，我是高度力挺，對於他們所遭受的惡意詆毀，我也深表遺憾。身為一個法律門外漢，我對司法沒有任何評斷。然而，萬一我被辯方問及事實，而且我敢肯定辯方也一定會這麼做，我看不出我能如何反駁，就實證法的觀點（換言之，純粹根據當時的法律），七月二十日密謀案的那些參與者是叛徒，而且其中某些人……更是叛國者。」[44]

此外，雷莫爾甚至可以援引下薩克森邦的法院官方文件，藉以支持自己認為那些反抗

41 Michael Freund, »Der Angeklagte aus Versehen«, *Die Gegenwart*, 15. March 1951, p. 166–169 (168)。

42 參閱Frei, *1945 und wir*, p. 135。以及Fröhlich, »Wider die Tabuisierung des Ungehorsams«, p. 49 f.。

43 Theodor Heuss, »Zum 20. Juli 1944«, *Bulletin des Presse- und Informationsamtes der Bundesregierung*, 19. July 1952, p. 927。

44 Rothfels於一九五一年十二月十三日寫給Bauer的信；引述自Fröhlich, »Wider die Tabuisierung des Ungehorsams«, p. 48。

運動鬥士是「叛國者」的觀點；這也讓弗里茲・鮑爾所面對的局勢變得更加困難。呂納堡的一位檢察官曾經表示：「我們無法反駁」，納粹法官曼弗雷德・羅德（Manfred Roeder）對五十六名反抗運動鬥士所宣告的死刑判決是「合法的」。因為這些軍方反對派「具有很大的罪責。……德國士兵的鮮血……」「在他們的背叛行為下無辜地白流。」順道一提，這些話其實是出自埃里希・貢特・托夫，他就是那位前此不久被弗里茲・鮑爾從布朗史威克降調到呂納堡的檢察官。[45]

關於德國的反抗運動只有一個事實，也只有一種在刑法上能被接受的看法，邦檢察總長弗里茲・鮑爾的起訴就奠基於這樣的觀點，然而，在一九五二年時，布朗史威克的第三大刑庭的幾位法官，卻是無論如何都不想接受這樣的觀點。（在這樣的情況下，反對的意見，也就是認為反抗運動鬥士做了不道德的行為，接著又在德國存續了很長的時間。被國防軍法官以「戰爭叛國」的罪名處死的許多人，直到二〇一〇年才終於獲得平反，因為在那之前，聯盟黨一直在聯邦議院裡從中作梗。基督教社會聯盟（Christlich-Soziale Union in Bayern；簡稱CSU）所屬的國會議員諾伯特・蓋斯（Norbert Geis）曾在聯邦議院裡表示：「即使是在一場不正義的戰爭中，也必須適用法律規則，叛國的罪行不能被普遍地說成是有理的。」）布朗史威克的法官既不參與這場爭論，也沒有從一開始就按照弗里茲・鮑爾的要求說明某種見解有罪。法官們認為，七月二十日密謀案的參與者是否做了叛國的行為，這不單只是法條的問題，其中還涉及到了基本上應該留給每個人自己去判斷的道德評價。我們可以將他們的判決總結為：奧圖·恩斯特·雷莫爾在這件事情上有他自己的意見。他只是在表達的形式上逾越界限。這也就是為何，他是因為侮辱，而不是因為誹謗，被判處了三個月的拘役（這須以客觀的不實陳述為前提）。之後，聯邦法院也同樣非常慎重地（或者，我們也可以反過來看：欣然擁抱言論自由的說法）作出了判決。[46]

45 引述自Fröhlich, »Wider die Tabuisierung des Ungehorsams«, p. 56–61。

46 參閱一九五二年五月八日聯邦法院的判決，reprinted in *Neue Juristische Wochenschrift* 1953, p. 1183：「今日如果有人說對抗納粹的反抗運動鬥士是『叛國者』或『祖國叛徒』，他是無法在事實陳述的意義上表達此事。」以及一九五八年五月六日聯邦法院的判決，Entscheidungsband 11, p. 329：「如果有人說一位反抗運動鬥士是『叛國者』，那麼他會因為侮辱罪而非誹謗罪遭到刑罰。」一九五九年五月廿二日聯邦法院的判決，AZ：1 StE 3/58，也認為，說人是「叛國者」屬於侮辱。同一套自由觀，在數十年後，也影響了對於左派份子的言論的處理方式；像是Kurt Tucholsky曾說「士兵是兇手」，就是一個著名的事例。一九九四年聯邦憲法法院的判決指出，「如果在煽動群眾與侮辱方面的判決上只是根據對於刑事法典的理解來解釋某位張貼廣告者的陳述，卻不考量冒犯性陳述的日常語用意義」，這將傷害言論自由；一九九四年八月廿五日聯邦憲法法院的判決，AZ：1 BvR 1423/92。

不過，對於多數意見在一九五二年的逆轉，重要的並不是判決的法律適用，而是給社會大眾留下深刻印象的審判過程。因此，在鮑爾看來，這種溫和的判決並不算失敗。鮑爾主張，反抗運動鬥士的行為不只是合法的，而且更是正當的；他在布朗史威克成了自己的這種論點最大的提倡者。藉由這場審判，公眾對此的辯論逐漸動了起來，遠遠超越了在第三大刑庭裡進行的訴訟攻防。從一九五一年的夏天起，在對於這場審判的種種計劃才剛剛開始時，弗里茲・鮑爾便藉著一些公開的聲明，為這場辯論點了火。

例如他曾表示，軍隊裡的反抗運動鬥士並未打破他們自己身為軍人的誓言，這是因為效忠希特勒的誓言，無論如何都是「不道德的」。弗里茲・鮑爾後來還表示：「不是無條件地服從於上帝、法律或祖國，而是服從於某個人，這樣的宣誓不僅是在希特勒之前的德國法律史上前所未有，更是不道德的。」[47]正如根據《民法》規定，一份違反道德的合約是無效的，對於希特勒的誓言同樣也是無效。沒有人需要感到受其約束。這樣的說法能讓國內數以百萬計的「宣誓效忠者」更容易做出事後的違背，這樣的說法能為他們搭建一個下台階。然而，這樣的說法卻引發了誤解，甚至引發了一場憤怒的風暴。《新報》（*Neue Zeitung*）在一九五一年十一月時下了這樣的標題：「德國熱議誓言問題」[48]；比它早了幾天，《南德意志報》（*Süddeutsche Zeitung*）則是寫道：「如果只是根據交談的數字，我們不得不說，德國人民在上個週末幾乎只對士兵在這世上的定位感興趣。」[49]

在湧入弗里茲・鮑爾的辦公室的「信件洪流」[50]中夾雜著首批死亡威脅，這似乎變得無關緊要。在歷經多年的顛沛流離後，這些尖銳的衝突顯得就像單純、平靜的生活般平常。鮑爾在法庭上總是雄辯滔滔；某位記者曾經根據自己的觀察表示，他是位「口若懸河」「在辯方的步步進逼下總能猛烈還擊的邦檢察總長」。[51]他還會在辦公室裡閱讀所有的來信，而且會親自回覆其中的許多信件。有封來信用的是聯邦議院的官方信箋，上頭只是署名「一名國會議員」，信中寫道：「舉凡立誓的人絕對不能違背自己的誓言，否則他就是發假誓的人，就是叛徒、就是民族罪人。……如果我在請上帝為我作證下，對國家憲法或最高元首發誓，那麼我無論如何都得遵守我自己的誓言，否則我就是個謀逆犯、就是

47 Bauer, »Eine Grenze hat Tyrannenmacht. Plädoyer im Remer-Prozess« (1952), reprinted in Perels/Wojak (ed.), *Die Humanität der Rechtsordnung*, p. 169–179 (176)。

48 引述自Fröhlich, »Wider die Tabuisierung des Ungehorsams«, p. 78。

49 同上。

50 鮑爾於一九五一年三月廿一日寫給Margarethe von Hase的信，Niedersächsisches Staatsarchiv, 61 Nds. Fb. 1, Nr. 24/4。

51 Michael Freund, »Der Angeklagte aus Versehen«, *Die Gegenwart*, 15. March 1951, p. 166–169 (168)。

個叛國者。」[52]

某位兒子在國防軍的行伍中陣亡的父親，在一封來信裡忿忿不平地表示，弗里茲・鮑爾之舉會讓士兵們蒙羞。鮑爾在回信中寫道：「為了讓在戰爭中痛失愛子的你瞭解，希特勒與他的士兵誓言帶給了年輕人怎樣的衝突，請容我引用某個單純的農夫寫給他父母的一封信。……他在信上標示的日期是一九四四年三月三日。『親愛的父母！我必須告訴你們一個不幸的消息，我被判處了死刑，我和古斯塔夫・G。我們沒有簽字同意加入納粹親衛隊，於是他們判處我們死刑……我們兩個都寧願死，也不願讓那些暴行玷污我們的良心。我很清楚，加入親衛隊得要幹些什麼事。親愛的父母，這對我和你們來說，都是極其困難的決定，……請原諒我，也請為我祈禱。如果我是在戰爭裡陣亡，或是昧著自己的良心去為非作歹，那同樣也會令你們傷心……』」[53]

弗里茲・鮑爾在回信中還是附上了誠摯的問候。

另有一個人在來信中寫道：「邦檢察總長先生，我不曉得雷莫爾先生會受到怎樣的判決。我想請求，不要作出任何判決，因為雷莫爾先生身為一個軍人在一九四四年七月二十日對人民及領袖履行了他的義務。所有過去的士兵或許都無法理解一個這樣的判決。」[54]

鮑爾當然也不打算這樣做。他並沒有要針對奧圖・恩斯特・雷莫爾在一九四四年七月二十日的服從起訴，他只是要保護刺殺希特勒的刺客，他們不服從的行為可免於遭到污巇。為了說服德國人抵制納粹政權，在道德上是正確的，鮑爾這時藉由標舉一個可被接受的人物來籠絡公眾，這個人物就是：施陶芬貝格上校；他是純正的德國人，貴族出身，多年來一直效忠於希特勒。

「我的同學施陶芬貝格」：留名青史的一場陳述

在「諸位法官！」的問候聲中，開始了這場陳述。[55]那是一場讓《時代週報》（*Die Zeit*）的記者看得目瞪口呆的演說，在整個過程中，弗里茲・鮑爾彷彿完全忘了被告雷莫

---

52 某位未署名的人士於一九五二年二月六日寫給Bauer的信；引述自Fröhlich, »Wider die Tabuisierung des Ungehorsams«, p. 79。

53 鮑爾於一九五二年三月十九日寫給Walther V.的信，Niedersächsisches Staatsarchiv, 61 Nds. Fb. 1, Nr. 24/3；引述自，同上，p. 80。

54 Paul A.於一九五二年三月十五日寫給Bauer的信；引述自，同上，p. 80。

55 這場陳述後來被以《暴政有個界限——雷莫爾審判中的陳詞》（*Eine Grenze hat Tyrannenmacht. Plädoyer im Remer-Prozess*）(1952)為標題轉載，in Perels/Wojak (ed.), *Die Humanität der Rechtsordnung*, p. 169–179。以下的引文是摘自這篇陳述最重要的一些段落，不過並不完整。

爾也在法庭上。[56]那是一場非常基本的、在修辭上經過仔細斟酌的、小心翼翼地針對特定目標族群所做的演講；也就是針對那些在法庭外、在收音機或書報攤旁的德國人。鮑爾在演說中用了許多的「我們」，「祖國」一詞也用了五次。

「檢察署無意因為當時的雷莫爾少校在一九四四年七月二十日拒絕參與反抗行動，而讓他受審。有待判決的是，作為社會主義帝國黨的領導人物雷莫爾，稱呼七月二十日密謀案的反抗運動鬥士為叛國者時，誹謗與辱罵了他們。」

「在一九四四年七月二十日，那時許多人或許都還不清楚的一些事情，如今我們都能看清；當時或許算是可被視為理所當然或可以理解的錯誤之事，如今對於我們的民主體制而言則是不聽勸告的藐視、邪惡的意圖與蓄意的破壞。」

「這場審判的目的不在於製造不和，而在於搭建橋梁與促成和解，不是透過某種偷懶的妥協，而是透過在一個民主、獨立的法庭上闡明這個問題：七月二十日密謀案的參與者真是謀逆犯、叛國者嗎？德意志聯邦共和國與下薩克森邦都相信，布朗史威克的這個刑事法庭能夠獨立、公平地論斷這個問題。」

「參與七月二十日密謀案的那些反抗運動鬥士是不是謀逆犯、叛國者，這個問題曾經被論斷過。在刑事訴訟的形式遭到濫用下，弗萊斯勒（Roland Freisler）在柏林所主持的人民法庭，針對這個問題給了肯定的答案，直到，請允許我使用這個詞彙，『天意』

（Vorsehung）在弗萊斯勒擔任納粹劊子手期間，也賜他一死。」鮑爾影射，在美軍所做的一場轟炸中，希特勒的最高劊子手羅蘭・弗萊斯勒，在被法院大樓裡意外掉落的橫樑擊中下喪生。

「今日我們在此所要做的就是『重啟』那場訴訟。檢察署與這個民主法治國家的法官的任務就是，根據如今我們所知道的事實，根據過去和現在的、永遠有效的法律，毫無保留、不受限制地，為參與七月二十日密謀案的那些英雄們平反。」

「對於被告違反《刑法》第一八六條與第一八九條所涉犯的誹謗，與貶抑對於死者的懷念等罪行，檢察署請求判處其刑。」

鮑爾的第一個論點是：不服從藐視人道的法律，是基督教信仰的內涵。鮑爾在擠滿了人的法庭上表示：「我可以讓事情簡單化，快速地指出三位神學專家的意見。他們一致表示，根據新教與天主教的道德神學的觀點，人們不能夠指責七月二十日密謀案的參與者是叛國者，因為他們不是要背叛自己的國家，而是要挽救自己的國家。」不過，事情倒沒有

56 參閱Jan Molitor（後來《時代週報》〔*Die Zeit*〕主筆Josef Müller-Marein的化名），»Die Schatten der Toten vom 20. Juli. Ehrenrettung der Widerstandskämpfer – Der Remer-Prozeß in Braunschweig«, *Die Zeit*, 13. March 1952。

鮑爾所說的那麼簡單；事實上，他可是費了很大一番功夫，才勉強請到三位神學家出庭作證，他們分別是：屬於認信教會（Confessing Church）的兩位教授，漢斯・約阿辛・伊萬德（Hans Joachim Iwand）與恩斯特・沃爾夫（Ernst Wolf），以及來自弗萊堡天主教神學院的魯伯特・安格麥爾（Rupert Angermair）教授。他們三位在他們所屬的教會裡其實算是少數。在一九四六年時，漢諾威地區的基督教教會的領導人還曾回顧性地證明，人們從未反對過納粹黨人。根據「兩個王國學說」（Zwei-Reiche-Lehre），納粹政府是受教會尊重的當權者。儘管他們不是基督徒，事實上，他們甚至還是反基督教的，不過，「我們在外部的事務上卻也表現出了對於他們應有的服從。……我們……相信自己的做法符合《聖經》及馬丁・路德（Martin Luther）的學說。」[57]弗里茲・鮑爾故意忽略這一點。即使必須使用放大鏡才找得到能夠前來作證的神學家，也不能夠傳遞這樣的信息，而要傳遞與此相反的信息。

鮑爾的第二個論點是：不服從才是愛國。在一九四四年時，叛國罪在法律上的構成要件，是以行為者意圖「危害國家的福祉」或「給國家帶來嚴重的不利」為前提。鮑爾在法庭上說道：「庭上，你們已經聽了許多證人所做的證言。我認為，在這個法庭上，沒有人敢說，哪位反抗運動鬥士不是本於神聖的意圖為自己的德意志祖國服務。施陶芬貝格上校臨死前還曾高喊：『神聖的德國萬歲！』在七月二十日那時，戰爭的敗局已定。在七月二十日那時，德國人民全都遭到背叛，遭到他們政府的背叛，而完全遭到背叛的德國人民，也不再會是叛國的對象。正如人們無法再用匕首刺死一個已經死掉的人。這甚至就連『不能未遂』（untauglicher Versuch）也談不上。戰爭早在很久之前就已敗北，那些反抗運動鬥士十分清楚這一點。」為此，鮑爾請了哥廷根的教授波西・施拉姆（Percy Schramm）出庭作證；在一九四三至一九四五年期間，施拉姆曾在國防軍最高指揮部負責撰寫戰爭日誌。

「每個阻止戰爭的意圖」，鮑爾對在書報攤或收音機旁的德國民眾表示，「每個縮短戰爭的意圖，都代表著挽救德國人的性命、挽救德國人的住宅、挽救德國的國際聲譽。」在這當中，那些反抗運動鬥士完全無須違反現行法令。這不單只是因為一九三三年的《授權法》（*Ermächtigungsgesetz*）違憲，因為通過這項法律所需的在國會中的三分之二多數，是在政府以違憲的方式宣佈共產黨所取得的席次無效後才達成。「納粹政府就其內容而言是個非法治的政府。這點對於我們這個法治國家的司法人員來說並非什麼新鮮事。自一九四五年以來，所有的法庭，包括這個廳裡的刑事陪審法庭、科隆的最高法院以及聯邦法院，

57 引述自Fröhlich, »Wider die Tabuisierung des Ungehorsams«, p. 89。

無不表示，第三帝國是個暴力且專橫的體制。」

「遺憾的是，天啊，我不得不這麼說，希特勒不單只是藉由篡奪獲取大位的最高軍閥（換言之，非法奪取權力），而且還是最高戰犯，是根據我們的刑法法典的最大犯罪者。我所指的是收錄於聯邦法院民事裁判第三卷第一〇七頁的判決，那是我們的最高法院在這個問題上最新的一項裁決。那個判決指出：『當法律與普遍獲得認可的國際法規則或自然法規則發生抵觸，或是法律與實證的正義法則嚴重抵觸到令人無法忍受的程度，致使法律偏離成不正確的正義法則，法律就會遇到它的極限。如果完全否定實定法法規裡的平等原則，那麼法律就會缺乏正當本質，根本不能算是法律。』聯邦法院的這些字句適用於第三帝國的整個立法。因此，我提出這樣的主張：對於像是第三帝國這樣一個不正當的國家，根本無法有叛國可言。」

「根據《刑法》第五十三條，對於一個每天犯下成千上萬樁謀殺的不正當的國家，人人都有正當防衛的權利。人人都有權利幫助生命遭受威脅的猶太人或知識份子緊急避難。因為《刑法》第五十三條涵蓋了所有的反抗行為。」

這場陳述的高潮則是鮑爾所提出的第三個論點：不服從暴君是德意志文化的本質。這是一個指向德意志民族的論點；德意志民族的怒號，恰恰又再次在下薩克森邦鼓譟了起來。「在這個法庭上，辯方曾經說過，我們在這裡講的是德國的法律。是的，我們在這裡講的是德國的法律。因此，我認為我有責任指出，什麼是傳統的德意志的、日耳曼的法律。在《薩克森明鏡》（*Sachsenspiegel*）這部古代的法典中，有段令人引以為傲的話是這麼說的：『若是一個人見到國王行不義之事，即使他是這個人的親戚或領主，這個人也必須抵抗國王，甚至藉由各種方式幫助他人抵抗他。在這樣的情況下，他並不違反自己的忠誠義務。』」

「若是說到七月二十日的密謀案，那麼，是時候讓我們去回想一下日耳曼民族的抵抗權、去回想一下傳統的德意志的民主了！舉例來說，斯諾里・斯特魯森（Snorri Sturluson）就曾告訴過我們以下這個令人動容的故事：『當國王違反他的人民意願，不想與挪威人議和時，廷達蘭（Tiundaland）的一位資深的法律解釋者表示：這位國王不允許任何人向他建言，除了取悅他的話，他什麼也聽不進去。因此，我們農民乞求，你，奧拉夫國王，能夠實現和平。但如果你不願滿足我們的渴望，我們將殺死你，我們將不再容忍戰亂與違法；因為我們的祖先也曾經這麼做。他們將五位國王扔進了穆拉辛（Mulathing）的一口井中，因為他們就像你對待我們這般地高傲。』這是日耳曼民族過去充滿了豪氣的言語。在德意志的國家法裡，臣子的誓言是針對忠誠而發，可是服從甚或無條件地服從對於德國人來說卻是個陌生的概念。日耳曼人認為，服從適用於奴隸，自由人只有忠誠的義務，而忠誠則是以互惠為前提。」

「德意志法律的思路與我們的神學家針對神學方面的情況所做的陳述相互吻合。抵抗權經由《大憲章》（*Magna Charta*）繼續發展到了貴族國家。在《大憲章》裡，人民的抵抗權集中在英格蘭的二十五名男爵手上。他們是貴族國家、君主立憲制與議會民主制的前身。人民與個人的抵抗權沉寂了下來，因為人民的權利受到貴族與議會的良好保護。只要人權受到維護，只要有表示異議的可能，只要議會能夠立法，只要獨立的法院能夠正常運作，只要權力分立，在一個法治國裡，就不會有抵抗權。然而，一旦這些條件之一不復存在時，抵抗權就會再次甦醒成為鮮活的現實。」

「德國的君主立憲制與民主制讓抵抗權歸於沉寂。讓德國人民重新意識到抵抗權的，正是阿道夫・希特勒的《我的奮鬥》（*Mein Kampf*）；這無異是種命運的諷刺。證人克萊夫費爾（Kleffel）非常生動地描述了格德勒（Carl Friedrich Goerdeler）（在被問及關於反抗運動的權利時）是如何走向他的書架，繼而從《我的奮鬥》一書裡引述了這段話：『不可能會有作為自身目的的國家權威，因為在這樣的情況下，這個世界上的任何暴政都將是無可挑剔且神聖的。』」

「不過，我並無意賦予希特勒最終發言權。席勒曾在《威廉・泰爾》（*Wilhelm Tell*）這部劇作中為人民與人類的抵抗權做出最美的註解：

『不，暴政有個界限。

如果被壓迫者無法在任何地方找到正義，
如果負擔變得無法承受，
他們將憑藉充滿信心的勇氣將手伸向天上，
取下他們的永恆權利，
如同天上的繁星，
那些權利不可剝奪且牢不可破地懸在那裡。
古老的自然狀態回歸，
人與人相對而立；
如果其他任何方法都不起作用，
作為最後的手段，就把劍交給他們。
我們可以捍衛至高的財富，
對抗強權。』」

弗里茲．鮑爾總結道：「庭上，當我在多年後再次在諸位面前提起在呂特里草原（Rütli）所上演的故事，這不禁讓我的思緒回到從前位於斯圖加特的那所充滿人文主義氣息的高中。」在那裡，年少時的弗里茲．鮑爾曾參與過《威廉．泰爾》學生舞台劇的演出；順道一提，小了他四歲、即之後的施陶芬貝格上校也參與了演出，誠如鮑爾所言，

「他可以算是我的同學」。[58]正是本著席勒這種令人引以為傲的精神，鮑爾始終都把自己看成是與他的同學施陶芬貝格緊緊相繫——「銘記我們古老且優良的德意志法律。」

鮑爾以一種主動地自我美化來為他的陳述作結，就彷彿「我們學生」，即過去在斯圖加特那個年輕時的鮑爾也包含在內的、平等的共同體，就彷彿貴族出身的同學施陶芬貝格，後來從未為獨裁者喝過彩。最重要的是，這與美國人在一九四五年時警告過鮑爾，以猶太人的身份公開露面，正好完全相反。

鮑爾最終根本沒有對於奧圖・恩斯特・雷莫爾求處特定刑罰，對於他真正關心的事情來說，這個角色根本只是旁枝末節；很難想像，法院以侮辱為由判處雷莫爾三個月的拘役，這對他會有多大的意義。無論如何，為了逃避懲罰，雷莫爾後來逃到了國外。真正重要的是別的事情，鮑爾在布朗史威克的邦法院的小舞台上引發的激烈辯論，並非完全沒在這個國家產生影響。

---

58 所有當前可見的傳記都證實，Stauffenberg曾經參與學生舞台劇的演出。諸如Wolfgang Venohr, *Stauffenberg. Symbol des Widerstands. Eine politische Biographie*, 3. edition München 2000, p. 29 f.，以及Eberhard Zeller, *Oberst Claus Graf Stauffenberg*, p. 6，都明白地指出，他在《威廉・泰爾》（*Wilhelm Tell*）一劇中扮演了Stauffacher這個角色。

7

「我們當中的兇手」：一位檢察官的心路歷程

為何要懲罰？

在法學思想界裡，他是一位反威權主義者，力主以矯正與重返社會來取代懲罰與報應。在一個犯罪者不再有犯罪之虞的地方，他就不需要再受到任何懲罰，弗里茲・鮑爾在戰後的法律政策辯論中，是如此主張。在魏瑪共和時代，這樣的想法曾被斥為「軟弱」。鮑爾曾在一九五七年發表的論戰文章《犯罪與社會》（*Das Verbrechen und die Gesellschaft*）中反駁道：「沒有任何理性的人會因為人們失足而處之以刑罰，而是為了要讓他們別再失足。」[1]在一九五〇與一九六〇年代時，德國沒有第二位司法人員像他一樣那麼激進地主張這樣的思想；這也成了這個肇建的法治國的一個定位器。

他無懼於發出振聾發聵的聲音，因為誠如鮑爾曾語帶嘲諷地指出一九四五年之後，德國的司法機關雖然致力於預防，但同時卻又不想放棄報復。在鮑爾看來，聯邦共和國的刑法典的所謂雙線概念，法官應該處罰犯罪者，確保有犯罪之虞者不要犯罪，宛如一座「獅身人面像，一半是獅子，一半是人。」[2]在德國社會民主黨內部，鮑爾曾在戰後時期負責領導刑法改革的工作小組，他在工作小組中呼籲，採取根本性的改變，徹底擺脫過去的任何報復觀。在監獄裡，人們應該做的就只是改正囚犯。即使在決定罪犯是否該被囚禁多長的時間時，法官也應該只根據預防的觀點做出判決，無論那代表著非常短暫的囚禁，因為罪犯沒有再犯的危險，抑或是代表著非常漫長的囚禁，因為罪犯具有很大的再犯危險。刑事法官所能做的，除了期待以外，再也沒有別的。

然而，回顧過往卻是鮑爾在司法實務生涯裡的重要主題。

這要如何兜起來呢？如果不是報復、贖罪，或是更為現代的同義詞——「罪責平衡」（Schuldausgleich），那麼審判納粹，例如法蘭克福奧斯威辛集中營審判，又有什麼更深層的理由呢？前納粹黨羽這時已無犯罪的危險。順從者的行為在新、舊體制中是同樣地不起眼。他們在自己的人生中或許有許多缺失，但卻從來不缺遵守規範。人們也完全不必擔心在一九四五年以後他們重新融入德國社會（「再社會化」）的問題。

聯邦共和國完全曉得，有許多兇手迅速地回歸諸如藥劑師或郵差的生活，而且從此以後不再為非作歹。雖然也有一些異議者反對「這些人能與法律和諧共處」這樣的評估，像是政治學家約阿辛・佩雷爾斯（Joachim Perels）就曾表示：「事實上，納粹罪犯已在聯邦共和國裡成為奉公守法的公民，這樣的論點……已被他們自己（幾乎無一例外地）在奧斯威辛集中營審判中的言行所駁斥。絕大多數被證明犯下最嚴重的大規模罪行與虐待行為的被告，在他們的結論中都表示自己無罪。」[3]前納粹黨羽在一九四五年之後往往都沒有表現出任何的罪惡感，也是一個十分重要的論據。可是，在某個法治國的法庭上，他們當然有權在自己被判有罪之前，認為自己是無罪。人們不能單單只是因為他們利用了這樣的權利，就懷疑他們現在和將來都不守法。如果人們將再社會化，理解成重新融入一種恪遵法

1 Fritz Bauer, *Das Verbrechen und die Gesellschaft*, München/Basel 1957, p. 135。
2 同上，p. 251 f.。
3 Joachim Perels, »Zur rechtlichen Bedeutung des Auschwitz-Prozesses. Eine kritische Intervention«, in Matthias Mahlmann (ed.), *Gesellschaft und Gerechtigkeit. Festschrift für Hubert Rottleuthner*, Baden-Baden 2011, p. 492–498 (494)。

律的生活（而且一個法治國也別無所求），那麼在一九六〇年代的德國，人們或許就得老實地承認：再無必要。在這樣的情況下，弗里茲・鮑爾竭盡所能地要讓這些人面對自己的犯罪過往，甚至要把他們從平淡的小老百姓生活中揪出來，毀滅他們安逸的生活，這難道不會與他自己所主張的「只能期待」的現代刑法哲學相互矛盾嗎？

許多人，而且多半還不只是保守派的法學家，都指責他這一點。[4]特別是因為鮑爾非常執著。不，就連在集中營的爪牙方面，報復的觀點也不應扮演任何角色，他在一九六三年八月時向一位記者解釋道，而且「大多數多年來一直在處理這些可怕的事情的檢察官，肯定不受這種觀點所影響，因為他們當然也知道，復仇與報應也無法再讓數以百萬計的死難者重生，他們當然也知道，以這種方式不能讓人停止流淚。」[5]無論如何，在這方面沒有人認真期待什麼報復，畢竟，什麼樣的俗世懲罰可以「抵銷」發生於奧斯威辛集中營的種族滅絕；在一九六二年時引發熱議的、充滿挑釁的口號，「多一位受害者就多關十分鐘」[6]，又代表著什麼呢？鮑爾曾問道，「是否再多把四十個人關進監獄」[7]會有何不同？

許多人對於鮑爾不從他自己所說的話得出任何結論感到惱火。就連仰慕鮑爾的一位年輕幫手，大學助教赫伯特・耶格（Herbert Jäger）也都認為，鮑爾所主張的激進觀點，刑罰只是基於預防的目的才算正當，偏偏就在那些在他的司法實務工作中最為他所重視的案

件裡破功。[8]迪奧多・阿多諾也認為這是一個無法自圓其說的哲學矛盾。在自己的文章裡

4 參閱例如刑法學教授Paul Bockelmann, »Straflosigkeit für nicht mehr gefährliche Schwerverbrecher?«, *Frankfurter Allgemeine Zeitung*, 23. January 1964，以及之後Bockelmann與鮑爾在報紙的讀者投書欄上為期長達數週且招致更多人加入的筆戰，Archiv Fritz-Bauer-Institut。在這場與學者的論戰中，鮑爾明顯採取守勢，而且陳述想法的態度也沒有像在接受媒體訪問時那麼激進。關於鮑爾受到指責的矛盾，不妨參閱近年來的相關評論，例如法哲學家Gerd Roellecke, »Aber wehe, wenn ihr euch diesmal nicht bessert! Volksaufklärung durch Strafrechtstheater: Vor hundert Jahren wurde Fritz Bauer geboren«, *Frankfurter Allgemeine Zeitung*, 16. July 2003；文中說道：「然而，鮑爾的論點，國家的刑罰有益於法益的保護與行為人的重新融入社會，卻正是在那些他最熱切投入的案例上失靈。」

5 鮑爾的電台訪問：»Zu den Naziverbrecher-Prozessen. Das politische Gespräch«。北德廣播公司（Norddeutscher Rundfunk；簡稱ＮＤＲ）於一九六三年八月廿五日播出的節目，reprinted in Joachim Perels/Irmtrud Wojak (ed.), *Die Humanität der Rechtsordnung*, p. 101–117 (116)。

6 Dieter Strothmann, »Ein Toter gleich 10 Minuten Gefängnis«, *Die Zeit*, 25. May 1962。

7 鮑爾於一九六四年十二月廿二日接受《法蘭克福新報》（*Frankfurter Neue Presse*）的訪問。

8 參閱Jäger於一九六二年八月九日寫給Just-Dahlmann的信；引述自Annette Weinke, *Eine Gesellschaft ermittelt gegen sich selbst*, p. 63。

基本上是對鮑爾表示讚揚的阿多諾曾表示，「反映了理論的司法」不能「迴避」這種矛盾。[9]

在這當中，鮑爾心心念念的全是預防；只不過，不是傳統意義上的預防。鮑爾所想的並不是，讓每個集中營的爪牙全都看看自己所犯下的罪行的代價，藉以讓他們別再犯下這樣的罪行。他的想法其實是，如果把納粹的闇黑歷史拖到法庭的聚光燈下，或許就能期待，在最好的情況下，這樣一場審判會是給未來、給公眾的一堂課。弗里茲・鮑爾充滿熱情地強調這樣的刑事訴訟目的，[10]他時而嚴厲，這些審判「能夠且必須促使德國人民張開眼睛，去看看所發生的那些事情，進而好好地去反思，自己該有怎樣的行為。」[11]時而柔和，以司法的角度去檢視種族滅絕的深淵，將會是極具價值的「歷史的、法律的與道德的課程。」[12]

鮑爾認為，這堂課很有必要。「你們可以草擬法案，你們可以撰寫法條，你們可以制訂最棒的基本法」，他曾在一九六四年時對一群學生表示，「你們所需要的是能夠活出這一切的對的人。」[13]鮑爾把實行國家社會主義的德國人分成三群：第一群是本於義務與服從的人，第二群是為求安逸的同路人，第三群則是對於國家社會主義深信不疑、樂意接受某種「違反人道」的世界觀的人；鮑爾表示，「他們或許是最大的一群，在今日的相關討論中人們總喜歡忘記這一點。」「問題是，這些人與我們有什麼關係呢？這個問題不單只是「法蘭克福奧斯威辛集中營審判」的二十二位被告的問題，「它其實也是五千萬德國人的問題，或者更確切地來說，是七千萬德國人的問題（如果把東德的德國人也算進去的話）。」至於始終只是關乎個案的具體刑事訴訟程序，其實只是上這堂課的一個機會。鮑爾表示，如果聽眾從中學得夠多，那根本就不必經常重複這樣的課程。在這樣的情況下，只需少數這類的審判也就夠了；正如以色列人全神貫注於一場起訴阿道夫・艾希曼的審判，接著就不再進行其他的獵捕行動。鮑爾表示：「如果我們能夠好好地從至今我們所擁

9 Theodor W. Adorno, *Negative Dialektik. Jargon der Eigentlichkeit. Dritter Teil: Modelle. Gesammelte Schriften*, Bd. 6, edited by Rolf Tiedemann, Frankfurt am Main 1986, p. 282。

10 參閱Bauer, *Die Kriegsverbrecher vor Gericht*, Zürich/New York 1945, p. 21。

11 同上，p. 211。

12 Bauer, »Im Namen des Volkes. Die strafrechtliche Bewältigung der Vergangenheit« (1965), reprinted in Perels/Wojak (ed.), *Die Humanität der Rechtsordnung*, p. 77–90 (78)。完整內容見於Werner Renz, »Fritz Bauer zum Zweck der NS-Prozesse. Eine Rekonstruktion«, *Einsicht 07. Bulletin des Fritz-Bauer-Instituts*, spring 2012, p. 40–46。

13 鮑爾的電視訪問：»Heute abend Kellerklub. Die Jugend im Gespräch mit Fritz Bauer«。黑森電視台（HR）於一九六四年十二月八日播出的節目。

有的少數幾個審判中吸取教訓，那麼我們根本就不必延長追訴時效。」

他就以這樣的方式化解了許多人指責他的矛盾。另一方面，他同樣也以這樣的方式展現出反威權者也完全有其強硬的一面。弗里茲・鮑爾坦言，基本上，奧斯威辛集中營審判的二十二名被告，「其實只是被挑選出的替罪羔羊」[14]。鮑爾承認，為了給在觀眾廳裡的民眾上一堂課，人們其實也只需要他們當中少數幾個坐在被告席上，他們只是扮演著「促成目的的一個工具的角色」[15]。

「我知道我想歸屬何方」：人道刑法之夢

所有的刑罰都根本性地朝著「預防」的目的調整，這可說是鮑爾對於正義的熱情在二十世紀的左派刑事律師中所激起的革命性思想。早在過去的威瑪時期，人們對於法律制度就曾有過前所未有的激辯；無論是在國會裡、抑或是在校園中。在過去的幾十年裡，德國經歷了一場人口的爆炸性成長，原本的一些小城鎮變成了人口上百萬的大城，工業工人這個新興的階層湧入了這些大城。他們的苦難越是加劇，犯罪、威脅程度就越嚴重；其結果就是國家增建了許多新的監獄、牢房與勞役場。柏林的刑法學教授法蘭茲・馮・李斯特（Franz von Liszt，與他同名的堂兄則是那位著名的鋼琴家）曾輕蔑地說它們是「惡行的溫床」與「犯罪的大專」。李斯特在世紀之交提出了一個引人注目的主張。他表示：「促進犯罪的刑罰」是秉持「應報正義」的德國傳統刑事司法「最終的也是最成熟的果實」。[16]

李斯特過去曾是鮑爾所屬的學生組織的領導人。在給後輩弟兄致上的問候中（「我們的口號一定是，夙夜匪懈地向前」[17]），他總是喜歡以名譽會員的名義落款，「自由科學社名譽會員」。德國社會民主黨的政治人物古斯塔夫・拉德布魯赫曾是李斯特的學生，他與鮑爾的博士指導教授蓋勒交情匪淺。[18]在鮑爾開始他的法律學業時，拉德布魯赫剛為德國社會民主黨佔得帝國司法部長一職。當時人們幾乎天天都能在報上讀到，他是如何努力

---

14 同上。另可參閱鮑爾寫給 Melitta Wiedemann的信；在鮑爾逝世時，信件曾被轉載於 *Gewerkschaftliche Monatshefte*, 19. Jahrgang, August 1968, p. 490–492。

15 Bauer, *Die Kriegsverbrecher vor Gericht*, p. 205。

16 Franz von Liszt, *Zeitschrift für die gesamte Strafrechtswissenschaft* Bd. 9 (1889), p. 743, 749。

17 Franz von Liszt, »Organisation und Organisationsformen im studentischen Leben« (1908), reprinted in Manfred Voigts (ed.), *Freie Wissenschaftliche Vereinigung*, p. 29–30 (30)。

18 參閱Stefanie Weis, *Leben und Werk des Juristen Karl Hermann Friederich Julius Geiler (1878–1953)*, p. 133。

地將李斯特激進的想法轉化成實際的政策、作為。當時還是學生的鮑爾，同樣也熱情地注意著事情的發展。

那時鮑爾興致勃勃地閱讀了拉德布魯赫的許多著作。他曾回憶道：「《民法大全》（*Corpus Juris*）太厚了，難以被攜入海德堡的春日美景中。」然而，拉德布魯赫在一九一〇年時發表的、文筆精湛的《法學緒論》（*Einführung in die Rechtswissenschaft*），「我卻可以帶著四處走讀，在城堡周圍的森林裡為之神往。」[19]鮑爾曾在書本上給拉德布魯赫最強的一些論點劃上了厚厚的標記。（對於鮑爾一生對待書本的方式，他的朋友曼弗雷德・阿門德〔Manfred Amend〕後來曾經形容，那是「藏書人所難以承受的」[20]。）鮑爾曾回憶道：「我知道我想歸屬何方。」[21]

拉德布魯赫與李斯特反抗德國法學的強大傳統。哲學家康德、黑格爾以及他們的許多保守派法學家支持者，全都認為在犯罪的處理上，所關乎的無非就只是：償還罪責，以一種莊嚴、具有象徵性的、對於意義、目的或社會後果等方面的問題，盡可能保持純粹的行為。康德和黑格爾稱這種刑罰行為是法律的象徵性「復原」；清晰、合理、嚴格。他們認為犯罪行為否定了法律，刑罰則象徵性地抵銷了這一點。對此，黑格爾提出了一條著名的公式，犯罪行為是對法律的「否定」，刑罰則是「否定的否定」。國家的監獄或許會可怕地人滿為患，刑事體系或許得要管理越來越多新的犯罪人口，儘管如此，法官也不應遷就於刑事政策的實務考量，遷就於輿論，或是遷就於個人或社會所面臨的種種困境，雖然那些困境可能迫使一個人做出某種犯行，而且，如果他的處境不變，它們還會繼續驅使他再度做出某種犯行。處以刑罰是否能讓未來的犯行變少？還是說，如果處以刑罰會讓這些犯罪者陷入更深的苦難中，是否反倒會讓犯行變得更多？康德與黑格爾都認為，這在莊嚴的償還罪責的行為中無關緊要；因為此一行為最終會有益於一個更高的、「形而上的」事物，也有益於法律本身。[22]

---

19 Bauer, »Im Kampf um des Menschen Rechte« (1955), reprinted in Perels/Wojak (ed.), *Die Humanität der Rechtsordnung*, p. 37–49 (41)。

20 對Amend所做的訪問。

21 Bauer, »Im Kampf um des Menschen Rechte« (1955), reprinted in Perels/Wojak (ed.), *Die Humanität der Rechtsordnung*, p. 37–49 (41)。

22 康德曾藉著一個例子來強調，自己就是以與此論點同樣嚴肅的態度來表達此論點：「即使市民社會的所有成員，都一致同意解散這個社會（例如，居住在某個島嶼上的居民們全都決定遷移並分散到世界各地），在此之前也必須先處決獄中最後一名罪犯，如此一來，每個人才能受到自己的行為應得的報應……」Immanuel Kant, *Die Metaphysik der Sitten*. Werkausgabe von Wilhelm Weischedel Bd. VIII, 1. edition, Frankfurt am Main 1977, p. 455（Rechtslehre A 199/B 229）。也就是說，早在一九二一年十一月，也就是在弗里茲·鮑爾進入大學就讀的第一年時，他就曾因有些同學極力迴護康德，而在兄弟會的成員面前猛烈批判這位哲學家。[23]學生鮑爾對於保守的德國刑事司法制度感到惱火，它遵循著「康德的躍入形上學」，「對於自己在缺乏現實主義下被稱為『理想主義』感到自豪」。[24]後來他還憶起英國散文家吉爾伯特·基思·卻斯特頓（Gilbert Keith Chesterton）的一個諷刺故事，故事中有位法官說道：「在確信你在海上漂流三週，確實是在迫不得已而為之下，我判處你三年的徒刑。」[25]

相反地，李斯特與拉德布魯赫認為，如果要讓國家介入人民之間的犯罪行為具有意義，那無非就是在於要防止將來發生此類行為。以預防取代報復，這是激發弗里茲·鮑爾對於刑法的熱情的思想。[26]鮑爾曾寫道：「法蘭茲·馮·李斯特指出，社會政策就是最好的犯罪政策，而拉德布魯赫則批評性地指出，對犯罪者加以補行社會政策錯失對他們所行之事，這是刑法問題重重的任務。不妨想想，如果把訴訟的成本花在行為發生之前，或許就足以防止犯罪行為發生。」[27]

身為帝國司法部長，拉德布魯赫想要敦促法院，關注行為背後的人，藉以透過這樣的方式「改正」或「確保」他們，這並不一定意味著較不嚴厲，但肯定會為社會帶來更多好處。犯罪者是否只是一個誤入歧途的人？或者，他是個只要有犯罪之虞就應該把他關起來的性犯罪者？李斯特表示，單純根據犯罪統計，「可以看出……犯罪傾向會隨著每個新的判決而增長。我還可以再補充其他的論點……刑罰的類型與程度越嚴厲，就越快再犯。我也可以這麼說，如果一個青少年或成年人犯了罪，而我們對他網開一面，他再犯的可能性會小於我們對他處以刑罰。如果所言非虛（而且所述數字的有效性也未減損），那麼今日我們的整個刑事司法將會以驚人的方式崩潰、破產。」[28]從今日的角度來看，李斯特對於

即使顯然無法以有益於公眾為由，證明對某個個人施以懲罰是正當的，康德還是認為，單單只是為了法律，此舉還是有其意義。

23 參閱 *Monatsberichte des Bundes Freier Wissenschaftlicher Vereinigungen*, December 1921/ January 1922, p. 7。

24 Bauer, *Das Verbrechen und die Gesellschaft*, p. 21。

25 同上，p. 147。

26 關於所謂的學派之爭的一個清楚的概觀，參閱Arnd Koch, »Binding vs. v. Liszt. Klassische und moderne Strafrechtsschule«, in Eric Hilgendorf/Jürgen Weitzel (ed.), *Der Strafgedanke in seiner historischen Entwicklung*, Berlin 2007, p. 127–145。另有一個篇幅較短的概述，參閱Hinrich Rüping/Günter Jerouschek, *Grundrisse der Strafrechtsgeschichte*, 5. edition München 2007, p. 109–112。

27 Bauer, Das Verbrechen und die Gesellschaft, S. 134.

28 引述自Olaf Miehe, »Die Anfänge der Diskussion über eine strafrechtliche Sonderbehandlung junger

數字的處理在科學上是站不住腳的，因為刑罰的嚴厲程度與再犯率的高低之間的關連，並不必然就代表著更多的刑罰會造成更多的再犯；情況也有可能是剛好相反，特別有再犯之虞的人，被法官正確地辨識出，於是從一開始就可對他們施予比較嚴厲的刑罰。不過，從今日的犯罪學的角度來看，李斯特促成了關於對刑事司法的結果進行實證檢驗的辯論，這一點倒是依然很有價值。

直到一九六〇年代，在拉德布魯赫去世了很長一段時間後，預防的觀念才在德國的立法上居於主導地位。在這段時期，決定性地為此發聲的是一位擅於新聞工作的檢察官：弗里茲・鮑爾。儘管直到那時他都未曾在李斯特與拉德布魯赫這些思想先驅上，補充他自己的哲學變體，不過他倒也還是有些雄辯、往往還都不乏幽默感、在政治上頗具說服力的銳化問題之舉。

康德與黑格爾的傳統假設是，每個犯罪都是出於一個自由的、甚至是邪惡的意志，這也就是為何人們有理由本著復仇者的憤怒與其抗衡。論者弗里茲・鮑爾認為，在人們的生活中到處都能反駁這樣的假設。他寫道：「所有偉大的悲劇或小說都懂得年齡、性別、出身與性格的影響。它們描述了左右人類的激情，描述了人類身陷其中的環境。一切都是必要的衝擊與反衝擊，悲慘的正是其殘酷性與必然性，而這正是命運的牢固性。」[29]

他認為，德國的司法太簡單了，它不想知道，社會在個人的行為中所佔有的比重。

「自由意志的概念造就了數千年來受報復慾所驅使的人類」，鮑爾寫道，「人們幾乎如上癮般沉迷於其中，頑固地將它保存下來。它是一種意識形態，適合用來合法化應報式的刑法，用來安撫因受人類報復慾驅使的攻擊行為而產生的良心不安。」[30]弗里茲・鮑爾援引了尼采的看法，尼采把自由意志的概念描述成意欲刑罰與意欲入罪的畸形產物。[31]鮑爾表示，法官不該對罪責與贖罪進行哲學思考，刑法終究是治療方法，「不是形上學的空想與偽善；它完全無關道德與說教。」[32]「就算每個行為都是被決定的，人類也不受牢不可破的命運所支配。」他寫道，「人類的行為容易受到天賦與環境所左右，他們不會被預先命

Täter« (1966), reprinted in Friedrich Schaffstein/Olaf Miehe (ed.), *Weg und Aufgabe des Jugendstrafrechts*, Darmstadt 1968, p. 1–30 (2)。

29 Bauer, *Das Verbrechen und die Gesellschaft*, p. 27。

30 Bauer, »Die Schuld im Strafrecht« (1962), reprinted in Perels/Wojak (ed.), *Die Humanität der Rechtsordnung*, p. 249–278 (252)。

31 同上，p. 254 f.。

32 Bauer, »Straffälligenhilfe nach der Entlassung« (1957), reprinted in Perels/Wojak (ed.), *Die Humanität der Rechtsordnung*, p. 315–340 (324)。

定去作奸犯科。環境總是多變的，環境是由可以提供幫助的人所組成。」[33]

鮑爾認為，社會不平等、挫敗與紛亂才是犯罪的原因。「違法行為其實是更深層的問題的徵狀或指針，充其量只是浮出水面的冰山。」[34]他引用利希滕貝格（Georg Christoph Lichtenberg）的話表示：「當我們對一個殺人兇手處以車裂之刑，我們難道不是陷入兒童痛打自己所撞上的那張椅子這樣的謬誤中嗎？」[35]古斯塔夫・拉德布魯赫有句話說得好，沒有良心的司法人員才能當個好的司法人員。在弗里茲・鮑爾看來，拉德布魯赫所說的這種沒有良心，或許正是因為，德國的刑事司法人員昧著良心假定站在他們面前的小偷、詐欺犯或強盜，就只是自願那麼做[36]——由於「康德與黑格爾的、與俗世和人類相去甚遠的，是的，敵視人類的理性主義。」[37]

「塞繆爾・巴特勒（Samuel Butler）」，鮑爾寫道，「在他那帶有史威夫特（Jonathan Swift）的《格列弗遊記》（*Gulliver's Travels*）之風格的小說《理想鄉》（*Erehwon*）裡，用盎格魯薩克森人的諷刺手法，描繪了一個不存在的國度（「Erehwon」倒過來就是「Nowhere」）。在那裡，病人因他們生病而被定罪。例如，有個年輕人因肺癆而被告上法庭，他甚至還是個累犯，因為他在前一年罹患了支氣管炎，而且在更早之前還曾罹患許多兒童疾病。這位被告所提出的辯護是，他是被一對體弱多病的父母所生，而且最近還發生了嚴重的事故。高等法院拒絕了這樣的辯護，因為如此一來，法院就得沒完沒了地調查被告們普遍都會提出的各種藉口，那就再也無法做出判決。」[38]

進步的先鋒：青少年法官，一九二八年

在斯圖加特，一九二〇年代後期。在這天必須走到法官面前的一個男孩拉長了臉。他說：「反正再也沒有任何一個體面的人願意與我交往。」[39]法官弗里茲・鮑爾問道：「你認為我是個體面的人嗎？」

---

33 Bauer, *Das Verbrechen und die Gesellschaft*, p. 193。

34 Bauer, »Straffälligenhilfe nach der Entlassung« (1957), reprinted in Perels/Wojak (ed.), *Die Humanität der Rechtsordnung*, p. 315–340 (320)。

35 Bauer, *Das Verbrechen und die Gesellschaft*, p. 23。

36 Bauer, »Die Schuld im Strafrecht« (1962), reprinted in Perels/Wojak (ed.), *Die Humanität der Rechtsordnung*, p. 249–278 (268)；關於自由意志的問題同樣也可參閱該文p. 264 ff.。

37 Bauer, *Das Verbrechen und die Gesellschaft*, p. 235。

38 同上，p. 173。括號裡的引文為原始內容。

39 對Amend所做的訪問。鮑爾曾告訴過他的朋友Amend這個故事。

「是的。」

接著鮑爾與這位男孩相約在斯圖加特最好的咖啡廳見面。

另有一回，鮑爾下令將某位被拘留的青少年帶到他的面前。這位法官坐在他的辦公室裡抽菸，也許是巴登生產的羅特－韓德爾牌（Roth-Händle）或雷瓦牌（Reval）的、無濾嘴的、非常濃的香菸；當時有句俗話說：「抽雷瓦牌香菸的人也會吃小孩。」這位青少年問他是否也能給他一根菸，於是鮑爾把手伸進襯衫口袋，把整盒菸都送給對方。「但請你別被人逮到吸菸。」因為在拘留中是禁止吸菸的。[40]

當弗里茲・鮑爾後來在朋友圈中提起這些故事時，他是語帶自豪地講述它們；令他感到自豪的是，伴隨著一九二〇年代的青少年刑法（Jugendstrafrecht），在刑事司法中出現了相信人性有善良的一面的信念。青少年刑法是項新發明，它是在一九二三年才被當時的帝國司法部長古斯塔夫・拉德布魯赫搬上法庭。在那之後，司法機關卻是對於這件德國社會民主黨熱切關注的事情採取冷處理。在斯圖加特的地方法院，人們索性就把事情丟給當時最菜的弗里茲・鮑爾去處理；鮑爾在這方面點了一把火，首先是擔任青少年檢察官[41]，接著是從一九二八年年底起，擔任薪資微薄的青少年輔助法官。[42]

青少年刑法是古斯塔夫・拉德布魯赫實際想要帶給整個刑事司法體系的革命，也是第一場成功案例。它旨在預防而非「應報」。儘管拉德布魯赫在一九二二年也試圖改革成人刑法（像是死刑與矯正院〔Zuchthaus〕應該廢除，通姦應該除罪化，道德刑法應該自由化），但這項計劃卻在國會中遭到破壞。甚至就連拉德布魯赫所提出的建議，監獄不應再單單只以威懾為基礎，同樣也要以本於一九二三年時，發送給所有典獄長的「帝國基本原則」[43]的再社會化為主，但在實務上卻被人陽奉陰違。截至當時為止，只有青少年刑法獲得成功。

那是一個覺醒。對於深受拉德布魯赫的現代思想所啟發的青年弗里茲·鮑爾來說，重要的是，要讓在司法體系中持懷疑態度的多數人看看一種嶄新的、預防性的刑法能夠展現

---

40 與鮑爾頗有私交的黑森電視台記者Carl Bringer曾告訴電影製片Ilona Ziok這個故事。

41 在鮑爾的履歷中，他曾提到，在一九二八年於斯圖加特第一地方法院成為輔助法官前，自己曾「在斯圖加特從事過幾個月的檢察工作」。參閱鮑爾於一九四八年九月三日在哥本哈根寫下的履歷，Justiz-Personalakte Fritz Bauer, Archiv des Fritz-Bauer-Instituts, NL – 08/03。鮑爾也曾告訴過Manfred Amend，自己曾從事過青少年方面的檢察工作；參閱對Amend所做的訪問。

42 鮑爾曾告訴過Bringer與Amend，自己曾擔任過青少年法官。Richard Schmid也曾在鮑爾的葬禮的悼念演說中提及此事；參閱Richard Schmid, »Fritz Bauer 1903–1968«, *Kritische Justiz* 1968, Heft 1, p. 60 f.。在鮑爾成為地方法院法官前，他正式使用的職稱都是輔助法官。

43 參閱Ralph Angermund, *Deutsche Richterschaft 1919–1945*, p. 36。

出怎樣的面貌。他曾熱情洋溢地表示，青少年刑法已經實現他與其他預防性刑法的代表「為沒有年齡限制的所有犯罪者爭取」的事。[44]青少年法官不是憤怒的復仇者，而是如醫生般做出診斷，然後在巨大的自由空間下找出什麼才是最好的藥物。工作時間、規定的義務、行為的指示等，青少年法官幾乎可以把一切他們認為教育所必需的東西放入判決裡。誠如弗里茲・鮑爾在回憶過往時所述，他們的任務「不是去處理年輕人所製造出的麻煩，而是去觀察和解決他們所面臨的困難。」[45]

許多資深的法官都認為，這是對犯罪的怯懦（某位前判決委員會主席曾在一九二八年時斥責道：「『軟骨症』是我們這個時代的疾病。」[46]）這是工法拙劣的法理學。沒有其他法律領域像刑法那樣明白、可預測、邏輯清晰。然而，隨著紅色的拉德布魯赫的介入，靈活性與創造性突然在這方面找到了位置。如同這時人們在專業期刊上所讀到的那樣，法律不再是青少年法官無條件遵守的絕對準則，而是一個工具箱，青少年法官應該憑藉自己的智慧與生活經驗善用這個工具箱；根據拉德布魯赫的理想法官的理念，「一羅特（約三十分之一磅）的法理學得要一石（約五十公斤）的人生智慧。」[47]這個新的法律領域被認為是無限靈活，因此在這個領域裡如魚得水的司法人員在專業上並不享有輝煌的名聲。多年以後，當弗里茲・鮑爾在一九四八年試圖擊敗某位資深的法院院長，在戰後的司法體系裡謀得一個職位，他迴避了青少年刑法一詞。在自己的履歷中，他寧可只模糊地寫上「刑事司法工作」。[48]儘管如此，那卻是他終生都捍衛的基本理念。

即使青少年刑法最初所使用的一些詞彙聽起來不太人道（像是被告會被歸類成「行為端正」和「沒有指望」的青少年）[49]，伴隨著從一九三三年起青少年刑法的擴展，[50]人們可以料到，從教育到再教育的過渡會有多麼順暢，完全不影響鮑爾對於預防性刑事司法的理念。在一九六〇年代時，有一回，在一場與學生的討論中，他舉了美國作為支持此一理念的光輝而正面的例子，鮑爾表示：「在判決與判決執行之間」，在美國最前衛的監獄裡，「會有一段大約三到四個月的時間，人們會被徹底地研究，會有二十五個穿著白色外

---

44 Bauer, *Das Verbrechen und die Gesellschaft*, p. 155。

45 同上，p. 27。

46 Dr. Baumbach, »Der Bankrott der Strafjustiz«, *Deutsche Juristen-Zeitung* 1928, Heft 1, p. 38–43 (42)。

47 Radbruch, *Einführung in die Rechtswissenschaft*, 7./8. editions 1929, reprinted in Arthur Kaufmann (ed.), *Gustav Radbruch Gesamtausgabe*, Bd. 1, Heidelberg 1987, p. 317。

48 鮑爾於一九四八年九月三日在哥本哈根寫下的履歷，Justiz-Personalakte Fritz Bauer, Archiv des Fritz-Bauer-Instituts, NL – 08/03。

49 參閱Bernd-Dieter Meier/Dieter Rössner/Heinz Schöch, *Jugendstrafrecht*, München 2007, p. 39。

50 同上，p. 38–40。以及Klaus Laubenthal/Helmut Baier, *Jugendstrafrecht*, Berlin 2006, p. 17。

套的年輕男女，如同在醫院裡那般走來走去，對他們進行各種測驗，藉以查明，犯罪的原因究竟是什麼。如果所涉及的情況是敵視人類，或所涉及的確實是諸如天生的虐待狂之類的情況，當然，在判決的執行上也會給予相應的對待。」[51]不過，並非所有思想先進的人都認為這是人道的願景。

預防的觀念是把雙面刃。法國哲學家米歇爾・傅柯（Michel Foucault），在他於一九七七年被翻譯成德文的《規訓與懲罰》（*Surveiller et punir*）一書中，描述了特別是旨在再社會化的監獄，能夠如何地威權。在再社會化的要求下，囚犯甚至屈服得更徹底。不單只是在身體上，他們一如既往地在監獄中經歷壓迫；就連他們的精神、他們的個性也被重塑。

對於左派而言，這代表了一個自我反省、自我批評的階段的開始，代表了告別對於拉德布魯赫的預防性教育刑罰所具有的人道性的堅定信念。[52]這是弗里茲・鮑爾未再共同經歷的一個轉變，他不再參與其中。自一九九〇年代起經歷了全盛時期的「預防性拘留」（Sicherungsverwahrung），或許是預防的觀念落實於刑事司法中最著名的例子。它允許國家在囚犯服完刑後繼續把他們關起來，只要療養機構仍然認為他們具有危險性；拘留的時間可能會漫長至他們的生命盡頭。要是療養機構越懷疑，評估人員越擔心，囚犯就越沒有重獲自由的機會；這就是純粹的預防。正是這種畸形發展，使得如今要求有明確、可預見的界限的刑事責任之呼聲，多半都是來自進步的左派這邊。就連弗里茲・鮑爾曾於一九六三年在其中擔任過理事的人權組織——「人道主義聯盟」（Humanistische Union），也從一九九〇年代起強烈批判預防性拘留這種作法。只不過此發展，弗里茲・鮑爾同樣未再置身其中。

一九四五年的紐倫堡法庭，一個光輝的典範與震懾人心的事例

人們如何將一個法庭變成國民的教室；關於這一點，弗里茲・鮑爾在一九四五年時可以好好地學習。同盟國做了一個示範。一九四五年秋，歐洲宛如一個大墓園，倖存於人世間的數百萬人悵然若失、心慌意亂、手足無措，不過，形形色色的政權與政治團體的宣傳倒是很快就又甚囂塵上。在這樣的亂局中，同盟國正忙著在紐倫堡司法大廈的最大一間法

51 鮑爾的電視訪問：»Heute abend Kellerklub. Die Jugend im Gespräch mit Fritz Bauer«。黑森電視台（HR）於一九六四年十二月八日播出的節目。

52 參閱近期的相關著作，例如Tobias Singelnstein/Peer Stolle, *Die Sicherheitsgesellschaft. Soziale Kontrolle im 21. Jahrhundert*, 3. edition Wiesbaden 2011，或是Peter-Alexis Albrecht, *Der Weg in die Sicherheitsgesellschaft. Auf der Suche nach staatskritischen Absolutheitsregeln*, Berlin 2010。

庭裡拆除一堵牆，藉以為國際媒體騰出空間，它們在那裡佈置著舞台，在那個舞台上，人們不單只是要調查個人的罪責，更要在歷史的面向上進行探索。

二十四名主要被告。「人數多到得要坐兩排」，紐倫堡後續審判（Nürnberger Nachfolgeprozesse）裡的一位美籍起訴人班傑明・費倫茨（Benjamin B. Ferencz），在多年後重遊舊地時打趣地說道。當時的被告人數也可以是三十三或七十七，這樣的數字無可避免地，只能是任意的。[53]不過，同盟國倒是很懂得把無可避免的事情化為美德。鮑爾後來將在法蘭克福奧斯威辛集中營審判中對此做了模仿。同盟國藉此機會，給了世人一個對於歐洲剛剛發生的事情明白易懂的說明——藉助一個縮影。

它們選擇起訴的那二十四個人可說是納粹政權菁英的一個剖面。被告們代表了在起訴人看來使歐洲陷入深淵的那些力量。[54]他們的構成相當勻稱，不僅有納粹黨人，還有舊的民族保守主義者，希特勒的提拔者——而且，經過長時間的內部討論，美國、英國、蘇聯與法國的起訴人決定，把資助納粹政權的金主與企業家也一起放在具有象徵意義的被告席上，由兩名銀行家和一名工業家代表。[55]對於檢察官們來說，這一點不只重要，甚至當工業家古斯塔夫・克魯伯（Gustav Krupp）生重病時，他們還曾經考慮過，改讓另一位工業家，也就是他的兒子阿爾弗里德（Alfried Krupp）來替換他。[56]當檢察官們提出這樣的建議時，法官基於形式方面的理由禁止這麼做。不過，光是這樣的想法卻也顯示出了，這些檢察官究竟是抱持著怎樣的使命感。

紐倫堡的二十四名被告所構成的縮影不只夠小，足以讓人一目了然，而且它也有足夠的說服力，足以銘刻在集體的意識與記憶裡。誠如美國國際法律師馬克・德拉姆布（Mark Drumbl）所言，「紐倫堡審判在六十年後成了教育我們的孩子的堅實基礎」[57]，這點絕非偶然；它完全有別於幾十年後在海牙（Haag）所舉行的大審，當人們從殘破的南斯拉夫任意挑選了多達一百六十四名的戰犯予以起訴。[58]紐倫堡審判則是設法盡可能地聚焦於其訴求。儘管規模浩大，不過，從第一分鐘起，整個審判就一直專注於信息的傳遞。

---

53 參閱Bauer的電台訪問：»Zu den Naziverbrecher-Prozessen. Das politische Gespräch«。北德廣播公司於一九六三年八月廿五日播出的節目，reprinted in Joachim Perels/Irmtrud Wojak (ed.), *Die Humanität der Rechtsordnung*, p. 101–117 (105)。

54 參閱Telford Taylor, *The Anatomy of the Nuremberg Trials*, Boston 1992, p. 85, 89 f.。

55 同上，p. 81。

56 同上，p. 151–161。以及Walter T. Schonfeld, *Nazi Madness*, London 2000, p. 24。

57 Mark A. Drumbl, *Atrocitiy, Punishment, and International Law*, Cambridge 2007, p. 175。

58 參閱Ronen Steinke, »Aus Schwarz und Weiß wird Grau. Die letzte Anklage vor dem Jugoslawien-Tribunal ist auch das letzte Kapitel einer Wahrheitssuche«, *Süddeutsche Zeitung*, 30. July 2011。

鮑爾曾經熱切期盼見到這樣一場審判。早在一九四四年，當他在流亡瑞典期間聽到同盟國決定將於戰後把納粹政權首腦提交法庭審判時，他就寫了一本書名頗具綱領性的書，《法庭上的戰犯》（*Krigsförbrytarna inför domstol*）。[59]這本在法學上算是四平八穩、在評論上偏於保守的著作，主要的目的是在說服歐洲持懷疑態度的人，相信這樣一個法庭的正當性。在一九四五年十月，就在起訴書於紐倫堡的司法大廈被宣讀前不久，鮑爾又發表了這本書的德文版。[60]他在書中致力於讓社會大眾理解同盟國所關心的事。對於勝利者的正義這種指責──「常會聽到有人說，同盟國根本是球員兼裁判」[61]──鮑爾的回答是，這麼說固然沒錯，但卻絕非異乎尋常的事，小偷也不會由小偷來審判，而是由所有權人來審判。當鮑爾在某些地方論及國際法的細節時，他不會去談些同盟國的法律專家所不知道的事情，而會去幫助德國與斯堪地納維亞的讀者理解。「劫持並殺害人質是被允許的嗎？」[62]或者，當國防軍從人們居住的地區撤退時，系統性地破壞了糧食供應，用手榴彈破壞了爐子、烤箱，「這種焦土戰術是被允許的嗎？」[63]

然而，舉凡讀過鮑爾的這本書的人，應該都會意識到，當大屠殺在紐倫堡審判裡只是扮演次要角色時，這肯定會讓他多麼地震驚與困惑。鮑爾寫道：「發生於戰爭裡的犯罪，沒有比這種大規模滅絕更為嚴重的了，因為這是對人類生命最惡意的蔑視。」[64]他在流亡期間，從一九四二年一月六日一個俄國的記錄中，得知這些殘酷的暴行。「許多猶太人被驅趕到基輔的猶太人墓地，其中包括了各個年齡層的許多婦女及兒童。在他們慘遭槍殺前，人們先把他們的衣服脫光，並且殘酷地毆打他們。第一批被槍殺的猶太人得要躺在墓穴裡，臉朝地面，死在他們上頭的則是不幸被德國機槍掃射而倒下的受難者。接著，德國人會在屍體上覆上薄薄的一層土，然後要下一批準備受死的人躺在那上頭，之後再度以機槍掃射。」[65]在德文版裡，弗里茲・鮑爾補充了《每日快報》（*Daily Express*）駐莫斯科記者阿拉里克・雅各布（Alaric Jacob）的報告。這位記者描述了自己探訪在一九四四年七月二十三日獲得解放的馬伊達內克滅絕營（Konzentrations- und Vernichtungslager Lublin-Majdanek）的所見所聞。當時在火化場中仍有大約五十具屍體，德國人顯然在逃亡前試圖

---

59 Bauer, *Krigsförbrytarna inför domstol*, Stockholm 1944。

60 Bauer, *Die Kriegsverbrecher vor Gericht*。

61 同上，p. 84。

62 同上，p. 115。

63 同上，p. 132。

64 同上，p. 212。

65 同上，p. 126。

毀屍滅跡。「有些屍體被切成小塊，以便塞進焚化爐中。這些爐子旁邊有張有自來水的鋅桌。人們會在這裡把金牙從屍體上拔下來。」[66]

然而，在起訴主要戰犯的紐倫堡審判中，相較於戰場，此事焦點與集中營比較無關。同盟國的檢察官所聚焦的指控在於德國發動了一場侵略戰爭。第二次世界大戰並非單純如同第一次世界大戰那般，只是相互競爭的列強之間的另一場戰爭，它其實是一個國家單方面犯下的罪行，在其他國家的緊急自衛下遭到阻止。這就是所要傳達的信息，就是起訴的核心。某些東歐國家預先對此提出抗議。美國的主起訴人羅伯特・傑克遜（Robert Jackson）隨後向他們解釋：「你們之中的每個曾經生活在納粹的直接攻擊下的人，或許會很難理解與我們每個在美國政府裡的人有關、不同的公眾心理。促使我們加入這場戰爭的背景是，我們始終認為德國採取種種戰爭的手段是非法的，是對國際秩序與和平的非法攻擊。」[67]

這是同盟國之所以成立這樣一個法庭的關鍵性理由；誠如傑克遜最重要的顧問特爾福特・泰勒（Telford Taylor），在一九四五年六月的一份備忘錄中所言：「為對抗德國的戰爭賦予意義。」[68]「為了說明我們所蒙受的人員傷亡以及我們所造成人與物的破壞是具有價值的。為了……為同盟國的人民賦予戰爭一個意義，也給軸心國的某些人民存在於其中的一個希望。」美國人的論點是，如果只是馬馬虎虎地懲罰納粹份子的罪行，這將只是

「德國輸掉另一場戰爭」而已，誠如美國政府官員莫瑞・伯納伊斯（Murray Bernays）所言，「德國人民將既不會認識他們所支持的野蠻人，也不會了解他們的行為的犯罪性質，與世人對他們的評斷。」[69]把法庭當成形塑未來的歷史理解的場所，這種想法出乎英國首相意料地也說服了史達林（Joseph Stalin）。

然而在紐倫堡所上的歷史課，主要卻都是英國、美國、蘇聯和法國政府所需要的。[70]英國致力於論述德國破壞英國城市的戰爭罪行。[71]蘇聯要求，紐倫堡審判應當把希特勒與史達林的政權，呈現為在軍事與道德上明顯的對立上，至於希特勒與史達林在一九三九年

---

66 同上，附錄。

67 引述自Gary J. Bass, *Stay the Hand of Vengeance. The Politics of War Crimes Tribunals*, Princeton 2000, p. 176。

68 參閱 Taylor, The Anatomy of the Nuremberg Trials, S. 50.

69 過去曾經任職於美國戰爭部的Murray Bernays上校寫於一九四四年九月十五日的備忘錄：；引述自Bradley F. Smith, *The American Road to Nuremberg*, Stanford 1982, p. 23。

70 參閱Ronen Steinke, *The Politics of International Criminal Justice. German Perspectives from Nuremberg to The Hague*, Oxford 2012, p. 40 ff.。

71 同上，p. 191–194。

八月分割波蘭的協議，則該隻字不提。[72]確實到了後來，美國和英國面臨的輿論壓力已使大屠殺的問題至少得被納入指控的重點清單裡，[73]但這個問題在法庭上卻始終只是旁枝末節。[74]弗里茲・鮑爾後來曾批評道：「集中營審判的問題與這個計劃不符。」[75]

鮑爾還有第二點批評。「德國的反納粹人士對於納粹罪犯的審判是由同盟國的法庭而非德國的法庭來執行，感到遺憾」，當審判過程進入高潮時，他在移民者刊物《德國新聞》上評論表示，「他們之所以感到遺憾，並不是因為他們認為同盟國的法官缺乏客觀性與公正性，也不是因為他們認為這與德國的『聲譽』不符。而是還有比國家聲譽的問題更為重要的事情。他們之所以感到遺憾，是因為德國的法院本該有機會向世人清楚表明，新的德國再度成為一個法治國家，與無法無天的過去徹底決裂，譴責納粹的『權力即正義』的觀念。在一個法治國裡，並非國家就一定是對的，而是國家會去維護法律與權利。」[76]這裡明顯表現出了，鮑爾有多麼忠於自己所主張的預防性的、面向未來的犯罪觀。之所以要清算過去，並不是因為舊的德國罪有應得，而是因為新的德國需要這些教訓。

弗里茲・鮑爾在對一九四六年九月三十日與十月一日宣布的紐倫堡判決所做的評論中表示：「我們並不懷疑，健康且正直的德國人民，毫無保留地譴責了惡劣的大屠殺犯行、毒氣室、蓋世太保的酷刑與希特勒主義的全部野蠻行徑。透過被告法蘭克（Hans Frank；他曾任波蘭佔領區的總督）與希拉赫（Baldur von Schirach；他曾任希特勒青年團負責人與納粹黨維也納大區領袖），他們會看到在納粹時期德國與世界歷史上的最大的污點。」這聽起來有點像是匆促的恭維，當鮑爾補充道：「在這方面，德國人民肯定與紐倫堡法庭的評斷及世界的評斷意見一致。」[77]鮑爾表示：「如果德國人民能夠自己完成清算，如果並非只是當個或多或少好學的學生，而是親自用正義之劍與戰爭之劍交鋒，那會更好。一個誠實的、德國的『我控訴』（J'accuse!）並『不會污染自己的窩』（它已受到了污染，聲援罪犯則會更進一步地污染它。）相反地，這將是表明相信一個新的德國世界……」[78]

換句話說，這裡有一個任務在等待著。

---

72 同上，p. 200。

73 同上，p. 178–180。

74 Annette Weinke, »Von Nürnberg nach Den Haag?«, in Helia-Verena Daubach (ed.), *Leipzig – Nürnberg – Den Haag. Neue Fragestel lungen und Forschungen zum Verhältnis von Menschenrechtsverbrechen, justizieller Säuberung und Völkerstrafrecht*, Düsseldorf 2007, p. 28。

75 鮑爾於一九六一年一月十三日接受《世界觀》（*Weltbild*）的訪問，p. 3f. (3)。

76 Bauer, »Recht oder Unrecht … mein Vaterland«, *Deutsche Nachrichten*, 24. June 1946。

77 Bauer, »Nürnberg«, *Deutsche Nachrichten*, 14. October 1946。

78 Bauer, *Die Kriegsverbrecher vor Gericht*, p. 211。括號裡的引文為原始內容。

「你們應該說不」：要求違法的檢察官

針對納粹罪犯的刑事訴訟「當然該被反思」，弗里茲・鮑爾有一回曾向某位電台記者解釋道。[79]「這些訴訟最重要的任務之一在於，不單只是陳述那些可怕的事實，更要讓我們再次學會，在過去的一百年裡，我們在德國完全遺忘了的事情，完全與我們周圍的國家的法律和道德背道而馳。這是貫穿了整部歷史的一句話，在十九與二十世紀其實已被從德國法律中刪除，蘇格拉底早就說過這樣的話，不過其後的《聖經》說得更為明白：你應該服從上帝而不是服從人。基本上，這就是每個法律的核心。這句話的意思就是：在每個法律之上、每個命令之上，都存在著更牢不可破、更堅不可摧的東西，也就是，有些事情是人們在人世間所不能做的，應有這樣的清楚認識。從前曾是因為它們在十誡裡被禁止，之後當然是因為它們違背了所有的宗教與道德。」

一位需要「必然違反了法律的被告」的檢察官當然會面臨一個難題。他在這當中難以依據刑法。鮑爾認識到了這個問題：儘管納粹時期繼續沿用舊時帝國的刑法與魏瑪共和的刑法，但殺害某些族群卻是國家所命令、批准的。鮑爾並未受到這樣的問題所阻礙。一九四五年二月，他在為《社會主義論壇報》撰寫的一篇文章中表示，不應讓民主的刑事司法被納粹份子強大到足以顛覆法律的世界所動搖。[80]鮑爾寫道，即使民主的刑事法庭得先自我扭曲，藉以擺脫行為時有效的納粹法律所造成的束縛，它們也必須稱犯罪為犯罪，必要時更得藉助「革命的」、追溯的法律。[81]雖然這代表著違反「沒有（在行為時有效的）法律就沒有刑罰」的原則，但鮑爾卻是從結果來進行思考；鮑爾寫道：「一個新的德國，如果想要長存且受到尊重，就不能容忍法官再次淪為兇手的幫兇。在歌德的《浮士德》裡，有段話是這麼說的：無法制裁罪犯的法官，終將與罪犯成為一夥。」[82]

他從前的偶像古斯塔夫・拉德布魯赫，在一九四六年時，為他指出了一條法律上的優雅途徑。拉德布魯赫在一篇論文中表示，合法化種族滅絕的納粹法律自始就是無效的。從來也無法讓人看出「追求正義的意志」，反倒還否認作為所有法律的基礎之人人平等，這

---

79 鮑爾的電台訪問：»Zu den Naziverbrecher-Prozessen. Das politische Gespräch«。北德廣播公司（Norddeutscher Rundfunk；簡稱ＮＤＲ）於一九六三年八月二十五日播出的節目，reprinted in Joachim Perels/Irmtrud Wojak (ed.), Die Humanität der Rechtsordnung, p. 101–117 (113f.)。

80 參閱Bauer, »Die Abrechnung mit den Kriegsverbrechern«, *Sozialistische Tribüne*, February 1945, p. 11–13 (12)。

81 同上。

82 Bauer, »Mörder unter uns«, *Deutsche Nachrichten*, 20. January 1947。

樣的法律從來就不具有拘束力。它們「作為『不公不義的法律』必須讓位給正義。」[83]這樣的法律不能被當成逃避刑罰的擋箭牌。於是援引這種想法的鮑爾表示：「那就代表著被動抵抗的誡命。這在整個德意志帝國、在整個中古世紀、在遠古時期甚或是在現代都完全是理所當然的。有人曾經教導我們，如果我們被命令去做某些事情（無論是透過法律還是命令），可是那些事情是不對的，是與經受過千錘百鍊的誡命相矛盾的，例如每個人都應該很熟悉的十誡，那麼你就必須說不。——我現在要以頗為殘酷的方式陳述這件事情：雖然人們在德國讚揚了士兵們在前線所展現出的英雄氣概；面對來自四面八方的外敵都表現出了勇氣。然而，人們卻完全忽略了，公民勇氣（道德勇氣），亦即對抗在本國人中的敵人之勇氣，也是同樣重要，甚或更為重要，並非比較不需要。人們完全忽略了，在自己的國家裡維護正義，不僅是光榮的，也是一種責任。因此，我們必須說，這些審判的核心是：你們應該對此說不！」[84]

83 Radbruch, »Gesetzliches Unrecht und übergesetzliches Recht«, *Süddeutsche Juristenzeitung* 1946, p. 105–108 (107)。

84 鮑爾的電台訪問：»Zu den Naziverbrecher-Prozessen. Das politische Gespräch«。北德廣播公司（Norddeutscher Rundfunk，簡稱ＮＤＲ）於一九六三年八月廿五日播出的節目，reprinted in Joachim Perels/Irmtrud Wojak (ed.), Die Humanität der Rechtsordnung, p. 113 f.。

8

奧斯威辛集中營大審判，一九六三～一九六五年：他的代表作

審判休息時間的一罐可樂

年輕的作家霍斯特・克魯格（Horst Krüger）[1]開著敞篷車過來，路上變得很擁擠，喇叭聲四起。美因河畔的大都會法蘭克福，聯邦共和國的商業中心，自一九六〇年代起迅

1 參閱Krüger, »Im Labyrinth der Schuld. Ein Tag im Frankfurter Auschwitz-Prozeß«, *Der Monat*, May 1964, p. 19–29 (25).

速發展，有點忙碌且庸俗，誠如克魯格所認為，「是個老薩克森與小芝加哥的混合體」。那是個藍天白雲、銀光閃耀的日子，人們要在法蘭克福市政廳裡審理奧斯威辛集中營的苦難。這一天是一九六四年二月廿七日，星期四。

由於大樓附近找不到任何空的停車位，因此克魯格遲到了。於是情況就像在電影院裡，當電影已經開始放映時，你在黑暗中跌跌撞撞地尋找著座位；你很難用跑的。

當克魯格踏入暫時被市議會讓出來、以廉價木料裝修的議事廳時，那些穿著同樣的衣服、戴著同樣的眼鏡、留著同樣的髮型的男人，已經坐在一起度過了二十個審判日。不久之後，審判長下令休息十分鐘，約有一百二十人從大廳湧了出來。男士們抽起香菸，三五成群地湊在一起。這讓克魯格聯想到了劇場的中場休息。人們討論著自己的所見所聞，從衣帽間裡取出外套，或是給衣帽間的管理員幾個硬幣，換得一瓶可樂。克魯格詢問了一位朋友：被告現在到底在哪？朋友語帶諷刺地笑著說道：被告嗎？——就在我們之間。

他們之中有十四人，在繳交保證金下，可以自由行動，他們不像在紐倫堡審判裡被起訴的二十四名主要戰犯那樣，被隔離且被士兵嚴加看管，也不像在耶路撒冷受審的阿道夫・艾希曼那樣，被關在一個玻璃箱中。他們其實完全不引人注目。他們之中的一些人，這時正坐在走廊牆邊的一組大型皮革沙發上，喝著可樂，抽著香菸，看起來心寬體胖、悠然自得。其中有一人其實就站在毫不知情的克魯格身旁。即使是在議事廳裡，被告同樣也不顯眼。位於法官前方的小小的證人席，總是只能容納一個在訴訟進行的當下最被關注的人。其餘的被告則只能坐在觀眾席的前排，在視覺上毫不起眼；某些搞不清楚狀況的旁聽者，甚至會從後排輕拍他們其中之一，友善且竊竊私語地詢問坐在前面的他們，一些令人費解的司法訴訟內容。

這當然都只是無關緊要的一些細節。對於這場從一九六三年十二月至一九六五年八月在法蘭克福進行的大審判，這場首次在全球媒體面前完整揭露整個如工廠般的殺人系統的大審判，被告在法庭裡坐在什麼地方，或是他們和其他所有的人一樣喝著可樂，這些細節並不會造成什麼不同。以高壓的態度對待他們或是顯示法庭的強大，這頂多只是有益於它的權威。不過，可能因此引起的混亂，卻也不是小事一樁。人們或許會說，它們甚至直達問題的核心。這些被告是從社會生活中被抓出來，他們當中最重要的一位，羅伯特・穆爾卡（Robert Mulka）（有張紅紅的臉，一頭雪白的頭髮，身著無瑕的深藍色西裝），在審判日之間會前往漢堡，藉以瞭解一下自己經營得有聲有色的生意是否運作如常。在奧斯威辛集中營裡，他是營區指揮官魯道夫・霍斯（Rudolf Höß）的副官，是該營區中納粹親衛隊的第二把手。這正是在法蘭克福的重點：德國人並不是在不熟悉的東方或某個遙遠的地方進行奧斯威辛集中營審判，他們只是在一九六〇年代的繁榮時期裡，把放大鏡放入他們自己當中。

「如幽靈般」，是另一位作家羅伯特・諾伊曼（Robert Neumann）在法蘭克福的觀眾席裡度過一上午後的感想。「如果他們每個人沒有坐在自己的位子上，人們根本分辨不出他們。每個律師都可能是被告……而每個被告都可能是你的郵差、銀行員、鄰居。」藥劑師、工程師、商人、大樓管理員、會計師、銀行出納——這些都是奧斯威辛集中營的罪犯，在「控告穆爾卡等人的刑事案件」中在刑事陪審法庭上受審的被告，實際重新從事的職業。[2]奧斯華・卡杜克（Oswald Kaduk），這位「奧斯威辛集中營裡最兇狠、最殘酷、最粗暴的納粹親衛隊成員之一」，誠如判決所言，則是在柏林擔任護理人員；由於他總是捨己為人地照顧病患，患者們都稱他為「卡杜克爸爸」（Papa Kaduk）。[3]

這就是這場審判的巨大衝擊。它是德國刑事司法史上最大的一場審判，人們在法蘭克福針對最初二十二位後來變成二十名的被告，進行了長達二十個月的審理，在起訴書中單單所有暴行的清單就扎扎實實地羅列了七百頁，兩萬名德國人希望親眼目睹這場審判，其中包括了許多的年輕人。藉由這場審判，奧斯威辛才成了整個大屠殺的代號。不過，在法蘭克福所發生的這一切，最重要的其實是：每位在德國的護理人員、大樓管理員或銀行員等，在其中都有段過去。

弗里茲・鮑爾曾在一九六二年的一篇文章裡寫道：「在耶路撒冷的法院的玻璃箱裡坐著的，並非只是阿道夫・艾希曼。」[4]這時在奧斯威辛集中營審判裡遭到起訴的二十二名被告，情況也是如此。鮑爾曾在一封私人信件裡寫道：「人們之所以激烈地反對這些審判，並不是因為他們……在這當中看到了不正義和不道德，而是因為張三、李四及其家人知道，因為在工業、司法等方面的工作者知道，伴隨著奧斯威辛集中營審判的二十二名被告，有兩千兩百萬人一起坐上了被告席。」[5]

在審判的過程中，當窗戶斜張時，法蘭克福電車所發出的些微噪音會從外頭傳進來，車門的開關聲，車輪的嘎嘎作響聲，「這時在中午時分從普勞恩海姆（Praunheim）乘車前往里德瓦爾德（Riederwald）的人們，想著一切，但就是不去想奧斯威辛集中營。」誠如觀察者霍斯特·克魯格在回憶時所述。「提著購物袋的女性和提著黑色公事包的男性。

---

2 Robert Neumann, *Vielleicht das Heitere*, p. 269 f.。

3 引述自Gerhard Werle/Thomas Wandres, *Auschwitz vor Gericht, Völkermord und bundesdeutsche Strafjustiz*, München 1995, p. 166。

4 Bauer, »Widerstandsrecht und Widerstandspflicht des Staatsbürgers« (1962), reprinted in Joachim Perels/Irmtrud Wojak (ed.), *Die Humanität der Rechtsordnung*, p. 181–205 (197)。

5 鮑爾寫給Melitta Wiedemann的信，在鮑爾逝世時，信件曾被轉載於*Gewerkschaftliche Monatshefte*, 19. Jahrgang, August 1968, p. 490–492。

電車的聒噪聲或吟唱聲，與從擴音器裡傳出的聲音奇怪地混在一起；這時從擴音器裡傳出的聲音正在訴說著，由於瓦斯短缺，人們索性直接把孩子們活生生地扔進火裡。」[6]

一個上演著這世界不該知道的事情的舞台：鮑爾的成就

為何偏偏是法蘭克福？弗里茲・鮑爾避而不談與政治息息相關的醜陋真相，只是冠冕堂皇地表示這純屬偶然。

在戰爭結束時，納粹親衛隊放火燒了位於弗次瓦夫（Wroclaw）的親衛隊暨警察法院（SS- und Polizeigerichte），大火從窗戶竄出，許多紙張散落到街上，有些燒焦，有些則成了碎片。[7]落在路上的紙片只有少數幾張完好無損。有位長期遭受納粹親衛隊折磨的男子保留了其中的八張。這位名叫埃米爾・烏爾坎（Emil Wulkan）的男子保守了這個秘密許多年，直到自己與《法蘭克福評論報》（*Frankfurter Rundschau*）的某位記者彼此建立了足夠的信任感，他才向對方出示那些發黃了的紙張。預先打上的信頭依然清晰可辨。那是一份很有條理的文件，上頭還有留給檔案編號與專員分機號碼的空白部分。信頭的部分還包括了預先打上的日期行：「奧斯威辛，X年X月X日」。那位《法蘭克福評論報》的記者湯瑪斯・格尼爾卡（Thomas Gnielka），隨即在一九五九年一月十五日將那些紙張轉寄給弗里茲・鮑爾。鮑爾在一九五六年的復活節時，已從布朗史威克轉往法蘭克福任職，從「偏遠地區」的邦檢察總長變成「大都會」的邦檢察總長。他不僅在這些紙張中看到了爆炸性的原始文件，而且還看到了一個自己由衷歡迎的機會：一個可藉以將整個奧斯威辛集中營的議題，拉上法庭的小支點。

那些紙張是一九四二年集中營指揮部的來函。關於殺害「逃跑」囚犯的文件。弗里茲・鮑爾曾回憶道：「像那樣的文件，從那時起就完全不為人所知。那是一些預先打好的表格；它們表現出了『千年帝國』（Tausendjähriges Reich）的整體性格的特徵。第一頁上寫著：『衛兵某某某在囚犯（以代號稱呼）逃亡時將其射殺。』第二頁，同樣也是預先打好的：『這份公文是為了啟動過失殺人或故意殺人的訴訟而寄往弗次瓦夫，給親衛隊暨警察法院。』第三頁，同樣又是預先打好的：『訴訟被停止。』我之所以點出這件事，那是因為它以很特殊的方式表現出了權利外觀的外部維護的特徵。這件訴訟從一開始就被停

6 Horst Krüger, »Im Labyrinth der Schuld. Ein Tag im Frankfurter Auschwitz-Prozeß«, *Der Monat*, May 1964, p. 19–29 (23 f.)。

7 參閱Werner Renz, »Der erste Frankfurter Auschwitz-Prozeß. Völkermord als Strafsache«, *1999 : Zeitschrift für Sozialgeschichte des 20. und 21. Jahrhunderts*, September 2000, p. 11–48 (14)。

止。」[8]

鮑爾表示：「這份文件到了我們的手中，於是我們就這樣在法蘭克福得知了一批在囚犯『逃跑』時，開槍射殺他們的那些衛兵的名字。我們把這些送往卡爾斯魯爾（在那裡，聯邦法院對於行為地在國外的案件可以根據《刑事訴訟法》第13a條的規定[9]自由指定一個管轄法院），卡爾斯魯厄方面則把它們送了回來；法蘭克福的檢察署這時可以去把奧斯威辛集中營的案子查個明白。」

落入弗里茲・鮑爾手中的那些東西，其實並不是獨一無二的幸運之事。在那個時候，只要願意動手，每位檢察官都能有類似的斬獲。那個滅絕營周邊，直接知情的人的數量依然十分龐大。根據今日我們所知，當時有七千多人任職於奧斯威辛集中營，他們的家人並沒有住在離他們很遠的地方，許多人就住在他們附近；他們所居住的地方，是在戰後的回首中，才被描繪成位於東方某處的一個遙遠而神秘的地方，然而，在「第三帝國」時期，那裡其實是一個眾所周知的交通樞紐，誠如歷史學家諾伯特・弗萊（Norbert Frei）所強調：「奧斯威辛位於上西里西亞（Oberschlesien）的柯尼希許特（Königshütte；意即「國王的冶煉廠」）。」[10]在一九五〇年代時，尚在人世的前囚徒（被關在集中營者），數量同樣相當可觀。而且，並非所有的倖存者都想忘記這段過往，事實上，他們當中有許多人都在尋找聽眾。人們其實只要聽他們說就行。

舉例來說，在一九五八年三月一日，斯圖加特的檢察署收到了關於奧斯威辛集中營的某位罪犯的線報。[11]這位罪犯名叫威廉・伯格（Wilhelm Boger），當時任職於斯圖加特祖芬豪森（Zuffenhausen）的一家汽車公司。伯格是在一九三三年春天從符騰堡邦的政治警

---

8 鮑爾的電台訪問：»Zu den Naziverbrecher-Prozessen. Das politische Gespräch«。北德廣播公司（Norddeutscher Rundfunk，簡稱ＮＤＲ）於一九六三年八月廿五日播出的節目，reprinted in Joachim Perels/Irmtrud Wojak (ed.), Die Humanität der Rechtsordnung, p. 101–117 (104)。在這次的訪問中鮑爾沒有完全重述該案的所有部分，誠如Werner Renz引用相關文件所指出的那樣，»Der 1. Frankfurter Auschwitz-Prozess 1963 – 1965 und die deutsche Öffentlichkeit. Anmerkungen zur Entmythologisierung eines NSG-Verfahrens«, in Jörg Osterloh/Clemens Vollnhals (ed.), *NS-Prozesse und deutsche Öffentlichkeit. Besatzungszeit, frühe Bundesrepublik und DDR*, Göttingen 2011, p. 349–362 (352)。因此，在這裡僅引用經過驗證的段落。

9 該條規定：「如果本法所定管轄範圍欠缺管轄法院或管轄法院無法確定，則由聯邦法院指定管轄法院。」由法蘭克福負責該案的裁定，見於Beschluss des Bundesgerichtshofs vom 17. April 1959 – 2 Ars 60/59.

10 Norbert Frei, *1945 und wir*, p. 174 f.。

11 參閱Gerhard Werle/Thomas Wandres, *Auschwitz vor Gericht*, p. 146。

察做起，也就是在他們把斯圖加特的地方法官弗里茲．鮑爾，從他的辦公室裡抓走不久之後。在奧斯威辛，伯格則隸屬於蓋世太保營（也就是警察部門），他們得藉由比滅絕營裡日常的殘酷更為殘酷的審訊，來防止越獄與扼殺監獄暴動。伯格以他在刑求方面如惡魔般的創意而臭名昭彰。他最有名的一項發明被囚徒們稱為「伯格鞦韆」。那是一種將囚徒綁著吊起來的支撐桿，如此一來，人們就能毫無阻礙地一次又一次朝他們的生殖器毆打他們；伯格甚至還在法蘭克福的法庭上表示，這個方法很有效。在一九五八年時，曾被關在奧斯威辛集中營的一位囚徒阿道夫．羅格納（Adolf Rögner），透過信件為斯圖加特的檢察署指出了伯格的下落。可是偵查工作卻未被積極地進行。負責偵辦的人員與奧斯威辛集中營的另一名倖存者，「國際奧斯威辛集中營委員會」（International Auschwitz Committee）的秘書長赫曼．朗貝恩（Hermann Langbein），冷冷地進行了長達數月的書信往來；他們請問對方，是否能夠在證人與情報上提供一些協助？可是朗貝恩是位難搞的夥伴，因為他提了一堆條件。另一方面，負責偵辦的人員這邊也是意興闌珊。直到過了將近半年之後，他們才在一九五八年八月十九日去拜訪阿道夫．羅格納這位線民。

那時候，就連在小城烏爾姆（Ulm），人們也都得考量，那會在巴登－符騰堡邦的司法界引發多大的反彈聲浪。那裡有十名男性遭到指控，過去在擔任親衛隊保安處（Sicherheitsdienst des Reichsführers-SS，簡稱SD）所屬別動隊的成員時，曾經參與將十三萬名男女老幼（其中有一半以上是立陶宛的猶太人）槍殺於萬人坑的行動。十名被告僅被指控執行了這場在立陶宛的種族滅絕行動的一小部分，受害者的人數大約為五千人，他們在吼叫與毆打下將受害者驅趕到現場，然後逼迫他們挖掘坑洞，接著再以十人一組的形式將他們射殺，過程中還不時會呼喝：「快點、快點，這樣我們才能早點下班！」烏爾姆的一位目擊證人曾表示：現場看起來「就像是個屠宰場」[12]。然而，這一切卻幾乎永遠也不會被起訴。烏爾姆的檢察官們早就打算擱置偵查程序。[13]直到斯圖加特的邦檢察總長埃里希・內爾曼（Erich Nellmann）得知這個案件，出手干預，更以「偵辦不力」為由，將該案從當地檢察官的手中抽走，事情才有了轉圜。內爾曼特別派遣自己的同事埃爾文・舒勒前往烏爾姆，接手案件的偵辦與起訴。因此，這場審判，無論它在一九五八年時有多重要，依然只是一場「偶然的司法下偶然的產物」，誠如《南德意志報》的記者所言，這一場罕見的失控，最終有七名被告被判處了三至五年的有期徒刑，只有三名被告被判處了十至十五年的有期徒刑。[14]

12 同上，p. 22 f.。

13 參閱Annette Weinke, *Eine Gesellschaft ermittelt gegen sich selbst*, p. 14 f.。

14 Ernst Müller-Meiningen Jr., »Gespenstische Vergangenheit vor Gericht zitiert«, *Süddeutsche Zeitung*, 30.

無論如何，這場審判倒是阻止了與奧斯威辛集中營有關案件的偵辦，在斯圖加特都完全停頓下來。被派往烏爾姆辦案的檢察官埃爾文・舒勒，接著受命在路德維希堡成立一個「納粹犯行調查中央辦公室」；這是一個得為全國各地的檢察機關提供協助的單位。發生於烏爾姆的那些血腥犯罪在民眾間引發的驚恐，促使共和國的十一名邦司法部長決定一同撥款，藉以針對納粹的犯行進行系統性的調查。不過，設於路德維希堡的中央辦公室最多卻也只能編制了十一名檢察官，為的是避免他們的工作「氾濫成災」。[15]此外，這些檢察官不單得要關注所有納粹的罪行，同時還得關注對於德國的戰俘與流亡者犯下的所有罪行。弗里茲・鮑爾曾在一九五八年時批評說：「在那裡，性質不同的事情被連在一起；一方面是納粹的不正義國家的行為，另一方面則是其後果。這樣的結合可能給人一種印象：人們想要製作一個借貸雙方在其中相互平衡的國家與國際之不正義資產負債表。」[16]從一九五八年十二月起，斯圖加特的奧斯威辛集中營調查人員雖然得到了新成立的路德維希堡中央辦公室的協助，然而，經過幾過月的通力合作，他們卻只得出了短短的一張名單，是除了威廉・伯格以外或也曾任職於奧斯威辛集中營的，共有十八人。一個簡直微不足道的成果。

與此同時，在法蘭克福卻是動作頻頻。在弗里茲・鮑爾，憑藉從遭焚燬的弗次瓦夫的親衛隊暨警察法院裡流出的文件，及獲得聯邦法院允許，可以處理奧斯威辛集中營的問題後，他從法蘭克福的邦高等法院調來兩名年輕的司法人員，約阿辛・庫格勒與格奧爾格・弗里德里希・沃格爾（Georg Friedrich Vogel），兩人當時都還只有三十三歲。從那時起，他們只需負責關於奧斯威辛集中營的案件，其他的工作一概免除。邦檢察總長弗里茲・鮑爾賦予了「奧斯威辛集中營這項主題」最高的優先權。前一位邦檢察總長曾經贊成停止偵辦與納粹有關的案件，不單只是因為舉證困難，更是因為，「從納粹政權崩潰之前起，法院對於政治犯罪眾所周知的消極態度」[17]，令人對於最終的定罪很難抱持期待。然而，鮑

August 1958。

15 參閱Marc von Miquel, »›Wir müssen mit den Mördern zusammenleben!‹ NS-Prozesse und politische Öffentlichkeit in den sechziger Jahren«, in Irmtrud Wojak (ed.), »Gerichtstag halten über uns selbst …« Geschichte und Wirkung des ersten Frankfurter Auschwitz-Prozesses, Frankfurt am Main 2001, p. 97–116（102）。

16 Bauer, »Mörder unter uns« (1958), reprinted in Perels/Wojak (ed.), *Die Humanität der Rechtsordnung*, p. 97–100 (98)。

17 Bericht Generalstaatsanwalt Frankfurt, 3. September 1953, Hessisches Justizministerium, Az. IV-1574/48, Bd. 2，引述自Matthias Meusch, »Gerichtstag halten über uns selbst «. Der Hessische Generalstaatsanwalt Fritz Bauer und die Verfolgung von NS-Verbrechen«, in Jörg Requate (ed.), *Recht*

爾所注入的企圖心卻是一項新元素；他不想坐等刑事告發或各種指點。

當弗里茲・鮑爾於一九五〇年開始在布朗史威克擔任邦檢察總長時，他只是下薩克森邦的三位邦檢察總長其中之一。然而，到了法蘭克福，他卻站上了聯邦共和國最大的檢察組織的頂峰。黑森邦是唯一一個只有一個邦最高法院的大邦，在那裡，所有九個邦高等法院檢察署、十三所監獄（當時刑事判決的執行也是由邦檢察總長負責，如今已不再如此）以及連同候補法官在內的全部一百九十九名檢察官，都歸鮑爾指揮。誠如《法蘭克福匯報》（*Frankfurter Allgemeine Zeitung*）於一九六三年時所言，「憑藉這樣的助力，這是一支戰鬥力很強的勁旅。」[18]有了這些資源作為後盾，鮑爾開始大展身手。他在法蘭克福組建的奧斯威辛集中營案件偵辦團隊確實很小；庫格勒與沃格爾的身邊原先只有一名警察專員和一名打字員襄助，後來才又加入了第三名年輕檢察官格哈德・維斯（Gerhard Wiese）。儘管如此，這樣的編制卻已是截至當時為止，在德國司法界中負責偵辦與奧斯威辛集中營有關的案件上最大的組織。

鮑爾一點也不浪費時間。他首先指示負責偵辦的年輕檢察官們，有系統地去詢問該邦的所有同事，手上已有哪些關於奧斯威辛集中營的情資可用。只有少數機關給了他們回音；不過這倒也足以顯示，與奧斯威辛集中營有關的案件的偵辦，並非只有在斯圖加特和法蘭克福才石沉大海。另一方面，他同時也為庫格勒和沃格爾安排了一趟波蘭之旅，命他們前往「奧斯威辛—比克瑙集中營博物館」（Staatliches Museum Auschwitz-Birkenau）查閱文件；在冷戰時期裡，這是一項需要外交方面協助的棘手任務。

約阿辛・庫格勒與格奧爾格・弗里德里希・沃格爾，透過世界各地的報紙、廣播電台及猶太人組織，號召倖存者們出面作證。在那之後，他們幾乎被大量關於恐怖犯行的陳述給淹沒，在接下來的兩年裡，他們沒有一天沒聽到另一名證人的控訴。直到審判開始之前，他們找到了一千五百名證人，其中的兩百五十名還被他們傳喚上證人席。有時他們也會耍點小心機。為了找出來自西里西亞（Schlesien）的犯罪嫌疑人目前的住所，庫格勒與沃格爾以格外友好的態度寫信給一些遭驅逐者的組織；庫格勒曾回憶道：「我們有時會收到非常親切的回信，那些信裡就記載了我們所要找的人在聯邦共和國裡的住址。」[19]藉由這種方式，僅僅過了半年，法蘭克福的偵辦人員就已蒐集到五百九十九名奧斯威辛集中營的犯嫌，也就是說，他們查出了將近十分之一曾經任職於奧斯威辛集中營的納粹親衛隊成

---

und Justiz im gesellschaftlichen Aufbruch (1960–1975). Bundesrepublik Deutschland, Italien und Frankreich im Vergleich, Baden-Baden 2003, p. 131–148 (132)。

18 »Frankfurter Gesichter: Fritz Bauer«, *Frankfurter Allgemeine Zeitung*, 13. July 1963。

19 Werner Renz對Kügler所做的訪問。

員。

所有與奧斯威辛集中營有關的調查，都該匯聚於法蘭克福的檢察署；這是弗里茲・鮑爾的計劃。就連在斯圖加特被人發現的威廉・伯格，還有在巴登—符騰堡邦遭人調查的另外十八名奧斯威辛集中營的犯嫌，也都該加入庫格勒與沃格爾所臚列的五百九十九名奧斯威辛集中營犯嫌名單中。然而，在法蘭克福的檢察署裡負責調查納粹犯行的部門負責人漢斯・格羅斯曼（Hanns Großmann），卻對此提出抗議。[20]他不希望規模如此浩大的審判在法蘭克福進行，反倒寧可把所有的東西全往斯圖加特去匯集。不想把別人的工作攬到自己身上，這是行政機關的自然反應。可是弗里茲・鮑爾卻不讓步。另一方面，斯圖加特的同事們也感謝他願意挑起這個重擔；畢竟，從一九五八年十一月起，他們就和指責他們辦事拖拖拉拉的國際奧斯威辛集中營委員會秘書長赫曼・朗貝恩，鬧得很不愉快。威廉・伯格其實從一九五八年十月起就一直被他們羈押。不過，直到此時，也就是一九五九年的四月底，斯圖加特方面才又動手逮捕了另外三名奧斯威辛集中營的犯嫌；反正他們很快就能把這些人移交給願意接手的法蘭克福的同事們。[21]

法蘭克福方面一步一步地建構起了一場旨在闡明整個奧斯威辛集中營的歷史真相、深具典範意義的大審判；而且這場審判所要揭示的，並非單單只是那些偶然出現在檢察官辦公桌上的真相片段。這時鮑爾也在總體上針對處理納粹時期的罪行擬訂了相同的計劃。如果只能將少數犯罪行為人帶上法庭，那麼至少要讓少數幾個榜樣性的審判確實發揮啟蒙社會大眾的效果。鮑爾當時曾在一篇文章裡寫道：「在那些駭人聽聞的事情發生了十五至二十年後，一場全面性的刑事追訴雖然受到了局限，然而卻沒有盡可能完整地發掘與認識真相。我們應該竭盡所能地去探求它們。光憑它們，就足以遏制貪圖安逸的遺忘潮流、就足以澄清法律上的善與惡、（在排除所有的吹毛求疵下）就足以讓所有的公民對於發生在自己國家裡的那些政治與人類事件過去和未來所負有的責任，形成某種公共的意識。」[22]

這時鮑爾在納粹安樂死的案件上也是採取這樣的態度。他還自發地把這個問題放在偵辦人員的日程上，並為他們設定了一個目標：從納粹的安樂死計劃的主要負責人中，選出少數幾名具有代表性的人物，將他們送上被告席。[23]那應該成為一場能夠闡明更大的歷史

20 參閱Staatsanwaltschaft beim Landgericht Frankfurt am Main, 4 Ks 2/63, Handakten Bd. 1, Bl. 20。

21 參閱Werner Renz, »Der 1. Frankfurter Auschwitz-Prozeß. Zwei Vorgeschichten«, *Zeitschrift für Geschichtswissenschaft* 2002, p. 622–641 (624–630)。

22 Bauer, »Mörder unter uns« (1958), reprinted in Perels/Wojak (ed.), *Die Humanität der Rechtsordnung*, p. 97–100 (100)。

23 關於鮑爾的這項策略，參閱Willi Dreßen, »NS-›Euthanasie‹-Prozesse in der Bundesrepublik

背景的審判；《明鏡週刊》曾期待，那「或許是德國司法史上最轟動的審判」[24]。被鮑爾交付重任的檢察官，當時年僅三十三歲的約翰尼斯・沃洛（Johannes Warlo），得將安樂死計劃的四名主嫌告上法庭。如果在這場審判裡所遭遇的逆境，它確實有可能成為與奧斯威辛集中營審判平行的、第二轟動的大審判。最重要的一名被告，所謂的「安樂死行動」（Gnadentodaktion）的醫學負責人，維納・海德教授（Werner Heyde），早在一九四七年時就已從盟軍的監禁中逃脫；由於他曾長年在烏茲堡工作，於是他就趁某回於移監過程在該地中途停留的機會成功逃脫。儘管有許多的知情者，可是對於他的搜捕卻始終苦無成果。「弗里茲・薩瓦德博士」（Dr. Fritz Sawade），誠如他當時如此自稱，住在基爾，多年來他曾受邀擔任過邦高等社會法院的鑑定人有上千次，相關的司法人員應該知道或至少懷疑過他的真實身份。直到基爾的某位具有道德良知的教授威脅要公開此事，維納・海德才在一九五九年十一月十二日向法蘭克福的檢察署投案。然而，到了一九六四年二月，他卻在羈押的過程中上吊於布茨巴赫（Butzbach）的牢裡，用一條掛在暖氣上的皮帶；也因此，檢察官們在案件偵辦上所下的一切功夫，全都白費。[25]

就連法官們也從一開始就刁難鮑爾手下的偵辦人員。他們以病重無法羈押為由，釋放了納粹安樂死計劃的其他三名負責人。於是其中一個隨即逃往阿根廷，另一個則是選擇從某個辦公大樓的九樓一躍而下。第三個，也就是「兒童安樂死」的負責人漢斯・赫弗曼

（Hans Hefelmann），是他們之中唯一一位上了法庭的被告，然而，六個月後，基森大學醫學院神經科的主任卻為他開立了證明，證明他罹患無法續行訴訟的神經疾病。[26] 誠如深感挫折的檢察官約翰尼斯・沃洛後來言簡意賅地指出，這位鑑定人預斷被告只有兩年的餘命，然而這位被告在訴訟中止後，卻比這項預斷多活了十倍有餘。

弗里茲・鮑爾催促年輕的沃洛再次嘗試，應該不惜一切代價，將在戰後遭到壓抑的那些系統性謀殺病人與殘疾人的犯行，攤在公眾面前。在納粹統治下，各邦的最高法院院長與邦檢察總長刻意對於這種機構謀殺視而不見，他們當中有二十人還活著。斯圖加特的檢

Deutschland im Wandel der Zeit«, in Hanno Loewy/Bettina Winter (ed.), *NS-»Euthanasie« vor Gericht. Fritz Bauer und die Grenzen juristischer Bewältigung*, Frankfurt am Main 1996, p. 35–58。

24 引述自Claudia Fröhlich, »Wider die Tabuisierung des Ungehorsams«, p. 288。

25 參閱Johannes Warlo, »NSG-Verfahren in Frankfurt am Main. Versuch einer justiziellen Aufarbeitung der Vergangenheit«, in Horst Henrichs/Karl Stephan (ed.), *Ein Jahrhundert Frankfurter Justiz. Gerichtsgebäude A: 1889–1989*, Frankfurt am Main 1989, p. 155–183 (164 f.)。關於Fritz Bauer爭取讓法蘭克福方面負責這個案子，參閱Fröhlich, »Wider die Tabuisierung des Ungehorsams«, p. 308 f.。

26 參閱Warlo, »NSG-Verfahren in Frankfurt am Main«, in Henrichs/Stephan (ed.), *Ein Jahrhundert Frankfurter Justiz*, p. 167 f.。

察署曾於一九六一年三月與一九六二年八月先後兩度嘗試基於法律上原因起訴他們；然而這時鮑爾卻把案件拉到法蘭克福，並且要他的人馬認真地撰寫起訴書。[27]與此同時，沃洛正在組織一場全新的安樂死審判，對象則是比先前層級稍低的一些醫生。然而，這一切的努力最後卻只是換來法蘭克福的法官令人訝異的無罪判決。[28]法庭上響起了「如雷的歡呼」，誠如《法蘭克福匯報》明顯驚恐地指出。法官們原諒這些醫生，認為他們純憑自己的良心行事，換言之，沒有「不法意識」（Unrechtsbewusstsein）。沃洛對此無語。後來他曾寫道：「對於歷史的總結無法令人滿意。在這種情況下就產生了意義的問題。」[29]

弗里茲・鮑爾廣泛地嘗試將躺在別的檢察署的、最重要的納粹案件全拉到法蘭克福來。在與黑森邦的司法部商定後，他祭出了兩萬馬克的懸賞，為的是要讓約瑟夫・門格勒（Josef Mengele）在法蘭克福受審；這位醫生曾經在奧斯威辛集中營裡不單只是針對雙胞胎進行了許多殘酷的實驗。此外，這個懸賞金額甚至是奧斯威辛集中營最後一任指揮官理查・貝爾（Richard Baer）的兩倍；這是鮑爾賦予門格勒這位被告的象徵性價值。[30]後來人們發現，早在戰爭結束後，門格勒就已逃往南美，逃往巴拉圭。他與住在施瓦本的古茨堡（Günzburg）的家人還保持著聯繫，可是兩萬馬克的獎勵卻還不足以讓當地的知情者透露實情；畢竟門格勒這個企業家族有錢有勢，當時仍是古茨堡那裡最大的僱主，地方上的人士全都對此默不作聲。

鮑爾想要的是盡可能以有高度啟蒙效用的審判。因此，納粹的重要人物馬丁・伯爾曼（Martin Bormann）的案子也受到他的關注；伯爾曼在戰爭的最後階段成了「領袖意志」的傳聲筒與最高闡述者。這個案子同樣也交給了年輕的檢察官約翰尼斯・沃洛。曾經擔任過納粹黨務中心領導人的馬丁・伯爾曼，早在一九四五年時就銷聲匿跡；圍繞著他的下落衍生出了許多傳說。在起訴主要戰犯的紐倫堡審判中，他的席位一直空著，最後他則在缺席的情況下被判刑。或許光是因為這個緣故，就讓弗里茲・鮑爾對於這個案子有著濃厚的興趣：如果能將伯爾曼逮捕歸案，並在法蘭克福審判他，那麼德國的司法機關或許就能在某種程度上參與紐倫堡審判。不過，無論如何，最讓鮑爾感興趣的，還是這個案子所隱含的歷史教訓。鮑爾曾在一九六四年的一次訪問中表示：「希特勒曾在戰爭進入尾聲時下

27 參閱Helmut Kramer, »›Gerichtstag halten über uns selbst.‹ Das Verfahren Fritz Bauers zur Beteiligung am Anstaltsmord«, in Loewy/Winter (ed.), *NS-»Euthanasie« vor Gericht*, p. 81–131 (91)。

28 同上，p. 169。

29 同上，p. 175 f.。

30 參閱Werner Renz, »Der 1. Frankfurter Auschwitz-Prozeß. Zwei Vorgeschichten«, *Zeitschrift für Geschichtswissenschaft* 2002, p. 622–641 (633)。

令，萬一德國落敗，就滅絕整個德意志民族；遺憾的是，這件事情在德國鮮為人知。伯爾曼被賦予了執行這項命令的重責大任。為此，他需要國防軍的支持，然而後者卻不遵守命令，反而壓制了他。」[31]任何聽聞此事的人定能治癒所有的懷舊病；這顯然是弗里茲・鮑爾打的算盤。在這當中，他或許高估了伯爾曼的歷史角色。[32]不過，他的點子，不惜耗費大量的人力物力也要設法揪出伯爾曼，卻也顯示出了他所在乎的是什麼樣的啟蒙目標。

對此，奧斯威辛集中營的案子是最重要的例子。弗里茲・鮑爾委託慕尼黑的當代歷史研究所（Institut für Zeitgeschichte）擔任納粹迫害政策的歷史鑑定人，所有鑑定的內容都將公開於法庭之上。鮑爾要求歷史學家們應以社會大眾容易理解的、鮮活的方式表達。[33]他還提到，文件不僅得要朗讀，更要善用最新科技將它們「投影到大屏幕上」。[34]在這當中，他也絲毫沒有受到備位法官維納・胡默里希（Werner Hummerich）的異議所影響；根據胡默里希的說法，對於法院而言，歷史學家的鑑定「通常……毫無價值」，因為法院並不研究「任何當代歷史」，只是單純根據「個人的具體行為做出判決」。[35]

對於被鮑爾視為計劃中的奧斯威辛集中營審判所具有的深層意義的那些事，這些證言絕非毫無價值。他曾在某次的小組談話中表示：「即使冒著檢察署會被指責起訴是在作秀的危險，這場審判也要呈現出政策推動所造成的整個事情的全貌。」[36]鮑爾親自委託的歷史學家們應當描繪出一幅完整圖像。就連年輕的檢察官約阿辛・庫格勒，誠如他自己後來

31 鮑爾接受德國猶太復國主義青年雜誌的訪問，*Me'orot*, October/November 1964, p. 4–6 (5)。

32 關於戰爭結束前不久Bormann所發出的，兇狠無情地消滅所有懷疑者的堅持到底的口號，請參閱Peter Longerich, *Hitlers Stellvertreter. Führung der Partei und Kontrolle des Staatsapparates durch den Stab Heß und die Partei-Kanzlei Bormann*, München 1992, p. 202，以及Jochen von Lang, *Der Sekretär. Martin Bormann: Der Mann, der Hitler beherrschte*, 2. edition Frankfurt am Main 1980, p. 322, 324。只不過，在那當中並未提到「滅絕整個德意志民族」。順道一提，直到數年後，人們才發現，自己根本是在追捕一個幽靈。Bormann其實早在一九四五年時就已在柏林自殺身亡，到了一九七二年人們才在那裡發現他的屍骨。它們被放在一個紙箱中，收藏在一直不願停止對它們進行調查的法蘭克福的檢察署的一個證據室裡，長達二十六年之久，直到一九九八年時的一項ＤＮＡ鑑定，才結束了所有的猜測。之後，鮑爾在法蘭克福的後繼者火化了遺骸，將骨灰撒入波羅的海。

33 邦最高法院檢察署與法蘭克福及威斯巴登檢察署的舊朝政治案件承辦人，在一九六二年十一月七日向邦檢察總長鮑爾匯報的附註，Hessisches Hauptstaatsarchiv, Abt. 631a, Nr. 1800, Bd. 84, El. 89.

34 Protokoll der 4. Arbeitstagung der Leiter der Sonderkommissionen zur Bearbeitung von NS-Gewaltverbrechen vom 21. October 1963, p. 22 f., Hessisches Hauptstaatsarchiv, Abt. 503, Nr. 1161。

35 引述自Werner Renz, »40 Jahre Auschwitz- Prozess. Ein unerwünschtes Verfahren«, *Newsletter Nr. 26 des Fritz-Bauer-Instituts*, Herbst 2004, p. 13–16 (16)。

36 Protokoll der 4. Arbeitstagung der Leiter der Sonderkommissionen zur Bearbeitung von NS-Gewaltverbrechen vom 21. October 1963, p. 22 f., Hessisches Hauptstaatsarchiv, Abt. 503, Nr. 1161。

曾回憶道，也在法庭上「聽得目瞪口呆」，「因為很多事情都是我前所未聞。」[37]舉例來說，這些歷史鑑定人打破了奧斯威辛集中營的衛兵都是被迫犯罪的傳說。事實上，只要願意，他們就能離開奧斯威辛集中營，轉服常規的兵役。

應該讓盡可能更多的觀眾可以得知審判的經過。這也就是為何弗里茲・鮑爾極力爭取一個可以想見的大舞台。[38]在徒勞地嘗試租借展覽中心的多功能廳（Festhalle）後，邦高等法院獲得許可，可以使用市議會的議場大廳（市議員們讓出議場），過了三個月之後，審判的地點則改到了當時剛落成的加盧斯市民住宅（Bürgerhaus Gallus）所屬、規模更大的劇場。另一方面，鮑爾與他的戰友，像是亨利・奧蒙德（Henry Ormond），還在保羅教堂（Paulskirche）展出奧斯威辛集中營的一些展品。成千上萬的德國人前來觀看。當舒爾坎普出版社（Suhrkamp）的出版者席格弗里德・昂謝爾德（Siegfried Unseld）請求，允許使用審判過程中的一些資訊作為計劃撰寫的一部劇作的基礎時，鮑爾立刻熱心地回信給對方表示：「檢察署深知自己對於詩人與思想家所負有的優先義務！」[39]以這樣的方式產生的這部劇作，也就是劇作家彼德・魏斯（Peter Weiss）的《法庭調查》（*Die Ermittlung*），在一九六五年同時於德國的十二個舞台進行首演。在審判開始時，經審判長許可，人們可以錄影幾分鐘的時間。來自歐洲各國的十二支電視團隊將他們的攝影機與聚光燈對準了二十二名被告，來自世界各地的兩百多名記者振筆疾書地寫著筆記。

這場審判並不是因為篇幅多達九百二十頁的判決書在法律上的精雕細琢，而成為一場意義深遠的審判；這份判決書是在一九六五年八月公布，它也給鮑爾帶來了一些令人痛苦的失望。其實單單只是因為這時產生了一份篇幅長達九百二十頁、關於奧斯維辛集中營的判決，從此以後，再也沒有人能對判決的內容視而不見。這就是當一九六三年十二月二十日帷幕升起時，弗里茲·鮑爾所取得的成就。

為何無神論者與耶穌（且再也不與摩西）爭辯

對於弗里茲·鮑爾而言，伴隨著奧斯威辛集中營審判的準備工作，開始了一段他本人受到公眾關注的時期。記者們對於這位想將發生於奧斯威辛集中營裡的犯行告上法庭的人物很感興趣。弗里茲·鮑爾這位揭發納粹罪行的人是個猶太人，許多德國人都認為他是個

37 Werner Renz對Kügler所做的訪問。

38 參閱Renz, »Der erste Frankfurter Auschwitz-Prozeß. Völkermord als Strafsache«, *1999 : Zeitschrift für Sozialgeschichte des 20. und 21. Jahrhunderts*, September 2000, p. 11–48 (30)。

39 Bauer於一九六四年七月十五日寫給Unseld的信，引述自Irmtrud Wojak, *Fritz Bauer*, p. 354。

太過心狠手辣的起訴者，是六百萬名猶太人的復仇者，他接受了採訪，發表了散文與論文，並且在一九五八年時藉由一篇文章向教會的《教區之聲》的讀者們表達自己的心聲，他利用這篇明白拒絕死刑（這與當時某些聯邦的部長形成鮮明對比）的文章，作為最能清楚證明自己完全沒有報復想法的例子。鮑爾引述新教神學家弗里德里希・施萊爾馬赫（Friedrich Schleiermacher）的話表示，「國家的基督教化」必然會讓人們日益認識到，死刑不僅是多餘且不值得的，而且還是「不道德的」。[40]

鮑爾還利用這個機會順便澄清了：有別於人們長久以來的誤解，猶太教其實並不贊成復仇的原則。鮑爾表示，雖然《舊約聖經》的開頭之處講述了該隱與亞伯的故事，但那並非犯罪與贖罪的例子。事實上，人們往往忽略了，上帝寬恕殺害兄弟的該隱，才是那個故事真正所要表達的重點。[41]鮑爾舉了在威瑪共和時期遭到謀殺的外交部長華特・拉特瑙，作為人類具有寬恕能力的一個例子；在拉特瑙遭人槍殺後，他那悲傷的母親象徵性地伸出了自己的手，透過一封信向兇手的母親表示寬宥。[42]鮑爾無須提及拉特瑙一家是猶太人；他大可假定這點是眾所周知。他幾乎無法再更清楚地表達自己反對他人認為猶太人喜歡復仇，這種刻板印象的論點。

值得注意的是，這時他經常會特別站在基督徒的立場來闡述自己的政治論點。鮑爾會援引耶穌，[43]他會稱宗教改革先驅路德（Martin Luther）、喀爾文（Jean Calvin）與茲文里

（Huldrych Zwingli）為他的哲學導師。[44]他展現了對於《新約聖經》的熟稔，充滿自信地引用了《羅馬書》與《福音書》。[45]在一九五七年發表的《犯罪與社會》裡，他喚起「西方人類」[46]的價值觀，讚揚寬恕不單只是一種美德，還是「基督教的美德」[47]。

一九六一年十一月，在奧斯威辛集中營審判的初步調查已經展開時，他曾在黑森（Hessen）與拿紹（Nassau）的教會兄弟會（Kirchliche Bruderschaft）舉行的集會上發表

---

40 Bauer, »Gegen die Todesstrafe« (1958), reprinted in Perels/Wojak (ed.), *Die Humanität der Rechtsordnung*, p. 393–397 (397)。

41 同上，p. 393。

42 同上，p. 394。

43 Bauer, »Die Schuld im Strafrecht« (1962), reprinted in Perels/Wojak (ed.), *Die Humanität der Rechtsordnung*, p. 249–278 (254)。

44 同上，p. 268。

45 Bauer, »Der Prozeß Jesu« (1965), reprinted in Perels/Wojak (ed.), *Die Humanität der Rechtsordnung*, p. 411–426 (415)。

46 Bauer, *Das Verbrechen und die Gesellschaft*, p. 205。

47 同上，p. 193。

演說。[48]鮑爾的演說主題就是，為何納粹的犯行在形式上的合法性不會改變它們的犯罪本質。在演說中，這位司法人員援引了新教的神學進行論述。鮑爾還旁徵博引了新教神職人員的許多名言。在語氣和態度上，這些內容也和另外兩位神學家（馬丁・尼莫勒〔Martin Niemöller〕與漢斯－維納・巴特許〔Hans-Werner Bartsch〕〔《國家不是敬愛的上帝》{*Der Staat ist nicht der liebe Gott*}〕）的演說很搭。後來現場有位聽眾問到，對於基督徒而言，十誡裡的第五誡是否與殺死暴君有所衝突？鮑爾並不是答說：這個問題你問錯人了，而是回答：「我認為我已對此進行了詳細地闡述。」[49]

當鮑爾在一九五七年見到自己的論述被新教教會會議的最新決議所認可，[50]當他在一九六三年接受電台訪問，語帶讚揚地引述了當時才剛去世的教宗的通喻（encyclical）（在這當中，他還清楚地讓人知道，他當然曉得教宗是哪一天逝世〔在「濯足節」〕）[51]，或者，當他同樣也是在一九六三年，表達了「對於德國福音派教會理事會的聲明格外感謝」[52]之意，這位屬於左派、頗具爭議性的司法人員，在態度上總是十分溫和且一派典型中產階級的模樣，重要的是，他不太會給人他是猶太人的感覺，就彷彿他不是杜賓根猶太教堂負責人的外孫，而是某位杜賓根的牧師的外孫。

這背後並未隱藏著真正的宗教信仰，儘管鮑爾從不缺乏對於他人的宗教信仰的尊重。一九六五年，有一回，在拜訪好友麥爾－維爾德夫婦時，他站在他們剛出生的女兒埃絲特

（Esther）的搖籃旁，彎著腰看著她，手裡握著一支雪茄，整個人忘情於這個永遠不想結束的時刻。小寶寶抓著他的拇指。埃絲特的母親後來曾回憶道：「當時我很害怕菸灰會掉下來！」[53]當這對夫妻詢問他是否願意當這個孩子的教父時，他深感榮幸地立刻答應。儀式是在卡塞爾（Kassel）的一個空蕩蕩的教堂裡舉行，舉行儀式之前，新教的牧師先詢問了鮑爾的宗教信仰，鮑爾只是友好地回答說：「我可以在登山寶訓上畫押。」這個回答讓

---

48 法蘭克福的意見出版社（Stimme-Verlag）曾在一九六二年時將所有的演說集結成冊。鮑爾的演說引述自，Bauer, »Widerstandsrecht und Widerstandspflicht des Staatsbürgers«, reprinted in Perels/Wojak (ed.), *Die Humanität der Rechtsordnung*, p. 181–205。

49 同上，p. 204。（與聽眾們的問答也轉載於演說稿後。）

50 Bauer, »Straffälligenhilfe nach der Entlassung« (1957), reprinted in Perels/Wojak (ed.), *Die Humanität der Rechtsordnung*, p. 315–339 (322)。

51 鮑爾的電台訪問：»Zu den Naziverbrecher-Prozessen. Das politische Gespräch«。北德廣播公司（Norddeutscher Rundfunk；簡稱ＮＤＲ）於一九六三年八月廿五日播出的節目，reprinted in Joachim Perels/Irmtrud Wojak (ed.), Die Humanität der Rechtsordnung, p. 101–117 (115)。

52 同上，p. 116。

53 對Meyer-Velde所做的訪問。

牧師相當滿意。不過，在比較認真的情況下，鮑爾倒是曾經私下透露，他拒絕「形上學的方法。道德神學告訴了我更多……我沒有宗教信仰，至於形上學，對我來說，則是多少有些美麗的抒情詩；充其量我只在心理學、社會學與詩詞等方面上對它們感興趣。」[54]

這背後同樣也沒有對於基督教教義而非猶太教教義所新生的同情。鮑爾曾在寫給慕尼黑的筆友梅利塔・維德曼（Melitta Wiedemann）的信中表示：「猶太教的道德神學吸引我的，就是從先知經馬克思（Karl Marx）再到德國工會聯合會（Deutscher Gewerkschaftsbund；簡稱DGB）的路徑。」[55]這可以說是他對猶太教義所做的獨特描述（正如那是一段獨特的筆友情誼：梅利塔・維德曼原是一個出生於柏林的富家女，她曾在一九三〇年時加入了納粹黨，不過隨即又在一九三一年退出，根據她自己所述，她曾在納粹衝鋒隊的逼迫下留宿了阿道夫・希特勒三天。在納粹統治期間，她曾在宣傳部的許可下發行了「科學」月刊《反共產國際》〔*Contracomintern*〕）。[56]然而，一條由《妥拉》經馬克思到德國工會聯合會所串起的線，出自自稱是社會主義者的鮑爾之口，這倒也是對於《妥拉》的教義所表達出的好感。相反地，在「康德的基督教」[57]裡，他卻看不到任何解放的方法，有的只是讓信徒們遵守紀律；這點鮑爾早在學生時期就已清楚表明。當他指出「忍耐地服從（基督教），與《舊約聖經》裡的先知們，對於國家的積極批評之間，兩者的區別」[58]時，他個人的好惡所在可說是表露無遺。

不過鮑爾倒是利用了自己在基督教教義方面的知識（這些知識的獲取得要歸功於過去在杜賓根求學時，他曾去上了兩個學期新教神學的課），讓自己想做的事情獲得認可。他利用基督教的言語，來掩飾自己和自身想在政治上說服的絕大多數德國人有所不同的這一點——他是個猶太人。但這並不當然就代表著，他自己完全不會被這一點所驅使。

---

54 鮑爾寫給Melitta Wiedemann的信；在鮑爾逝世時，信件曾被轉載於*Gewerkschaftliche Monatshefte*, 19. Jahrgang, August 1968, p. 490–492。那裡雖然沒有提到這些信的收件人是Melitta Wiedemann，不過這件事後來卻被鮑爾的朋友與遺囑執行人Manfred Amend發現。Wiedemann也曾在寫給Walter Fabian的一封信中提及這段筆友情誼；參閱Deutsches Exilarchiv, Frankfurt am Main, EB 87/112 (Nachlass Walter Fabian)。信件的原本如今已不復存在。

55 同上。

56 參閱Wiedemann於一九六四年七月九日寫給Walter Fabian的信，Nachlass Walter Fabian, Deutsches Exilarchiv, EB 87/112。

57 參閱*Monatsberichte des Bundes Freier Wissenschaftlicher Vereinigungen*, July 1922, p. 5。Archiv Leo Baeck Institute New York, MF B78。

58 鮑爾寫給 Melitta Wiedemann的信；*Gewerkschaftliche Monatshefte*, 19. Jahrgang, August 1968, p. 490–492。括號裡的引文為原始內容。

鮑爾這時想要反駁自己在小時候曾因而受到嘲弄的，關於「猶太人殺死了耶穌」這種說法。當美國猶太人委員會（American Jewish Committee）於一九六〇年呼籲抵制在上阿默高（Oberammergau）演出的耶穌受難劇（Passionsfestspiele），因為當地村民堅持要把猶太人描繪成殺害耶穌的兇手，鮑爾看到了一個機會。他不想親自公開表達意見。取而代之，他嘗試說服法蘭克福大學的校長馬克斯・霍克海默把這件事情鬧成醜聞。[59]誠如鮑爾在一篇文章裡所指出，殺死耶穌的並非猶太人，而是羅馬人；[60]他是在過了五年之後，才在一本旨在藉由啟蒙對抗反猶太主義的雜誌上，在《看台——認識猶太教的雜誌》（*Tribüne. Zeitschrift zum Verständnis des Judentums*）上，發表了這篇文章。

為了不危及自己所努力營造出的客觀形象，他未在任何地方透露自己所受的猶太教育。儘管鮑爾針對耶穌受審的論述，涉及到了猶太人的律法，但他卻只採用了基督教的史料。沒有任何拉比具有發言權。當鮑爾於一九六二年為一本關於十誡的書寫跋時，他並不是從猶太人的經典引述猶太宗教領袖摩西的話，而是從湯瑪斯・曼的作品。[61]

正如為了顯示他完全不覺得自己有把自己和多數德國人區別開來、與猶太人的特殊關係，一九六二年時，在為社會工作者所做的一場演說中，他甚至批評那些「如同夏洛克（Shylock）堅持『以眼還眼，以牙還牙』這種假象」[62]的人。很難想像他在這些言詞中居然避開了反猶太主義的一些陳腔濫調；他顯然不想讓任何人察覺到其中的敏感性。對於戰後的反猶太主義，鮑爾從來未曾在德國公開表達過意見。

59 鮑爾與Horkheimer在一九六〇年的書信往返，Max-Horkheimer-Archiv in der Stadtund Universitätsbibliothek Frankfurt am Main, I/2 230。

60 Bauer, »Der Prozeß Jesu« (1965), reprinted in Perels/Wojak (ed.), *Die Humanität der Rechtsordnung*, p. 411–426。鮑爾借用《新約聖經》與羅馬法做了發揮。他首先說明了，根據當時實施的猶太律法，Jesus確實滿足了褻瀆上帝的構成要件，這也就是為何根據《約翰福音》19：7，猶太人對Pontius Pilatus表示：「我們有法律，根據這部法律他必須死。」這樣的說法其實也沒有錯。這樣的律法雖然是不對的，正如後來的基督教教會或更後來的伊斯蘭教的律法一樣，但它們卻是有效的。只不過，羅馬殖民者從來也不會去執行猶太司法的判決，羅馬人有自己的律法。根據羅馬法，人們可以指控Jesus妄自稱王；這是一個完全獨立的指控。羅馬人自己的指控、自己的法律、自己的判決——結論就是，這是羅馬人自己所做的處決，跟猶太司法一點也沾不上邊。

61 參閱Bauer, »Nachwort« zu Hermann Schreiber, *Die Zehn Gebote*, Düsseldorf 1962, p. 383 f. (384)。鮑爾在此引述了Mann在一九四四年發表的《法律》（*Das Gesetz*），這個故事講述了Moses如何嘗試將鬆散的希伯來氏族形塑成一個民族。

62 Bauer, »Forderungen der Gesellschaft an die Strafrechtsreform«, Vortrag gehalten auf dem Arbeiterwohlfahrt-Sozialarbeitertreffen 30. May bis 3. June 1962 in Bad Godesberg, *Schriften der Arbeiterwohlfahrt* 14 (個人出版), p. 5–20 (17)。

集中營的剖面：鮑爾的策略

一九六四年十二月，在奧斯威辛集中營審判的證據調查進入高潮時，有位學生在一場電視座談會上問他：「你是否認為，發生在一切都井井有條的第三帝國裡，種種如會計般的犯行當中，有某種虐待狂在發揮著影響？或者，你並不認為這裡所提到的老實的公民，就只是被放到某個職位上，填補那個職位，無論他是在某個機器工廠，他可能在那裡計算著備料，抑或是在某個火車的裝卸台，他可能在那裡計算著也許會被帶往毒氣室或其他地方的人？」

鮑爾語帶閃躲地答道：「是這樣的，我得告訴你，你不能一概而論。那或許會完全錯誤……」

學生：「不，這不是一概而論，我指的其實是一個主要趨勢！」

鮑爾沉吟了一會兒。他表示，可惜德國的刑事訴訟，並非旨在探究犯罪的深層原因。因此，在刑罰體系中人們必須等待，在審判結束很長一段時間後，心理學家才能著手進行自己的工作。在那之前，虐待狂的問題勢必都將懸而未決。

那位學生堅持地表示：「可是且讓我們以艾希曼為例，他未曾殺死任何一個人。那是什麼呢？那肯定不是虐待狂。」[63]

沒有殺死任何一個人的艾希曼。這是視為將鮑爾與他的檢察官們在法蘭克福對抗的一切，濃縮在裡頭的半個句子。這是特別讓聯邦共和國感到自在的看法：艾希曼坐在辦公桌前，處理著各種數字；由於他沒有親手殺人，所以他沒有殺人。這種見樹不見林的觀察方式會讓人看不到，大屠殺的整部巨大機器都是建立在（並由艾希曼進行校準），最終能在盡可能少的人動手下，盡快殺掉盡可能多的人。

發生於奧斯威辛集中營的大規模滅絕，不是一九六三年時才首次被告上法庭。在以色列，早在一九六一年時就已展開的阿道夫・艾希曼的審判中，它也是其中一個主題。然而，這時在法蘭克福進行的審判，卻在一個關鍵點上與此有所不同：在法蘭克福，沒有一個單獨的犯罪行為人受審，審判也並非針對某個特定的人，而是朝著一種社會現象。這就是弗里茲・鮑爾與他的起訴團隊所強調的：事關能夠如此順暢地殺人，其中所需的分工。後來歷史學家則將此稱為大屠殺的主要結構特徵。這是法蘭克福的檢察官們所要傳達的主要信息 在這部巨大的殺人機器中，雖然只有少數一些人親自站在毒氣室的門邊，艾希曼

63 鮑爾的電視訪問：»Heute abend Kellerklub. Die Jugend im Gespräch mit Fritz Bauer«。黑森電視台（HR）於一九六四年十二月八日播出的節目。

甚至還站得很遠。然而，謀殺之所以能夠以如此高的效率進行，無非只是因為它的運作方式就和一家工廠一樣。

這就是讓法蘭克福奧斯威辛集中營審判的證據調查，變得真實、生動的場景。[64]自一九四二年春季起，一列又一列的死亡列車就已開始駛入奧斯威辛集中營。它們是由隸屬於親衛隊國家安全部，在上級突擊隊領袖阿道夫・艾希曼領導下的「猶太處」，所負責的組織。六百多列火車將一百多萬人運到了那裡。每回親衛隊國家安全部都會透過電報與無線電，通知奧斯威辛集中營的營區指揮官，列車將至的消息，司令部隨即就會通知各個部門的負責人（預防性拘留營、政治部、親衛軍駐地醫生服務處、行車後勤單位、警備部隊、勞務隊伍），在火車裝卸台上接收那些飽受驚嚇的人，每個部門都有一個明確的工作計劃。被分配到去裝卸台工作的親衛隊士兵，打開車廂的門，把被塞入車廂裡的人趕出車廂，從火車司機那裡取走運輸文件，把被送來的人分成男人、女人和小孩，接著再分成「無工作能力」和「有工作能力」，將人們排成五排，清點人數，為火車司機簽「運輸力證明」，下「清理命令」在裝卸台上洗劫抵達集中營的猶太人的財物，把那些即將殺掉的人用卡車運往毒氣室或是要他們排成隊伍走到那裡，指示他們脫衣服準備「沖澡」，將赤裸的人送入毒氣室，鎖上氣密的門，用救護車將齊克隆B（Zyklon B）帶到死亡工廠，將毒氣扔入球形模具裡，透過窺視孔觀察氣化過程與受害者的死亡掙扎，確認毒氣室裡頭的人已死亡，下令打開毒氣室，安排在焚化場裡的屍體火化，檢查金牙是否拔除，剪掉婦女的頭髮，監視貴重物品的盜竊，透過電報呈報給在親衛隊國家安全部裡的大屠殺簿記員，被驅逐出境者的總數（男性和女性分開），呈報被安置入營區的囚犯人數，以及已被殺掉的人數，將那些被選為「有工作能力」的男性和女性（從不超過一趟運送的總人數的25%）安置到集中營裡，命令他們洗澡，讓他們剪去毛髮、穿衣服與紋身，然後要他們作為勞動奴隸，壓榨他們的勞動力，直到他們平均過了三個月後同樣難逃一死。

弗里茲・鮑爾指示他手下的檢察官，將一個「集中營的剖面」帶上被告席，這是一個範例性的擇取，它得要表現出這整個系統，「從指揮官到囚犯監工」[65]（這會讓人自然而然地聯想到紐倫堡審判）的整體狀態。這個剖面包含了低階與高階的官兵，包含了聽憑自己愚蠢的任性在奧斯威辛集中營裡橫行的人，像是主管助理奧斯華・卡杜克，喝了酒就在營區裡亂晃，然後隨意打死囚犯，[66]也包括了野心勃勃地完成自己的任務的人，像是醫療服務人員約瑟夫・克雷爾（Josef Klehr），他總是在醫療大樓裡殺死比所要求的更多的

64 感謝Werner Renz。
65 對Wiese所做的訪問。
66 參閱Werle/Wandres, *Auschwitz vor Gericht*, p. 166–170。

人，藉以讓一天中的死亡人數「湊個整數」，例如從二十八湊成三十，或從三十七湊成四十。[67]

鮑爾甚至還以共同謀殺的罪名，起訴一位在奧斯威辛集中營裡負責分發條紋囚衣的納粹親衛隊成員。此舉旨在作為某種聲明，作為鮑爾的核心法律論點之中一個示意性範例。就發放囚衣本身來說，當然不算是犯罪。

然而，根據弗里茲・鮑爾的論點，在如此高度組織化的犯罪中，這種見樹不見林的觀察方式是錯的。因為整個情況並不是說，在滅絕營裡存在著以滅絕為己任的親衛隊成員，也存在著以藉由發放防護衣，來阻止殺戮為己任的親衛隊成員。親衛隊的成員們當然不是在相互對立下各自行事，他們其實是在一個共同的目的上分工合作，所有在這部大型的分工機器裡分配給在不同職位上的不同親衛隊成員的不同任務，也都只是為了這個目的服務。「其實很久以前就已經有集中營」，鮑爾手下撐起這場大審判的年輕檢察官之一，約阿辛・庫格勒後來曾表示，「它們存在於世界上的許多地方，在那些集中營裡，被關押的人可能會被拳打腳踢、被刑求、挨餓。在我眼裡，奧斯威辛的獨特之處就在比克瑙（真正的滅絕營），這是迄今為止史無前例的、如工廠般的謀殺……而且還利用了殘餘物。在此之前還從來沒有人這麼做過。」[68]

守在毒氣室門口的親衛隊差役，正如那些將注定要工作到死的工作奴隸的頭髮剃光，或是讓其穿上條紋制服，藉此為行兇者清除最後阻礙的那些親衛隊成員，都是為同樣的目的服務。弗里茲・鮑爾表示，所有這些納粹親衛隊成員全都在分工下推動一個殺人工廠的運作；如果我們在回首過往時幫每個小齒輪一個忙，以分別單獨的方式去看待它們，而無視於它們在一部更大的機器裡的功能，那麼人們就會認不清實際在奧斯威辛集中營裡發生的事情。

因此，誠如歷史學家馬蒂亞斯・摩伊許所言，如果只是個別地證明集中營的某個衛兵犯下「殺害X、Y或Z的謀殺罪」，這並不符合納粹統治的實際情形。[69]鮑爾表示，在這種傳統的法律觀點背後（艾希曼是個從未對任何人施暴的簿記員，在更衣室裡的納粹親衛隊成員則只是發衣服給囚犯），隱藏著人們想要「藉由將那些可怕的事情原子化或碎片

67 同上，p. 192。

68 Werner Renz於一九九八年五月五日對Kügler所做的訪問。以及Ilona Ziok對Kügler所做的訪問：»Fritz Bauer. Tod auf Raten«, Deutschland 2010, CV Films Berlin。

69 Meusch, »Gerichtstag halten über uns selbst«, in Requate (ed.), *Recht und Justiz im gesellschaftlichen Aufbruch (1960–1975)*, p. 131–148 (144)。

化、去私人化，並進而消弭集體犯行」的願望。[70]

在一個像奧斯威辛－比克瑙集中營這樣的地方，忐忑不安的群眾會被送去那裡，就只是為了要被盡可能有效地謀殺與焚化，在那裡，誠如漢娜・鄂蘭在評論奧斯威辛集中營審判時所述，所有的守衛都被「一個無與倫比的人潮所包圍，那些人無論如何都注定得死」[71]，在法蘭克福的檢方看來，那裡的所有相關人員就只有一種道德選擇，那就是：拒絕。一個人如果明知一部機器就是用來殺人，但他非但沒有拒絕，反倒還參與維持這部殺人機器的運作，那麼他就是殺人的共犯，無論在分工合作的過程中，他是在那個位子上貢獻其一己之力，也無論他是在毒氣室旁、抑或是在更衣室裡。這是法蘭克福檢方的法律核心。[72]弗里茲・鮑爾指示他手下的檢察官們在這樣的意義上進行論述。[73]

「如果人們對於納粹親衛隊軍官、對於士兵，對於醫師與藥劑師、對於某些成為殺人幫兇的囚徒分開處理，那將在完全不會與為刑事訴訟所設的界限發生衝突下更容易、更迅速地進行審理。」《明鏡週刊》的法院記者格哈德・茅茲（Gerhard Mauz）曾贊同地提到了這一點。[74]這也就是為何陪審法庭的首席法官漢斯・霍夫麥爾（Hans Hofmeyer）其實很想這麼做，但弗里茲・鮑爾卻成功地反對了。[75]茅茲還表示：「龐大的素材也許可以被分解成容易處理的許多部分，然而，如此一來，將不會產生任何足以迫使人們承認過去的錯誤的全貌。」[76]

　　弗里茲・鮑爾則是如此說明自己的想法：「在納粹所統治的歐洲有個清算猶太人的命令；謀殺的工具就是奧斯威辛、特雷布林卡（**Treblinka**）等集中營。任何人若是參與了這

---

70 Bauer, »Im Namen des Volkes. Die strafrechtliche Bewältigung der Vergangenheit« (1965), reprinted in Perels/Wojak (ed.), *Die Humanität der Rechtsordnung*, p. 77–90 (84)。

71 Hannah Arendt, »Der Auschwitz-Prozeß«, in Eike Geisel/Klaus Bittermann (ed.), *Nach Auschwitz. Essays & Kommentare 1*, Berlin 1989, p. 99–139 (133)。

72 Bauer, »Ideal- und Realkonkurrenz bei nationalsozialistischen Verbrechen?«, *JuristenZeitung* 1967, p. 625–628。

73 對Wiese所做的訪問。

74 Gerhard Mauz, »Ein Gedränge ohne Ausweg«, *Der Spiegel*, 24. February 1969。

75 Meusch, »Gerichtstag halten über uns selbst «, in Requate (ed.), *Recht und Justiz im gesellschaftlichen Aufbruch（1960–1975）*, p. 131–148 (136)。預審法官Heinz Düx，他受命得在允許奧斯威辛集中營審判起訴前先詳細審閱檢方的調查結果（這種機制如今已從德國刑事訴訟制度中移除），後來曾經表示，當時遭到了兩名與這場審判無關的法官關說。Dr. Würffel與von Glasenapp這兩位法官，早在一九六一年八月，就曾向Düx關說，企圖說服他，藉由否定對於某些被告的管轄權，縮小鮑爾所計劃的大審判。»Geheimvermerk Nr. 1«, 17. August 1961, Privatarchiv Düx。

76 Gerhard Mauz, »Ein Gedränge ohne Ausweg«, *Der Spiegel*, 24. February 1969。

種殺人機器的運作，則都負有參與謀殺的罪責，無論他做了什麼，當然，前提是他知道這部機器的目的，對於那些曾在滅絕營裡或知道滅絕營是什麼的人來說，這是理所當然，從衛兵開始一直到最高層，完全毋庸置疑。一個人若是隸屬於某個席勒式的強盜集團、或是隸屬於《謀殺公司》（*Murder Inc.*）式的幫派集團，在這個國家的任何刑事司法人員都不會懷疑，這個人負有謀殺的罪責，無論他是以「老闆」的身份坐在辦公桌旁下達謀殺的命令，或是負責分配槍枝，或是去犯罪現場探勘，或是親手開槍，或是負責把風，或是負責做些其他在分工的框架下被分配的任務。」[77]

法蘭克福的審判當然也揭露了極端虐待狂的一些個案，某些其實並不屬於奧斯威辛集中營計劃的個別的任性胡為的行為。舉例來說，有一回，在一批小孩被運到集中營時，威廉・伯格發現其中一個小男孩居然藏了一顆蘋果，於是伯格就走向那個小男孩，抓住他的腳，把他的頭砸向營房，然後若無其事地撿起蘋果，把它吃掉。[78]奧斯華・卡杜克則是曾經從囚犯的頭上把他們的帽子摘下，然後把它們拋向帶刺鐵絲網的方向，扔過一條囚徒禁止跨越的界線，如果囚徒跑過去取回帽子，他們就會如卡杜克所預期那樣被衛兵射殺。[79]

馬丁・瓦爾澤曾在一九六五年時指出（完全符合弗里茲・鮑爾的意旨），諸如「婦女被活生生地推入火中」或「早餐時間的仁慈射擊」之類聚焦於個人獸行的報紙標題，只會分散人們的注意力。「我們當然曉得，我們與這些事件、這些暴行無關。這些卑劣行徑是不可分割的。在這場審判中人們不談論我們。」瓦爾澤批評道：「我們用這樣的言語讓奧斯威辛集中營遠離我們。……我們必須在排除目前被告被指責的種種附帶的因素與特質下設想殺人工廠。……沒有這些『色彩』的奧斯威辛集中營，才是真正的奧斯威辛集中營。」[80]那是奧斯威辛－比克瑙集中營如工廠般的性質，即使沒有個別守衛的虐待行為；這樣的性質讓一個男孩用鮮血在營房的牆上寫下了：「安德烈亞斯・拉帕波特（Andreas Rappaport）——活了十六年」，這樣的特點也讓一個九歲的孩子說出了：他曉得自己知道「很多事情」，但卻「再也無法學習更多」。[81]

---

77 同上。

78 參閱Werle/Wandres, *Auschwitz vor Gericht*, p. 66 f.。

79 同上，p. 169 f.。

80 Martin Walser, »Unser Auschwitz«, *Kursbuch* 1/1965, p. 190，引述自Stephan Braese, »›In einer deutschen Angelegenheit‹ – Der Frankfurter Auschwitz-Prozess in der westdeutschen Nachkriegsliteratur«, in Irmtrud Wojak (ed.), »Gerichtstag halten über uns selbst ...«, p. 217–243 (220 f.)。Jörg Friedrich也曾表達類似的想法，參閱Claudia Fröhlich, »Wider die Tabuisierung des Ungehorsams«, p. 317。

81 引述自Arendt, »Der Auschwitz-Prozeß«, in Geisel/Bittermann (ed.), *Nach Auschwitz*, p. 99–139 (135)。

一九六四年，弗里茲・鮑爾曾在與學生的電視座談中表示：「奧斯威辛集中營的問題，在這方面我們或許有共識，並不是始於奧斯威辛集中營與比克瑙集中營的大門。大批的人群被帶進了這些集中營，所以前前後後牽涉到了許許多多的犯罪行為人。」[82]不過，鮑爾的論點（每個在滅絕營裡工作的人都負有殺人的共同罪責）有多難被挺住，我們從納粹親衛隊醫師法蘭茲・盧卡斯（Franz Lucas）的案例就不難看出。在奧斯威辛集中營裡，盧卡斯醫師參與了在裝卸台上的挑選工作，這點是毋庸置疑的。然而，過去的一些囚徒卻曾表示：「他是那裡唯一一個把我們當人對待的醫生。」有人說了，他是如何提供囚徒們一些救命的藥物，有時又是如何迴護他們，直到他在納粹親衛隊裡因「對囚犯太好」而受到了懲罰。有位證人則作證說：「在盧卡斯博士離開時，我們感到十分地絕望。從前盧卡斯博士和我們在一起時，我們非常高興。真的，那時我們再次學會了微笑。」[83]

儘管納粹親衛隊醫師盧卡斯博士藉由參與在裝卸台上的挑選工作，為工業化的謀殺做出了重要的貢獻。「不過，且讓我們假設一下」，漢娜・鄂蘭指出，「如果他問犯人，自己應該怎麼做。他們難道不會要求他留下來，為此付出必須參與在裝卸台上的挑選工作的代價（這是日常的工作，可以說是某種例行恐怖），藉以保護他們免受其他所有人卑劣的、如惡魔般的創意的侵害？」[84]

對於鮑爾的法律論點，法蘭克福的法官們只是搖搖頭。「這算什麼呢？」其中一位法官在審理過程之餘，曾對年輕的檢察官格哈德・維斯厲聲斥責道。[85]這種自動罪責的構想肯定會遭到聯邦法院的駁斥。「人們把判決當成了賭注。」法官只判處了納粹親衛隊醫師盧卡斯博士以可以想見的、最低的三年零三個月刑期，之後聯邦法院廢棄了這項判決，邦高等法院則在更審中宣告盧卡斯博士無罪。

那位負責更衣室的納粹親衛隊成員則是立即被判無罪。法官的看法仍是：發放囚衣本身不是犯罪。

法官們表示，並非所有參與殺人工廠運作的人，都對它所造成的結果即大屠殺，負有共同的罪責。後來聯邦法院曾批評道，弗里茲・鮑爾的論點「將代表著就連一個完全沒有幫助促成主犯行之行為，也得受到懲罰。」[86]一直要到很久以後，在二〇一一年慕尼黑的

82 鮑爾的電視訪問：»Heute abend Kellerklub. Die Jugend im Gespräch mit Fritz Bauer«。黑森電視台（HR）於一九六四年十二月八日播出的節目。

83 引述自Arendt, »Der Auschwitz-Prozeß«, in Geisel/Bittermann (ed.), *Nach Auschwitz*, p. 99–139 (127)。

84 同上，p. 128。

85 對Wiese所做的訪問。

86 聯邦法院的判決，轉載於*Neue Juristische Wochenschrift* 1969, p. 2056 f.。

法院對烏克蘭的滅絕營衛兵約翰・德姆揚朱克（John Demjanjuk）所做的判決中，德國的法官才還了弗里茲・鮑爾一個公道。[87]

一九六五年在法蘭克福判處的刑罰之所以很輕，也是因為陪審法庭根據了一個有利於被告的大膽的法律構想。法官們曾多次把在奧斯威辛集中營裡的謀殺，定義成僅僅只是幫助。他們表示，大屠殺是希特勒、海德里希（Reinhard Heydrich）與希姆勒（Heinrich Himmler）這些指揮官的行為；那些為他們服務的人，無論是勉強還是不勉強，在他們的內心當中，往往還是認為這是源自他人的行為。那些德國人往往可能也是動手謀殺的人，然而，在他們自己的認知上，他們卻只是某個他人的行為的幫手。這是一個早在一九五八年烏爾姆行刑隊審判（Ulmer Einsatzgruppen-Prozess）中就已拍板定案的判決，它允許了慷慨的刑罰折扣，因其取決於行為人在法庭上，有多堅持自己在內心當中不認同自己的行為。[88]這項判決也導致在奧斯威辛集中營審判結束時，那位將集中營轉型為滅絕營上、扮演重要角色的集中營副指揮官羅伯特・穆爾卡（Robert Mulka），僅僅只因幫助謀殺而被判刑。

對於被認為是非客觀的納粹受害者的敵意

哥本哈根下起了雨，融雪和雨水積成了水坑。弗里茲・鮑爾不僅熟悉吹拂過、大部分未受戰爭毀損的老城區的風，過去在流亡時，他曾住在這裡一段時間，他同樣也熟悉聽起來十分輕柔的丹麥語，他曾在一九六三年二月廿六日，用這種語言與一位年輕的丹麥記者對談。鮑爾接受了隸屬於丹麥最大的小報《B.T.》、當時年僅二十五歲的記者漢斯・赫曼・彼德森（Hans Hermann Petersen）的採訪。這位記者後來表示：「鮑爾先生說得一口流利的丹麥語」，就在德國內部引發了一股怒潮時。[89]

---

87 參閱借調到路德維希堡的中央辦公室的檢察官Thilo Kurz的論文，»Paradigmenwechsel bei der Strafverfolgung des Personals in den deutschen Vernichtungslagern?«, *Zeitschrift für Internationale Strafrechtsdogmatik* 3/2013, p. 122–129。

88 參閱Michael Greve, *Der justitielle und rechtspolitische Umgang mit den NS-Gewaltverbrechen in den sechziger Jahren*, Frankfurt am Main 2001, p. 145 ff.。

89 關於這場風波以及其後兩年的續集，另可參閱Ronen Steinke, »Nestbeschmutzungen. Fritz Bauer in den Interview-Affären 1963 und 1965«, in Katharina Rauschenberger (ed.), *Rückkehr ins Feindesland ? Fritz Bauer in der deutsch-jüdischen Nachkriegsgeschichte*, Frankfurt am Main 2013 (出版中)。

這份丹麥的報紙把專訪鮑爾的標題訂為：《今日很容易造就一個新的希特勒：負責追捕納粹領導人的德國邦檢察總長弗里茲・鮑爾博士表示，一個新的希特勒，或許不會被民眾拒絕》。大眾報紙引述了鮑爾對於德國現況的嚴厲批評，儘管猶太人不再被罵作是豬，可是如今卻改成了：「我們忘了毒死你。」雖然從一九四九年起，自由就一直是聯邦共和國《基本法》的一部分，但實際上卻從未真正存在。最重要的是，學校依然還是「今日存在於德國最威權的事物之一」；對於實際上應該點燃希望的青春來說，這無異會令人感到遺憾。[90]

在知名新聞通訊社「合眾國際社」（United Press International；簡稱UPI）將這段訪問翻譯，並發送給世界各地的觀眾後，阿登納政府公開表示對於鮑爾的言論感到詫異。就連德國社會民主黨的聯邦執行委員會，當時是由埃里希・奧倫豪爾（Erich Ollenhauer）所領導，也與鮑爾保持距離。黑森邦邦議會裡的基督教民主聯盟成員，要求解除鮑爾的職務。為此，鮑爾不得不去拜訪一下他的長官，也就是德國社會民主黨籍的司法部長。他聲稱，自己的話遭到小報的斷章取義和扭曲。當時的黑森邦司法部長勞里茲・勞里岑（Lauritz Lauritzen），則在一九六三年四月四日的議會辯論中強調，他完全不打算對鮑爾拉緊韁繩；[91]如果有人認為，官員必須始終保持默不作聲，那麼他就「很令人遺憾地忽略了，在德國近代歷史上，一整個世代的公務員的這種自我節制，其實既沒有為他們、也沒有為我們的人民帶來任何好處。」[92]然而，在群情激憤的壓力下，勞里岑還是要求鮑爾先提出一份書面聲明，接著他再決定，「邦檢察總長的言行是否迫使他必須採取什麼措施。」[93]

鮑爾在哥本哈根所說的，其實並不是什麼新的東西。長久以來，他就經常會在媒體上表達自己的意見，他總是言辭犀利、大鳴大放，有時甚至還會語帶挑釁。舉例來說，在一九六二年的一篇文章中，針對備受譴責的「連坐法」[94]，鮑爾舉了兩件事情當作例子，一是納粹份子的恐怖行為，二是（僅以一個逗號分隔）在當時的聯邦共和國裡非婚生子女在

---

90 訪問的德譯稿轉載於*Darmstädter Echo*, 8. April 1963。

91 黑森邦議會基督教民主聯盟黨團所表明的目標是，促使邦司法部長「藉由某些指示」約束鮑爾未來別再有任何「逾矩的言行」；參閱Stenographische Protokolle des Hessischen Landtags, V. Wahlperiode, 9. Sitzung vom 4. April 1963, p. 273。

92 參閱Stenographische Protokolle des Hessischen Landtags, V. Wahlperiode, 9. Sitzung vom 4. April 1963, p. 278。

93 »Zeitung bleibt bei Bauer-Interview«, *Frankfurter Allgemeine Zeitung*, 2. March 1963。

94 Bauer, »Die Schuld im Strafrecht« (1962), reprinted in Perels/Wojak (ed.), *Die Humanität der Rechtsordnung*, p. 249–278 (252)。

法律上的劣勢地位。在同一篇文章裡，他舉了納粹司法人員羅蘭・弗萊斯勒（Roland Freisler）作為刑法裡應報概念的支持者，[95]接著還嘲笑了當時在司法改革的辯論中，依然停留在這種思想上的刑法委員會與聯邦司法部，居然大言不慚地聲稱，它們代表了一九四五年之後的新人類觀。鮑爾在一九六二年時寫道，在德國，人們對於報復有種特別的嚮往，「德國人明顯偏愛巨大而晦暗的詞彙。」[96]瞭解鮑爾的人，絕不會對他被刊登在丹麥的報紙上的那些話感到訝異。

然而，弗里茲・鮑爾是個政治流亡者，他在從前的流亡地發表對於德國的批評，用的是外語，而且在某種程度上是背著德國的選民和納稅人，他的政敵當然懂得藉著這個機會在德國大眾面前大作文章。在那些年裡，許多德國人都認為，返回德國的政治流亡者無權以德國之名發言，無權對德國的過去發表評論，因為他們背棄了德國。特別是在這個風尖浪口的節骨眼，正當弗里茲・鮑爾準備將奧斯威辛集中營審判搬上舞台之時，他的一言一行都很容易喚起民眾對於這點的記憶。

幾乎沒有任何一個忿忿不平的人會不去提到鮑爾自己就是個當事人，雖然總是以一種慈善的、表面上寬厚的口吻，比如像是攻擊鮑爾最力的《萊茵信使報》（*Rheinische Merkur*）的評論員就曾寫道，人們或許「會因為他曾經遭受過種族迫害、遭受過集中營與流亡的洗禮而同情他」，然而話鋒一轉，這位評論員卻又立即用鮑爾的生平回過頭來攻擊他，藉著輕描淡寫地點出鮑爾的流亡經歷：「不過，直到一九四八年他才回國。」[97]一九四八年「才」，言下之意就是，太晚了，無法幫忙清理殘堆瓦礫，太晚了，無法從一開始就參與重建，太晚了，無法撇清自己與外國的關係（事實上，鮑爾甚至是直到一九四九年「才」返回德國）。就連在黑森邦的邦議會中，基督教民主聯盟的發言人埃里希・格羅斯科普夫（Erich Großkopf）也曾表示：「我知道鮑爾博士先生也是個在第三帝國治下飽受苦難之人，我們的同情，我們的人類同情將一直都在。」緊接著，同樣話鋒一轉，對他展開攻擊。[98]

指責某人說，他的立場雖然令人難以接受，可是，由於他自己是受害人，因此人們得要同情他；這當然就意味著，由於他在某個問題上的角色會變得不客觀，因此人們得要同情他。這也意味著，把對方降格為一個受制於情緒、從而在理智上無法令人滿意的討論

95 同上，p. 274。
96 同上，p. 249。
97 Paul Weingärtner, »Dr. Bauer und die Deutschen«, *Rheinischer Merkur*, 8. March 1963。
98 參閱Stenographische Protokolle des Hessischen Landtags, V. Wahlperiode, 9. Sitzung vom 4. April 1963, p. 286。

者。

弗里茲・鮑爾對於這種形象問題多麼有意識，我們從他與《明鏡週刊》的一些信件往來不難看出（儘管另一方面他得到了《法蘭克福評論報》與《南德意志報》的全力支持）。《明鏡週刊》曾在一九六四年時，引述鮑爾的話寫道：「每當我經過從前我被關在裡頭的集中營時，我都會停下來，下車，增添回憶。」這些話顯然是被硬塞進鮑爾的嘴裡，因為他在寫給編輯部的信裡就事論事地說道：「你們無須更正。但我還是想要指出，這當中存在了一些誤解。事實上，我從未再去拜訪過從前在國內外『我自己』曾被囚禁在裡頭的集中營或監獄，而且將來我肯定也不會這麼做。不過，我倒是曾去拜訪過貝爾根─貝爾森集中營與達豪集中營，在我碰巧行經那附近時，但那裡並非我自己曾被囚禁的地方；這就如同人們前往過世的親朋好友安息的墓地憑弔那樣。」[99]

隱藏在幕後的導演：鮑爾自己的角色

成千上萬湧入法蘭克福、觀看審判的人，與弗里茲・鮑爾緣慳一面。有些曾在某處讀到過他的人，期待能夠親眼看一看，這位頂著一頭如註冊商標般的白髮、渾身充滿熱情的邦檢察總長。令他們感到訝異的是，他們居然無法在許多身著法袍的男士中找到他。他放棄了象徵性地做開案陳詞或結案陳詞，甚至也放棄了站到聚光燈下；在這當中，對於聚光燈、演出以及公眾對於這場審判的看法等等事情，他很少是在未經深思熟慮下，無論是有作為或不作為。

在加盧斯市民住宅所屬的劇場裡，人們觀看案件審判就彷彿在欣賞舞台劇，因台子加高以及高度具有象徵性的安排。奧斯威辛集中營審判的首席法官戴了一頂黑色貝雷帽，帽沿飾有精美的銀色條紋，邦高等法院院長漢斯・霍夫麥爾在法庭上表現得機敏且自信，誠如各方語帶讚許地強調。他的自我控制幾乎是無懈可擊，只有在宣判時他才一度破音，而且某些觀察者甚至表示，當時他們還在他的眼裡見到了淚光。在霍夫麥爾的左側，十九名刑事辯護律師分坐在六個長凳上，其中有不少人頭髮已成花白，有幾位十分資深，還有幾位，例如漢斯・拉騰瑟（Hans Laternser），則是曾在紐倫堡審判中辯護過。坐在最右側的是附帶訴訟的代理人法蘭克福的律師亨利・奧蒙德，滿頭白髮的他一派堅毅的模樣。

相對於此，被弗里茲・鮑爾挑選上場的三位邦檢察官，因他們年紀輕，著實更為引人

---

99 鮑爾寫給《明鏡週刊》的Thelen先生的信，日期註記為一九六四年二月十八日。Handakte des Hessischen Ministeriums der Justiz betr. Dr. Werner Heyde, Az. III/4 – 1834/59, Bd. IV, Bl. 321，引述自Wojak, *Fritz Bauer*, p. 388。

注目。他們分別是文靜的格奧爾格・弗里德里希・沃格爾、迷人的約阿辛・庫格勒、謙虛的格哈德・維斯。當時他們的年紀都是將近三十五歲，大多數的被告可能都是他們的父執輩年紀。

這是一幅適宜的圖像。弗里茲・鮑爾力求使他想要的效果能夠不受干擾地發揮。對於自己的隱身，他曾給了一個簡明扼要但卻不太令人信服的理由：這是「一種不成文的習慣法」，邦檢察總長「自己完全不要涉入審判中（也不要親自進行訴訟）」；誠如他在寫給某位朋友的一封信中所述。[100] 在一九五二年布朗史威克的雷莫爾審判裡，當涉及到為七月二十日密謀案的反抗運動鬥士平反時，他的態度顯然是完全不同，他不但親自主導了訴訟的進行，甚至還在陳詞中主動地藉由幾個自傳式的語句，向共和國的民眾介紹自己。當時鮑爾很努力地嘗試爭取公眾的支持，為此他還特別說了很多「祖國」與「我們古老且優良的德意志法律」之類的話，也提到了，自從一起求學以來，就一直覺得自己與施陶芬貝格上校之間存在著某種聯繫。這是他當時想要藉由自己的起訴以傳達的想法，一場能使遲疑的公眾應可盡可能認同的起訴。這裡所談的是一個新的德國。當時鮑爾希望，自己身為猶太人與政治流亡者的人生故事，能盡可能地擺脫公眾的視線，然而這並未起很大的作用。這時候，鮑爾的猶太出身已在公眾之間成了一個話題；即使這並不是他所樂見的，因為對手會藉此把他在司法上所做的努力，詆毀成只是他個人的復仇。

根據法蘭克福的邦高等法院的業務分配計劃，奧斯威辛集中營審判的審判長原本該由一位猶太裔法官漢斯・弗雷斯特（Hans Forester）擔任，這也許是樂見的巧合。然而，弗雷斯特卻是以有偏頗之虞為由自行迴避，藉以避免這樣的問題：在一九六〇年代初期，他「以民族之名」做出的判決，恐怕根本不會被大多數的民眾所接受，人們或許嘴上不說，但至少會懷疑他有報復的慾望，這將使他所做出的判決蒙上一層陰影。

還有一個更大的巧合是，根據同樣的業務分配計劃，馬丁・尼莫勒牧師（他曾在一九三七至一九四五年期間被關入集中營）的兒子約翰・海因里希・尼莫勒（Johann Heinrich Niemöller）是這場審判的陪席法官。[101] 雖然這位法官不認為自己有偏頗之虞，不過法庭主席團還是決定解除他參與這場審判。社會大眾也不會完全相信他能做出客觀的裁判；光憑這點，就足以用有偏頗之虞為由，預防性地將他排除在審判工作之外。

---

100 鮑爾寫給Thomas Harlan的信，未註記日期。從Thomas Harlan的遺物中找出的兩人在一九六二－一九六八年期間的往來書信，如今收藏於弗里茲・鮑爾研究所的檔案館。括號裡的引文為原始內容。

101 參閱Werner Renz, »Die Frankfurter Auschwitz-Prozesse (1963–1981)«, *Hefte von Auschwitz* 24/2009, p. 191–299 (216)。

當奧斯威辛集中營審判於一九六三年展開時，只有少數德國人認為鮑爾是中立、客觀的。弗里茲．鮑爾在檯面上主要被視為一位政治流亡者，這時他才剛被基督教民主聯盟推向一場政治醜聞風暴的中心。如果他這時候在審判中與被告相對而坐——一邊是白髮蒼蒼、眉頭深鎖的集中營倖存者，一邊是來自社會中間的二十二個德國老百姓——廣大的德國民眾會比較認同誰呢？鮑爾決定，他的起訴應該以截然不同的方式對外呈現；為了讓政治上的效應在社會裡發酵，他自己不應在這場審判中露臉。

他所派出的三名年輕檢察官，在他們自己年少時，也曾必須在國防軍裡服役。如同大多數的德國人，他們與他們的家人從未受到納粹種族迫害的威脅。民眾幾乎是無法公開地把他們詆毀成復仇者。鮑爾在奧斯威辛集中營審判開始時，曾對記者們表示：「這場審判旨在向世人顯示，一個新的德國、一個德意志的民主體制，願意維護每個人的尊嚴。」[102]而這三位年輕人就是鮮明的象徵。社會大眾立刻就能意識到，他們所在意的是這個國家的未來，而非公開清算過去。

在他們三人中，金髮、優雅的約阿辛．庫格勒，可說是最為習慣這樣的角色。他與年紀比他大上一大截的刑事辯護律師漢斯．拉騰瑟之間言詞交鋒，可算是這場審判的亮點之一。[103]不知從何時起，拉騰瑟習於稱呼這位雄辯滔滔、在資深的老前輩面前同樣毫無懼色的年輕對手為「庫格勒檢察官」[104]。

約阿辛・庫格勒十分認同自己的使命，甚至於到了晚年時，如果有人把弗里茲・鮑爾說成是那場起訴真正的首腦，他還會反駁。約阿辛・庫格勒曾在二〇〇九年寫給《時代週報》的一封以第三人稱表述的讀者投書中寫道：「著手偵查奧斯威辛集中營的兇手的，並非鮑爾主管的部門，而是法蘭克福邦高等法院檢察署的兩位檢察官沃格爾與庫格勒。鮑爾與一九六三年十二月至一九六五年八月舉行的審判完全無關。」[105]

庫格勒堅持主張，所有的榮耀都應歸於法庭上的那些年輕人，而非邦檢察總長，這也透露出了庫格勒與鮑爾之間在此期間的裂痕。也許是弗里茲・鮑爾，他一直努力地躲避記者在法庭上的目光，甚至是樂於如此，即使庫格勒後來也有此表示，而法庭裡的景象確實反映了幕後的情況。

然而，鮑爾把轠繩握在自己的手中，這點卻是掩蓋不了的事實。他不只調派演員，在

---

102 引述自Werle/Wandres, *Auschwitz vor Gericht*, p. 43。
103 Werner Renz對Großmann所做的訪問。
104 Werner Renz對Kügler所做的訪問。
105 針對Irmtrud Wojak寫的鮑爾傳記在報紙上的書評而發的讀者投書，署名為Joachim Kügler，*Die Zeit*, 2. July 2009。

偵查與審判期間，他每週都召見承辦檢察官，他為他們設定戰術與策略，像是被告席的卡司、搭配歷史鑑定人的七場報告充滿戲劇性的開場、法律指控的確切形式等等，他更在政治上抵抗了來自司法界的巨大反彈（光憑三位被挑選出的年輕檢察官自己，恐怕是難以抵擋）[106]，完成了這場規模堪與紐倫堡審判相提並論的大審判。[107]

鮑爾手下那批年輕的檢察官確實完成了艱鉅的蒐證工作，因此他們比其他任何人都更了解案件的細節。他們是證明自己能與證據打交道的是靠他們的細膩和敏銳，而非鮑爾的。然而，從頭到尾負責執導的，卻是那位白髮蒼蒼、眉頭深鎖的集中營倖存者暨政治流亡者。

106 參閱Werle/Wandres, *Auschwitz vor Gericht*, p. 48 f.。
107 對Wiese所做的訪問。

9 保護隱私：他的兩難

波希米亞人：私底下的鮑爾

奧斯威辛集中營審判期間的某個早晨，弗里茲‧鮑爾發現，他的寓所外牆被貼滿了納粹十字記號。[1]在外牆被清理後，惡作劇者覺得有趣，於是又再次張貼了相同的海報；就

1 Irmtrud Wojak, *Fritz Bauer*, p. 441。

這樣反覆了好幾回。這時他在自己的寓所裡準備了一把六・三五毫米口徑的槍支，[2]只不過，這把槍是否只在緊急情況下才會使用，甚至就連他的司機（同時身兼貼身護衛）也都感到懷疑。[3]只有在和生活無憂無慮的年輕朋友們，一起在自己的寓所聚會的夜晚裡，鮑爾才會放鬆心情。「他有著相當特殊的嗓音」，當時才剛滿二十歲的沃爾夫岡・卡文在回憶那些聚會時表示，「他會嘀嘀咕咕地發牢騷，會大呼小叫，也會輕聲細語，而且這一切全在極短的時間內接續發生——宛如爵士樂。」[4]

弗里茲・鮑爾住處的地理位置很中產階級，在優雅的老建築與昂貴的咖啡館之間。迪奧多・阿多諾每天早上都會在同一時間離開這個社區，步行前往大學，途中他會經過其他教授所擁有的一長排新車。大學校長馬克斯・霍克海默所住的地方僅與此相隔了幾條街，鮑爾與他會在對方的整數生日時祝福對方。[5]鮑爾位於費爾德貝格街四十八號（Feldbergstraße 48）的房子在那裡有點與眾不同（它的外觀毫無裝飾但十分醒目，是一長排色彩繽紛的青年風〔Jugendstil〕房屋末端、一個沒有特徵的灰色大箱子），不過所處的位置倒是無出其右。他可以從陽台上直接眺望法蘭克福棕櫚園（Palmengarten Frankfurt），看見受到良好維護的灌木叢與多采多姿的花壇。

在這個社區裡，鮑爾不是唯一一個早上得等司機接送的人；司機總會稍微掀起自己的帽子問好，隨即幫老闆打開後車門。在鮑爾所住的那棟房子中，有位聯邦審計院的處長也住在裡頭，他是個很有威嚴的人。不過他的兒子倒是與鮑爾很要好，他就是前已提及的沃爾夫岡・卡文。這是他和許多年紀比他小了一大截的男性，彼此有忘年之交的頭一個。這件事情很快就在法蘭克福變成醜陋的謠言。尤其是，鮑爾完全無懼於在頑固不化的戰後初期，在政治上選擇支持同性戀。

他們的初次見面是在樓梯間。鄰家男孩沃爾夫岡・卡文夢想成為一名記者。鮑爾不僅鼓勵他，甚至還提議自己幫他向法蘭克福一些報社的熟人打聽打聽。後來他們就經常在鮑爾的住處喝酒、聊天，直到入夜後他的住處完全被煙霧籠罩，只有鮑爾巨大的咳嗽聲打擾了談話的進行。這位鄰家的男孩曾在回憶過往時表示，這位長期吸菸的司法人員似乎背負

---

2 Kriminalhauptmeister Schmitt, Bericht betr. Leichensache z. N. des Generalstaatsanwalts, Frankfurt am Main, 1. July 1968, p. 2, Archiv Fritz-Bauer-Institut。

3 對Wehrheim所做的訪問。

4 對Kaven所做的訪問。

5 參閱鮑爾於一九六五年二月十五日寫給Horkheimer的信，»mit Verspätung, aber unverminderter Herzlichkeit«，以及鮑爾於一九六三年七月十七日回給Horkheimer感謝他的祝福的信，Max-Horkheimer-Archiv in der Stadt- und Universitätsbibliothek Frankfurt am Main, I/2 230。

了極為沉重的負擔，不過，當他與自己在一起時，心情似乎總是顯得開朗。[6]他們往往都是在聊政治；至於個人隱私的問題，鮑爾總是守口如瓶。卡文曾回憶道：「從來就沒有什麼吃的東西，我們總是很可笑地坐在辦公桌前。」[7]雖說鮑爾的陽台非但可以欣賞美麗的景色，而且它當然也是個很理想的吸菸區，只不過，如果在陽台上說話，鄰居們卻也都能清清楚楚地聽到每個字句，所以鮑爾寧可待在室內。

然而試圖尋求與鄰家男孩建立友誼的是鮑爾，而非沃爾夫岡・卡文。不久之後，他在自己工作的法院大樓的走廊上與年輕的見習生曼弗雷德・阿門德攀談，情況也是如此。[8]雖說，是阿門德在閱讀了弗里茲・鮑爾的自由派論戰文《犯罪與社會》後深受感動，希望能夠親自認識這位邦檢察總長，才跨出了第一步。在曼弗雷德・阿門德的求見下，鮑爾給了這位見習生一個約談時間。鮑爾在自己的辦公室裡用「抽菸嗎？」來問候對方。然而，過了幾天之後，想要弄清楚阿門德為何不再聯絡的，卻也是鮑爾。沒什麼理由好害羞的，人們應該打鐵趁熱地在喝點小酒下，繼續意猶未盡的對話。

有一回，沃爾夫岡・卡文帶了一個朋友去鮑爾的住處。那是菸不離手、身材略顯肥胖的沃爾夫朗・舒特（Wolfram Schütte），早在他後來成為《法蘭克福評論報》的副刊主編之前，他就很懂得炒熱談話的氣氛。這位朋友對於鮑爾所展現出的「演說的才華與能力」以及論證的節奏深為景仰。[9]另有一回，鮑爾還邀請了年輕的律師海因茲・麥爾—維爾德一起到家裡聊天。[10]對於卡文而言，那些夜晚就宛如一個令人興奮的新世界。在不遠的轉角處有個美國的領事館，許多學生聚在那前面高呼口號、發表演說。而他作為一個公民之子，就坐在這裡，與法蘭克福奧斯威辛集中營審判中的英勇的起訴者一起。關於鮑爾，阿多諾曾經寫道：「弗里茲・鮑爾注意到了，那些假借數以百計站不住腳的論據，要求無罪開釋奧斯威辛集中營那些虐待狂的傢伙，都是恢復死刑的支持者。」[11]「我的朋友弗里茲・鮑爾」，阿多諾曾在課堂上這麼說。[12]

在那段時間，有一回，鮑爾曾在一群學生面前表示：「所有任何認識我的人都曉得，

---

6 對Kaven所做的訪問。

7 對Kaven所做的訪問。

8 對Amend所做的訪問。

9 Wolfram Schütte, »Schopenhauers präventive Kriminalpolitik. Generalstaatsanwalt Dr. Fritz Bauer in der Schopenhauer-Gesellschaft«, *Frankfurter Rundschau*, 16. December 1966。

10 對Meyer-Velde所做的訪問。

11 Theodor W. Adorno, *Negative Dialektik*, p. 282。

12 對Claussen所做的訪問。

我對年輕人有著盲目的信任。」[13]他喜歡柴可夫斯基（Pyotr Ilyich Tchaikovsky），尤其是他的第六號交響曲《悲愴》（*Pathétique*），一首散發出濃厚哀傷氣息的交響曲，四分之三小時的愛、痛苦、死亡與鼓聲，他曾與卡文一起在自己家裡透過電唱機聆賞。卡文曾在回憶過往時表示，弗里茲・鮑爾彷彿「融化了」。這位邦檢察總長眉頭深鎖，若有所思；只不過，沃爾夫岡・卡文這個戴著一副小型金邊眼鏡的年輕人是個披頭四（Beatles）的粉絲，他總會偷偷地對這樣的「多愁善感」嗤之以鼻。[14]鮑爾在慕尼黑的筆友梅利塔・維德曼，後來確定：「鮑爾從來未曾」像愛卡文那樣「愛過一個人」。[15]在鮑爾的鼓勵下，卡文很快就轉往戲劇方面發展，先是參與諸如羅爾夫・霍赫胡特（Rolf Hochhuth）的政治劇作的演出，在舞台上成為一名成功的演員，後來又成為廣播劇系列《TKKG探案》（*Ein Fall für TKKG*）的聲音演員。鮑爾曾經恭維卡文漂亮的姐姐，誇她的新衣「宛如閃閃發光的三色旗」。[16]

他喜歡和年輕人對話，對於他們的世界觀感興趣，常會一聊就聊到深夜；這些情況讓他引來不少鄰居的異樣眼光，他們會隔著窗簾偷窺在這位邦檢察總長家裡出出入入的人。[17]有位與鮑爾住在同一棟房子裡的退休警察曾經表示，「經常會有一些可疑分子來找鮑爾」。[18]另外一名警察也留意到了這一點。

於是謠言甚囂塵上。在官方的登記上，鮑爾一直還是已婚。他在一九四三年於流亡丹麥的最後一段日子裡，與丹麥的同志安娜・瑪麗亞・彼德森的婚姻依然存續。雖說在戰爭結束後，安娜・瑪麗亞・彼德森曾向她的丈夫表示，願意「還給對方自由之身」，誠如鮑爾的妹妹瑪戈在回憶過往時所述，畢竟那只是一場虛假的婚姻，為的是保護鮑爾免受外事警察的侵擾，只是朋友之間的某種義氣相挺。[19]然而，鮑爾卻拒絕了這個在一九四五年後解除虛假婚姻的提議。他想保持已婚的狀態。與安娜・瑪麗亞・彼德森的友誼也保持不變。他們偶而也會互相探望對方，只不過，他們總是神秘到即使在法蘭克福，也從來沒人

---

13 鮑爾的電視訪問：»Heute abend Kellerklub. Die Jugend im Gespräch mit Fritz Bauer«。黑森電視台（HR）於一九六四年十二月八日播出的節目。

14 對Kaven所做的訪問。在鮑爾死後，Kaven曾經要求鮑爾的家人，能否把遺物中的音樂櫃給他。

15 Wiedemann於一九七三年七月廿三日寫給Walter Fabian的信，Nachlass Fabian, Deutsches Exilarchiv, EB 87/112。

16 對Meyer-Velde所做的訪問。

17 對Kaven所做的訪問。

18 Aktenvermerk Oberstaatsanwalt Krüger, Generalstaatsanwaltschaft Frankfurt am Main, 26. July 1968, p. 1. Archiv Fritz-Bauer-Institut。

19 Walter Fabian對Tiefenthal所做的訪問。

見過安娜・瑪麗亞・彼德森本人一面；[20]直到一九六八年七月，安娜・瑪麗亞・彼德森才在鮑爾的葬禮上公開露面。她總是像個珍貴的東西一樣隱藏著，每當鮑爾的朋友向他問起她時，他總會藉由沉默來保護這段關係。

他的其他親人也都遠在瑞典。在鮑爾的母親於一九五五年過世之前，每到聖誕節，他都會理所當然地前往瑞典與家人團聚。[21]就連在暑休期間，他也常會前往瑞典探望母親。[22]然而，在他的母親因癌症去世後，他就很少再和家人有所往來。雖然鮑爾的妹妹與妹夫華特・蒂芬塔爾（他從未欣賞過弗里茲・鮑爾）還是期盼他能一如既往地在冬天時來訪，但鮑爾卻是興趣缺缺。[23]取而代之，他寧可與一些年輕的藝術家們共度假期，人們經常可在法蘭克福的戲劇首演、在諸如歌劇院咖啡廳（OpernCafé）或伏爾泰俱樂部（Club Voltaire）等咖啡館見到他們的身影。[24]年輕的湯瑪斯・哈蘭（Thomas Harlan）就是其中之一。

在鮑爾與他人的友誼中，沒有哪段友誼像這段友誼如此令他皺眉。年輕的哈蘭是個「溫和、英俊、認真的人」[25]，誠如一位同時代的人所述，他是個風流的戲劇暨電影製作人，留著一頭蓬鬆的棕髮，散發著他與演員克勞斯・金斯基一起，在以色列之旅中磨練出的自信。誠如某位電視記者在回憶過往時所述，「他掌握了幾乎是東方式的敘事技藝，既不露骨、也不躊躇。」[26]湯瑪斯・哈蘭是前納粹宣傳片製作人韋特・哈蘭（Veit Harlan）

的兒子，在他八歲的時候，父母就曾帶他去拜訪過阿道夫・希特勒，然而，當時已經三十多歲的他，卻反過來以當個納粹獵人為己任。在一九五八年時，哈蘭曾在柏林將一部關於華沙猶太人區起義的劇作搬上舞台。後來他還走到觀眾面前，朗讀了一份曾在納粹時期犯下罪行、如今卻仍在德國社會受人景仰的人的名單，其中包括了自由民主黨籍的聯邦議院議員恩斯特・阿亨巴赫（Ernst Achenbach）以及該黨的友人、時任保時捷高階主管的法蘭茲・阿爾弗雷德・希克斯（Franz Alfred Six）。在一波誹謗告訴潮爆發前，哈蘭逃往波

---

20 同上。

21 同上。

22 同上。

23 鮑爾寫給Thomas Harlan的信，未註記日期（推測應為一九六三年）。從Thomas Harlan的遺物中找出的兩人在一九六二—一九六八年間的往來書信，如今收藏於弗里茲・鮑爾研究所的檔案館。

24 對Kaven所做的訪問與對Amend所做的訪問。

25 Robert Neumann, *Vielleicht das Heitere*, p. 15。

26 Jean-Pierre Stephan, *Thomas Harlan. Das Gesicht deines Feindes. Ein deutsches Leben*, Frankfurt am Main 2007, p. 7。

蘭。他從那裡和弗里茲・鮑爾取得了聯繫。

不過，他們之間的友誼卻再一次又是這位滿頭白髮的邦檢察總長採取主動的態度，而非這位青年的藝術家。鮑爾要求哈蘭別再稱呼他「鮑爾博士」。「您應該毫不猶豫地拋棄這些多餘的東西。」[27]接著鮑爾很快地就改以「你」稱呼對方，「親愛的湯瑪斯！」他也會問候哈蘭現任的女友。「我今天曾多次嘗試與你聯繫；最後又是一個女人接的電話（又是一個「孕婦」嗎？你找得到婦產科醫院嗎？）。」[28]弗里茲・鮑爾喜歡在自己的信裡做點調皮的暗示，像是用在先前下榻的飯店裡偷來的、印有棕櫚和駱駝圖案帶有異國風情的信紙來寫信。這是一種小小的逃脫，鮑爾也毫不掩飾自己越來越被日常工作事務弄得精疲力竭。

鮑爾曾寫道，感到自己彷彿「快累死了」。他渴望陽光與睡眠。在奧斯威辛集中營審判開始前幾個月，他曾向一位年輕的朋友坦言：「我忙到整個人變得相當緊張。我在處理機器人才做得了的人和事。」[29]這時他每天的時間直到深夜都被工作佔滿，至於周末則已排定演講和寫作計劃到了很久以後。「有些出版社寫信給我，要我出書。年輕時所渴望的，老了才實現！」[30]鮑爾也曾在信裡表露了自己的憂鬱；這是曼弗雷德・阿門德與沃爾夫岡・卡文這兩位年輕的朋友也曾在他身上看出的心情。有一回，鮑爾在信裡對哈蘭表示：「如果我能在下午和你喝個土耳其咖啡或突尼斯茶，我就很滿足了。」[31]他曾計劃要去特內里費島（Tenerife）、羅馬（Roma）或羅德島（Rhodes）度假，「我希望能在那裡獲得身心健康」[32]。

誠如沃爾夫岡・卡文所述，他顯然是工作過度。熬夜使得鮑爾的雙眼被畫上了黑眼圈。有一晚，鮑爾很認真地懇求卡文和他一起去度假，但卻遭到了卡文的婉拒。[33]只有湯瑪斯・哈蘭興沖沖地表示同意。於是，當時年屆六旬、正在指導深具歷史意義的奧斯威辛大審判的起訴工作的法蘭克福的邦檢察總長，就準備要與這位飄忽不定的青年製片聯袂去看海。

就在說好的旅行要展開前不久，韋特・哈蘭突然在一九六四年四月十三日去世，所有

27 鮑爾於一九六五年五月十日寫給Harlan的信。
28 鮑爾於一九六五年四月五日寫給Harlan的信。
29 鮑爾於一九六三年七月七日寫給Harlan的信。
30 鮑爾於一九六四年十二月三十一日寫給Harlan的信。
31 鮑爾寫給Harlan的信，日期註記為復活節週六。
32 鮑爾寫給Harlan的信，沒有註記日期。
33 對Kaven所做的訪問。

的計劃眼看就要破局。鮑爾不禁擔心，湯瑪斯・哈蘭會在最後一刻取消這場共同的度假；不過，在這樣的情況下，他當然也先向對方保證自己能夠諒解。然而，另一方面，為了爭取湯瑪斯・哈蘭還是能夠成行，鮑爾居然說了相當奇特的話。「我們與我們父親之間的所有關係，並非全然沒有任何緊張成分」，弗里茲・鮑爾對畢竟是戈培爾旗下、反猶太宣傳片製作人的兒子說道，「而你更是特別經受了其中的愛恨情仇。兒子的憤怒與熱愛真理，早已彌補了父親或許錯過的一切。而父親肯定深愛自己的兒子遠勝過一切，同樣也會諒解兒子的所作所為，雖然兒子沒有去探望他，但在我們的記憶和思維中卻有著一個屬於他的家、他的位置。韋特與湯瑪斯・哈蘭已成為一個歷史的整體存在，你們的朋友會與你們同在，並感謝你們。」[34]一同前往突尼西亞的旅行，後來仍如期成行。

湯瑪斯・哈蘭後來很生動地敘述了一九六四年夏天那趟旅行，對於鮑爾有多大的意義。（在這當中，我們必須知道，哈蘭對於紀實的態度很隨興，正如詩意彷彿在他身上裝了一對翅膀。有一回他還講了一個頗具戲劇性的故事：在與弗里茲・鮑爾交往多年後，他才終於得知，原來將他的父親以違反人道罪起訴的幕後推手居然就是鮑爾。[35]實際上，那場審判是始於一九四九年，當時鮑爾還在丹麥，尚未返回德國。[36]）哈蘭說道：弗里茲・鮑爾「帶了放在傑爾巴島（Djerba）的沙中一把鮮嫩的三葉草給我，邀請我和他一起下海游泳。在我們遠離海岸三公里後，我們倆都溺水了。我們之所以沒有淹死，全是因為幸運，那裡恰巧是個沙洲，那裡的海域只有一百五十公分深，我可以踩著海底試著拯救溺水的鮑爾。我們在海上的烈日下站了七個小時，一動也不動，期待能遇到一位好心的漁夫。隔天早上對於啞然失笑的弗里茲・鮑爾簡直是場折磨。烈日嚴重灼傷了他的背部。所幸，我知道非洲人的一個偏方，找了一些新鮮的番茄來塗抹他的背部。弗里茲・鮑爾告訴我，這是他這輩子第三次被人觸摸。第一次的接觸是他的保姆的吻，那位保姆在他五歲大的時候遭到解僱，因為她太愛他了。第二次的接觸是在哥本哈根城市監獄的牢房裡，他被人踩在肩膀上，有個身材高大的守衛進來牢房裡，說要幫助他逃往瑞典，以免落入德國人的手裡。第三次則是我的接觸。」[37]

不過，哈蘭與鮑爾之間，倒是沒有超過柏拉圖式的關係，不像那時候在法蘭克福人們在背後偷偷議論的那樣。即使在鮑爾去世多年後，大方的湯瑪斯・哈蘭仍說自己與弗里

34 鮑爾寫給Harlan的信，根據內容推測，很可能是在一九六四年四月。
35 參閱Stephan, *Thomas Harlan. Das Gesicht deines Feindes*, p. 94 f.。
36 參閱Wojak, *Fritz Bauer*, p. 439。
37 引述自Stephan, *Thomas Harlan. Das Gesicht deines Feindes*, p. 140 f.。

茲・鮑爾的關係「就像父子一樣」[38]。確實，他們兩人主要聊的都是政治，鮑爾經常和緩了這個頭腦發熱的年輕朋友，偶爾也會把他拉回現實的地面上。

對於湯瑪斯・哈蘭計劃製作的有關納粹過往的電影，弗里茲・鮑爾希望它們能夠「洗滌觀眾的心靈」，他向哈蘭保證，這在政治上至少與檢察官的日常執法工作同樣重要。「觀眾席裡的年輕人應該認同影片中年輕的反納粹力量，而且不該只是想要揭去『老一輩』的假面具，應當循循善誘他們認識真相，進而做出某種彌補。」[39]鮑爾甚至還去拜訪了電視台的高層，想要說服他們參與哈蘭的企劃，他對於哈蘭的熱情洋溢深表支持。不過，對於哈蘭試圖憑藉自己的力量，將在逃的納粹首領帶上法庭，鮑爾卻是覺得不以為然。作家羅伯特・諾伊曼曾經如此描述他們兩人：「俊美的與嚴肅的兩人坐在我的房裡，談論著大舉揭發納粹罪犯，還有來自世界各地的出版合約。而他正等待著後天從華沙寄來的上萬份文件的影印本——直到我、出版商和檢察官們放棄為止，都還是『後天』。」[40]

有時，當哈蘭欲以行家對行家的態度與弗里茲・鮑爾對話，鮑爾會制止這位年輕的朋友。例如他會指責說：「人們無法要求新聞記者與詩人都精通法律。如果我是你的話，我會放棄為了反對法律（權利）而發的爭辯。唯有為了反對事實上的確無須存在的判決而發的爭辯，才是適當的、合理的。」[41]另有一回，鮑爾還提醒哈蘭，他真正的工作是藝術工作，不是法律工作。「你畢竟是個詩人，而非事實蒐集者。」[42]因為如果哈蘭耽溺於自己根本一竅不通的法律方面的細節，那將是荒謬的。「如果我手下的某個德國檢察官這麼做事，我會換掉他。」有時當哈蘭解釋自己周遭所發生的一些政治事件時，弗里茲・鮑爾會認為那只是陰謀論。「我始終不解你和你所說的『皮衣人』究竟是怎麼回事。」[43]在《明鏡週刊》的編輯魯道夫・奧古斯坦（Rudolf Augstein）於一九六二年因涉嫌叛國被羈押後，年輕的哈蘭認為同一股闇黑勢力早在對付自己。鮑爾的回應則是：「如果你拿自己和奧古斯坦相提並論，那將是愚蠢的。親愛的湯瑪斯，你罹患了自大狂嗎？當時所涉及的根本是完全不同的事。還是說，你認為史特勞斯（Strauß）先生在迫害你？」[44]

---

38 同上，p. 103。
39 鮑爾於一九六五年三月十八日寫給Harlan的信。
40 Neumann, *Vielleicht das Heitere*, p. 15。
41 鮑爾寫給Harlan的信，日期註記為七月十三日。括號裡的引文為原始內容。
42 鮑爾寫給Harlan的信，日期註記為星期六。
43 鮑爾寫給Harlan的信，未註記日期。
44 鮑爾寫給Harlan的信，日期註記為一九六四年。

刑法中的反動氣息與一位邦檢察總長的責任

法蘭克福有許多同志場所，有的叫做「塔旁的賭場」（Casino am Turm）、「旋轉木馬」（Karussell）、「賓格隘口」（Binger Loch）、「怎麼樣？」（Na und ?），有的叫做「芭芭麗娜」（Barbarina）、「鱷魚」（Alligator）、「隨想曲」（Le Caprice）。人們會在昏暗中在綴有飾邊的布簾後面飲酒，通常是在枝狀吊燈下，誠如某位觀察者印象深刻的描述。「人們去到那裡，想看看別人，也想被別人看。人們可以發現到，在這些場所裡有許多鏡子，也幫了大忙。」[45] 人們也在那裡分享恐懼。法蘭克福是個在一九五〇與一九六〇年代鎮壓同性戀者特別嚴厲的城市。在弗里茲・鮑爾於一九五六年去那些地方時，距離登上全國頭條、針對同性戀者而來的逮捕暨審判潮，才僅僅過了五年之久。道德警察（Sittenpolizei）找了一位名叫奧圖・布蘭根斯坦（Otto Blankenstein）的法蘭克福男妓作證，進而根據《刑法》第一七五條以「男性間的姦淫」的罪名指控了數十位公民。這些男性就在大白天正在工作時被捕，許多人丟了工作，至於選擇自殺的，為人所知的至少就有六人。

在報導這類同志場所的一些刊物上，男同志們會相互交流，如何避免「在審訊和警方的其他舉措中，沒頭沒腦地說錯話」[46]。某位匿名作者曾在一九五〇年代的《道路》

（*Der Weg*）雜誌中寫道：「警察機關素以用特別嚴厲或不被允許的手段對待同性戀被告而聞名……人們可以要求在法律的保護下進行陳述。」

會公開講出「登記在案的同性戀者」[47]這種話的道德警察，除了會監視一些嫌疑人以外，還會藉由定期巡視法蘭克福的這些同志場所，確保沒有發生任何逾越調情以外的事——確保男同志的性行為被驅逐到黑暗的公園與廁所。這是法蘭克福警方的策略，有別於相對自由的柏林。在這種情況下，法蘭克福的這類場所陷入了一種明眼人都看得出的慘況，即使是在這個大都會較為繁華的街區也不例外。比鄰於弗里茲・鮑爾位在城市西區的陽台前，在開展的、維護良好的法蘭克福棕櫚園，其中有個維護得比較沒那麼好的綠堡公園（Grüneburgpark），這個公園逐漸成了同志們聚會的場所。

---

45 Gerd Jürgen Grein, »Der Homosexuelle in Frankfurt am Main«, Magisterarbeit Universität Frankfurt 1968, p. 82。

46 »Die Rechte des Beschuldigten und Angeklagten«, *Der Weg zu Freundschaft und Toleranz*, 3. Jahrgang, July 1953, p. 23–27 (23 f.)。

47 Kriminalinspektor Herbert Kosyra, »Die Homosexualität – ein immer aktuelles Problem«, *Kriminalistik* 1962, p. 113。

雖然警察很少在夜間，到那裡用探照燈揭去黑暗對人們的保護。然而，每當警察出現在那裡時，他們總會用十分粗暴的方式對待同志們，因為他們敢肯定，幾乎沒有任何被捕的人敢向公眾投訴。熟悉法蘭克福的同志們，在遭遇這種突襲時，都會乖乖地自動舉起雙手走向警察，希望這麼做至少能免於被毒打一頓。[48]

身為邦檢察總長，弗里茲・鮑爾得為所有的起訴工作負責，而且同時也要為幫助檢察署的刑事警察的刑事偵查措施負責。大力鼓吹發揮道德勇氣的他，在這樣的問題上特別受到了棘手的考驗。

執行刑法當時是鮑爾的職責所在，然而，那卻是一部在很大的程度上依然散發著舊時代腐朽氣息的刑法，一部將通姦者、墮胎婦女還有特別是同性戀者綁上「道德刑柱」的法律；歐洲的大多數國家都已擺脫了如此強烈地侵犯公民隱私的情況。在羅曼語系國家，例如法國或義大利，從很久以前起，就已將同性關係除罪化。作為法國大革命的成果的一八一〇年的《拿破崙法典》（*Code civil des Français*），將道德的與法律的可非難性區分開來。除此以外，在荷蘭、瑞士、瑞典與丹麥，同性戀也早就除罪化。在德國，從魏瑪時代起，人們就一直在討論，是否也該效法這些榜樣。然而，如果弗里茲・鮑爾這時在黑森邦下令，搶在立法機關之前，不再適用依然有效的、反對同性戀的德國刑法，他勢必會被說成扭曲法律，甚至恐怕還得要以自己的職位為代價。

在這個問題上，鮑爾展現了自己的務實；他是個曉得如何保住自己的法袍的現實主義者。在鮑爾的庇護下，根據惡名昭彰的同性戀者條款，刑法第一七五條所做的判決，在黑森邦並無多大的改變。在他上任的前一年，黑森邦的檢察官以合意的同性戀行為為由，起訴了一百四十一名男性。十年後，當鮑爾在奧斯威辛集中營審判結束時，在法蘭克福會見來自全球各地的媒體，在黑森邦還是有一百二十三名男性受到同樣的屈辱。[49] 鮑爾並未冒險直接去衝撞司法方面的阻礙，或直接要求所屬執法機關，在對於同性戀者的迫害上踩煞車。畢竟根據權力分立的原則，首先還是得要設法促使立法機關在這樣的問題上先轉彎。為此，鮑爾毅然登上了政治的角力場，更加大聲疾呼刑法的自由化。

48 對Setzepfandt所做的訪問。（市議員Christian Setzepfandt對於法蘭克福的男同志史頗有研究。）

49 Hessisches Statistisches Landesamt, Akte des Hessischen Justizministeriums (Abteilung 505 Nr. 2530): Wegen Verbrechen und Vergehen wider die Sittlichkeit verurteilte Personen in Hessen 1955 bis 1965, Aktenzeichen 4044 Bd. 2, Aktentitel »Unzucht«。

同性戀者之友：鮑爾在關於刑法第一七五條的論戰中

「各種形式的同性戀……正如在動物界裡所顯示出的類似情況……是性行為高度的變異性的表現方式」[50]，弗里茲・鮑爾曾在他的《犯罪與社會》一書中如此寫道；這本出版於一九五七年的書，旨在為推進德國刑法的現代化辯護。鮑爾根據比這本書早兩年發表的《金賽報告》（*Kinsey Reports*）指出，有這方面經驗的人遠比公開表明的更多。惡名昭彰的德國刑法第一七五條同性戀條款，在一九五〇和一九六〇年代時，是自由主義者最想竭盡所能把它從刑法中驅逐的、反動的腐朽氣息。這個條款象徵了一項原則——象徵了，就算成年人自主的所作所為無害於任何人，德國刑法也能以道德化的方式加以干預。

第一七五條在當時完全受到社會的支持。某些保守的法律政治家表示，「對於某些我們顯然無法承受、在社會道德上特別應該予以譴責的行為，處以刑罰」[51]，實是無可厚非；在這當中，他們還特別指出了虐待動物與雞姦的可罰性。在阿登納時代，他們的立場甚至更為激進。這場爭執變成了一場真正的法律文化鬥爭，而它的結果則是奠基於歷經數十年的轉向。

刑法第一七五條同性戀條款直到一九六九年適用於聯邦共和國的版本，可以追溯到一九三五年，當時除了《紐倫堡法案》以外，還通過了納粹的「刑法修正案」。在此之前同性戀行為就已會被判處刑罰，不過納粹黨人卻將最高刑期從六個月提高到五年。他們把法條擬成，「一位男性若是主動地或被動地和另一位男性從事淫亂的行為，處以監禁之刑。」此舉為法院開闢了新的、更寬廣的裁量空間。對於「淫亂」的概念，德意志帝國最高法院僅提供了一個模糊的定義，根據這項定義，如果「在客觀上有損於一般的羞恥心，在主觀上具有喚起兩名男性之一，或第三名男性的慾望的淫蕩意圖」，就會被處以刑罰。檢察官甚至無須證明有實際的接觸。[52]另一方面，納粹黨人還在新增的第一七五a條中，針對特殊情況，像是使用強迫的手段、與二十一歲以下的男性從事性行為或是男性的賣淫行為，施以更為嚴厲的處罰。

　雖然，在一九四五年德國投降後，同盟國的管制委員會就立即發布了「對法官的一般指示」，禁止他們根據在納粹黨人掌權後生效的、加重刑罰的法律。而且管制委員會也在

---

50 Fritz Bauer, *Das Verbrechen und die Gesellschaft*, p. 58。

51 引述自Jürgen Baumann, *Paragraph 175. Über die Möglichkeit, die einfache, nichtjugendgefährdende und nichtöffentliche Homosexualität unter Erwachsenen straffrei zu lassen (zugleich ein Beitrag zur Säkularisierung des Strafrechts)*, Berlin/Neuwied 1968。

52 Entscheidung des Reichsgerichts in Strafsachen, 73. Bd., p. 78, 80 f.。

它於一九四六年提出的新刑法草案中，要求立法者至少回歸到相對寬鬆的、威瑪時期版本的同性戀條款。但這一切卻都未被落實。

「從一九四五年一直到聯邦議院開議，在西方佔領區裡，人們幾乎一致同意，第一七五條與第一七五a條並不在『納粹所制訂的法律』的範圍裡，無須否認它們在一個自由民主的國家裡的合法性」[53]，聯邦憲法法院的法官在一九五五年時做了這樣的解釋，進而駁回了兩名男性所提出的憲法訴願（Verfassungsbeschwerde）。另一方面，聯邦法院同時也沿用了德意志帝國最高法院的淫亂定義，這意味著，對於同性戀行為的懲罰，依舊無須以相互接觸為前提。[54]這時僅以重新強調一個詞彙來限制犯罪構成要件；根據聯邦法院的說法，唯有行為持續一定時間與達到某種強度，才會構成在法律意義上的「從事」淫亂的行為。[55]

有位男性在卡爾斯魯爾（聯邦憲法法院所在地）提出訴願表示，刑法第一七五條僅僅針對男性，此舉侵犯了男女平等的原則（根據《基本法》第三條第二項）。聯邦憲法法院則在一九五七年時本於生物學的論據反駁：「平權的基本原則」無法提供「任何處理男性和女性的同性戀的立法標準」，因為「就連在同性戀方面，生理上的差異同樣也證明了，以不同的方式對待男性和女性是合理的……光是身體的構造就已顯示出了，男性的身體構造具有比較偏向催逼與要求的功能，女人的身體構造則具有比較偏向接受與準備接受的功能。」聯邦憲法法院接著還表示，有別於男性，「女性會不由自主地被自己的身體提醒，性生活會與其負擔有關」，這點主要體現於，「在女性方面，身體的慾望（性慾）與情感的知覺（情慾）幾乎總是相互融合，有別於男性，而且特別是在同性戀方面，這兩種成分通常是分開的。」就女同性戀者而言，「以母性為本的生理構造無意識地為女性」指出「道路……即使當她們在生理上不是母親，也會在某種轉換了的社會意義上發揮女性的、母性的作用。」在這個案件中，聯邦憲法法院的法官也不認為這牽涉到了人格自由發展的權利（根據《基本法》第二條第一項）；因為這項權利受限於「道德準則」。法院把不成文的「道德準則」的內容說成是，「存在於民眾之中的健康且自然的生活秩序」，具體而言就是兩大基督教宗派的教義。[56]

在阿登納時代，同性戀條款是與嚴格的離婚規定、國家對於散佈避孕工具的控制，以

53 Entscheidung des Bundesverfassungsgerichts, 6. Bd., p. 389 ff.。

54 Entscheidung des Bundesgerichtshofs in Strafsachen, 4. Bd., p. 323 f., reprinted in *Neue Juristische Wochenschrift* 1954, p. 519。

55 Entscheidung des Bundesgerichtshofs in Strafsachen, 1. Bd., p. 293。

56 Entscheidung des Bundesverfassungsgerichts, 6. Bd., p. 389 ff.。

及對於墮胎的禁止等並立。康拉德・阿登納在一九五三年十月二十日的執政宣言中表示，「出生人數的持續增加」是他的家庭政策的目標。基督教民主聯盟籍的聯邦共和國首任家庭部長法蘭茲—約瑟夫・伍梅林（Franz-Josef Wuermeling）則補充道：「數以百萬計在健康的家庭裡受到良好教養的孩子，作為與多子多孫的東方民族分庭抗禮的保障，至少與所有軍事方面的保障同樣重要。根據人口科學的研究，唯有當每個能夠繁衍後代的婚姻都能產出三個孩子，親代的數量規模才能被維持。」[57]

一九六二年是阿登納政府提出全面修改刑法的草案的一年，[58]是一八七一年以來最大的改革；也是對於所有現代化支持者的宣戰。雖然聯邦司法部的改革委員會建議，回歸第一七五條在魏瑪時期相對溫和的版本。不過，官方的立法理由倒是徹底消除了人們對於國家繼續非難同性戀的懷疑：「因為在除罪化後」，同性戀者的「下一個任務將是，積極爭取社會對於同性戀行為的認可。在此過程中，無疑地，他們將窮盡新刑法提供他們的所有機會。他們可能會針對修法的事實做出有利他們的解釋，把事情說成是，法律認可成年男性之間的同性性交。」[59]

為了對抗這種驚人的現實企圖，阿登納政府的草案召喚了「刑法的道德形成力」：「近幾十年來有心人士反覆主張，同性性交是種自然的、從而並非傷風敗俗的舉動，這種說法只能被當成是為了達成某種目的的藉口加以拒斥……放縱同性的淫亂行為，坐視它們大舉蔓延，結果將是民族的墮落及其道德力量的淪喪。」

在一九六二年時，波昂政府曾經計劃，將與宗教、婚姻或道德有關的所有刑事罪行，全都歸於「危害道德秩序罪」這個新的項目底下，並且藉由分解個別的犯罪構成要件，把截至當時為止的二十八個條文，改寫成不少於四十七個條文。計劃中的新道德刑法，從褻瀆上帝開始，接著是通姦、提供避孕工具與十七種以淫亂為名的刑事罪行，一直到五個淫媒條款與一個虐待動物條款。這時就連不是使用自己配偶的精子的「人工受精」也都會被處以刑罰；這在歐洲算是獨一無二的立法。

弗里茲・鮑爾於次年首次對此做出了規模較大的答辯。[60]他與性學專家漢斯・伯格－普林茲（Hans Bürger-Prinz）及漢斯・吉塞（Hans Giese），合力出版了一本名為《性與犯

---

57 引述自Hans-Georg Stümke, *Homosexuelle in Deutschland. Eine politische Geschichte*, München 1989, p. 140。

58 Entwurf eines StGB 1962 mit Begründung, Deutscher Bundestag, 4. Wahlperiode, Drucksache IV/650。

59 Entwurf eines StGB E 1962 mit Begründung, Deutscher Bundestag, 4. Wahlperiode, Drucksache IV/650。

60 Fritz Bauer/Hans Bürger-Prinz/Hans Giese/Herbert Jäger (ed.), *Sexualität und Verbrechen*, Frankfurt am Main 1963。

罪》（*Sexualität und Verbrechen*）的書，其中匯集了包括迪奧多・阿多諾在內的許多不同專業領域的知名作家。一位名叫赫伯特・耶格的年輕的大學助教接下了此書的編輯工作；為此，鮑爾後來曾在他以納粹暴力犯罪為主題所撰寫的大學授課資格論文上提供協助。他們對於性犯罪自由化所做的辯護，在出版的第一年裡，就銷售了五萬本；[61]這是一個驚人的迴響。（鮑爾於六年前出版的《犯罪與社會》一書，初版僅賣出了三千本。[62]）雖說在這個小型的自由派合唱團裡，鮑爾並非最宏亮且最知名的一個聲音，然而，他卻是這當中唯一一個在司法部門裡擁有實權的人。

在他為《性與犯罪》一書所寫的導論中，弗里茲・鮑爾指出，在「非共產主義的歐洲」，除了德國以外，只有四個國家以刑罰威嚇男同性戀者，其餘的十五個國家則未對男同性戀者以刑罰相繩。他引述丹麥刑法專家史蒂芬・赫維茲的話，不以為然地表示，「根據丹麥的法律，算是值得尊敬的公民」之男性，在聯邦共和國裡居然被當成「犯罪問題」[63]對待。迪奧多・阿多諾則在他的文章裡補充道：「『威權人格』最顯著的結果之一就是，那些具有這種會把自身定位成極權主義追隨者的個性結構的人，十分容易受到那些對付他們認為的性變態之迫害幻想所折磨，尤其容易受到被他們排拒並將其投射到外部團體上的性幻想所折磨。」[64]

與此同時，一些自由派的刑法教授也開始撰寫自己的法律草案，藉以作為基督教民主聯盟陣營從一九六六年起陸續提出的構想的替代方案。一九六八年發表的性刑法章僅還將個人自由與未成年人保護視為需要保護的法益。作者們表示：「在沒有把刑法的功能誤解成社會政策最極端的手段下，在沒有以令人質疑的方式去管束人民下，特別是在性方面，刑法不能為了一般道德狀態本身去保護一般道德狀態。」[65]這是來自德國各大學的十六位學者，身著長袍禮服的教授；身著法袍的實務工作者弗里茲・鮑爾則不在其中。

由於鮑爾在一九六八年六月三十日就已去世，對於一九六八年九月在紐倫堡的法學家會議上圍繞著性刑法的改革所展開的激辯，他再也無法躬逢其盛。在那裡，指出以「社會的異性戀結構」作為「簡單的社會道德的先決條件」的司法部代表卡爾・拉克納（Karl

---

61 Herbert Jäger曾如此表示，參閱Thomas Horstmann/Heike Litzinger, *An den Grenzen des Rechts*, p. 51。

62 參閱慕尼黑恩斯特・萊因哈特出版社（Ernst Reinhardt Verlag）的生產文件，Archiv Reinhardt Verlag。感謝Bettina Hölzl。

63 Bauer, »Sexualstrafrecht heute«, in Bauer/Bürger-Prinz/Giese/Jäger (ed.), *Sexualität und Verbrechen*, reprinted in Perels/Wojak (ed.), *Die Humanität der Rechtsordnung*, p. 297–315 (303)。

64 Theodor W. Adorno, »Sexualtabus und Recht heute«, in Bauer/Bürger-Prinz/Giese/Jäger (ed.), *Sexualität und Verbrechen*, p. 299–317 (301)。

65 Alternativentwurf eines StGB, Besonderer Teil, Sexualdelikte, p. 9。

Lackner），已經落於守勢。在被問及為何非得保留這樣的先決條件，對此人們究竟又該如何設想，拉克納則解釋說，他並沒有說社會的異性戀結構是值得被追求或必須被維持的。他同樣也譴責將「同性戀」「斥為異端」。「然而，此一事實卻正好表明了，盡可能讓每個未成年人免於變成同性戀者這樣的命運，對社會是有利的。」[66]

這只是最後的掙扎。自從德國社會民主黨籍的古斯塔夫・海涅曼（Gustav Heinemann）於一九六六年成為大聯合政府的司法部長以來，問題就只在於，在基督教民主聯盟與德國社會民主黨之間談妥一個妥協方案。當這點最終在一九六九年達成時，成人之間的同性戀行為的可罰性實際上已被刪除。

人們對於「成人」的理解就只是一個定義的問題。立法者首先將同性戀的性行為的年齡界限設定在二十一歲，從而比異性戀的高出許多。之後，從一九七三年起，還是設有十八歲的年齡界限；有別於異性戀的青少年從十六歲起就允許性自主。直到一九九四年，在伴隨兩德統一而來的法律調和下，惡名昭彰的同性戀條款刑法第一七五條的最後殘餘部分才完全從刑法中消失。

在大眾傳播上下了很多功夫的邦檢察總長鮑爾，在這當中也有一份功勞；不單單只是在一九六九年的法律規定改變上。這還關乎人們在廣大民眾當中可以感受到的一種氛圍。反動的道德刑法失去了支持。鮑爾在有生之年也見到了，法蘭克福的道德警察主管是如何要求自己的部屬，從公園和一些同志場所撤回，從「塔旁的賭場」、「隨想曲」和綠堡公園撤回。[67]道德警察的主管曾在一九六八年時的一次訪問中坦承，在德國的諸多鄰國裡，成年人之間自願的同性戀只還會被「施以薄懲」，不久之後，在聯邦共和國裡人們必然也能預期這方面的除罪化。

66 Sitzungsbericht K des 47. DJT, p. 102。
67 Grein, »Der Homosexuelle in Frankfurt am Main«, p. 107。

10 孤獨之路：他的悲劇

害怕走得太近：這位司法官與猶太人

一九六四年八月。法蘭克福有個十七歲的猶太裔女孩，她是看了報紙才曉得，自己的父親赫茲・庫格曼（Hersz Kugelmann），剛在奧斯威辛集中營審判中擔任證人作證。[1]他用堅定的語氣與柔和的波蘭南部的本津（Będzin，他是在那裡長大）腔，描述了自己是如何在奧斯威辛─比克瑙集中營的裝卸台上，在那用微小的手部動作並一邊咆哮、在進行挑選的納粹親衛隊成員面前，看著自己的父母和自己的兩個女兒（當時她們分別是九歲和六歲）走向毒氣室。不過，後來到了法蘭克福，他卻從未對在戰後才出生的女兒西莉（Cilly Kugelmann）透露過隻字片語。[2]

西莉・庫格曼回憶道：「我們的父母從未告訴我們任何事情。我們不曉得事實，但我們卻能感受到某種非常深層的痛苦，能感受到一段可怕的故事的陰影。我很難描述我們的感覺。我會說，整個氣氛是悲情的、令人沮喪的。家裡沒有很多歡笑，彷彿愉悅和放鬆是不允許進到家裡來。對我而言，這些年的象徵，就是我的父母為了治療他們的身心創傷所吞下的那些藥物。」[3]

當時西莉・庫格曼已和其他的猶太裔年輕人聯合起來，這些年輕人同樣也認為德國的環境令人沮喪，學校一片黑暗，家庭並不美滿。在創立於一九五八年的德國猶太復國主義青年組織（Zionistische Jugend in Deutschland）裡，人們對於酒精、香菸、搖滾樂、重建時期的整個逃避現實嗤之以鼻，誠如當時法蘭克福的另一位成員米夏・布魯姆利克（Micha

---

1 Fritz-Bauer-Institut (ed.), »Der Auschwitz-Prozess. Tonbandmitschnitte, Protokolle und Dokumente« (DVD-ROM), 3. edition, Berlin 2007, p. 15481。

2 對Kugelmann所做的訪問。

3 引述自Olivier Guez, *Heimkehr der Unerwünschten*, p. 133。

Brumlik）回憶所述。「我們在熊熊烈火旁許下神聖的誓言，在高中畢業後就離開德國，移居以色列。」[4]這些年輕人十分仰慕對抗老納粹的猶太裔司法人員弗里茲・鮑爾。他們一起製作了一份名為《Me'orot》（意即「星星」）的學生刊物。當西莉和米夏這兩位青少年得知弗里茲・鮑爾願意接受《星星》的採訪時，「我們感到榮幸之至。」[5]

當這兩位猶太復國主義青年來到他的辦公桌前，這位邦檢察總長對於他們的來訪顯得十分專注。他很有耐心地聆聽他們說話，以一種成年人所不習慣的方式。西莉・庫格曼表示，他還回答了他們提出一些關於納粹審判的「最愚蠢的問題」[6]。儘管如此，這場訪問最終卻還是一場出奇沉默的會面。

另一些在這段時期認識鮑爾的非猶太裔年輕人，即使在數十年後，依然十分崇拜他的熱情與雄辯。在一九六〇年代時，鮑爾不斷地從一個演講台走到下一個演講台，他的演說總是充滿手勢、敢於挑戰，他總是樂於傾聽年輕人的政治思想與夢想，也總是鼓勵他們勇於發出異議。法蘭克福作家漢斯・弗里克（Hans Frick）有一回曾興高采烈地講述了，當他的兒子問鮑爾，「鮑爾先生，請問你是共產黨員嗎？」，鮑爾是如何深吸一口氣，清了清嗓子，端坐在沙發上，長篇大論地對著一個當時才十歲的小男孩，做了一番解釋。這個小男孩後來對他的父親說：「如果我年紀比較大而且懂些政治的話，我很想和鮑爾先生聊一聊。他非常認真地對待我，他與其他的人截然不同。」[7]

相反地，西莉・庫格曼卻曾表示，他並未散發出什麼如父親般的、溫暖的感覺。[8]在猶太人和以色列這些《星星》這份刊物的編者顯然十分關心的主題上，鮑爾完全不願說些什麼，即使在閒談中也是如此。儘管這段期間他已前去以色列出差過數次，儘管早自年輕時起，他就一直在與猶太復國主義的思想角力（過去在海德堡求學時，他就曾經參與過這方面的激辯，後來在一九六七年六日戰爭（Six-Day War）爆發時，他則是首批秘密地向法蘭克福的猶太教區詢問，可以把捐給以色列的錢捐到哪裡的人之一）[9]，儘管弗里茲・鮑爾如果願意的話，會有很多話可說，但最終他卻選擇保持沉默，對於這整個主題選擇一言不發。

---

4 引述自Elke Wittich, »Mit 17 hat man noch Träume. Die Zionistische Jugend Deutschlands wird 50 – viele Aktivisten blicken wehmütig zurück«, Jüdische Allgemeine, 23. July 2009。

5 對Brumlik所做的訪問。

6 對Kugelmann所做的訪問。

7 參閱Hans Frick, *Henri*, Reinbek 1970, p. 42 f.。

8 對Kugelmann所做的訪問。

9 參閱P. A. (Paul Arnsberg), »Nachrufe : Generalstaatsanwalt Dr. Fritz Bauer«, *Frankfurter Jüdisches Gemeindeblatt*, July/August 1968, p. 15。

在鮑爾返回德國後，特別是在公開場合或採訪中，他就一直刻意掩飾，把他、集中營倖存者及歸國流亡者，與他想在政治上加以說服的絕大多數德國人，在人際關係上分離開來的原因。他希望自己盡可能不被人看成猶太人。他沒有猶太朋友。在司法部門的日常工作中，他在白天會專業地會見少數猶太倖存者，至於晚上，他就和他們沒有任何來往。在法蘭克福的司法機關裡，有個正在從事獵巫的「猶太集團」，這樣的幻想總是鮮活地體現在弗里茲・鮑爾所收到的許多辱罵信與恐嚇信中。在那些年裡，法蘭克福可說是德國猶太人的大本營，更確切地來說，這個大本營就位在鮑爾所居住的西區，那裡甚至也有猶太教堂。[10]在猶太教區的領導組織裡，有一位名為保羅・阿恩斯伯格（Paul Arnsberg）的司法工作者，他比弗里茲・鮑爾大了四歲，也有一段類似於他的人生經歷，在一九三三年被解除公職、流亡，也同樣是新聞工作者、知識份子。住在法蘭克福的德國猶太人中央委員會的秘書長，亨德利克・格奧爾格・范・達姆（Hendrik George van Dam），同樣也是一位司法工作者。戰後，在鮑爾任職於布朗史威克期間，他曾在奧爾登堡（Oldenburg）協助重建司法機關。但鮑爾卻刻意與他保持距離，儘管在一九六〇年代有一回他曾前往維也納為當地的猶太教區演講。只不過，他個人純粹是基於專業原因才接受邀請，邀請他的是著名的「納粹獵人」西蒙・維森塔爾，鮑爾之所以願意前去發表演說，也可能是因為他希望會後能私下向維森塔爾討教一些追捕納粹黨人的心得。這無關共同的身份，只關乎共同的工作。[11]

在一九六〇年代時，有一回，鮑爾接受《時代週報》發行人格爾德・布塞里斯（Gerd Bucerius）的邀請參加一場晚宴，他被安排與當時《時代週報》的文學編輯馬塞爾・萊希—拉尼基（Marcel Reich-Ranicki）坐在一起。鮑爾對於這樣的安排感到惱火，原因或許在於，主人偏偏把他放在編輯部裡的唯一一位猶太人旁邊（而不是把他安排在例如新教的反抗運動鬥士瑪麗安・登霍夫〔Marion Gräfin Dönhoff〕旁邊），認識拉尼基成了一樁倒楣的事，儘管主人肯定沒有想到這會有什麼問題，畢竟萊希—拉尼基曾對鮑爾的工作表示了極大的同情。一九六四年五月二十二日，他在《時代週報》的副刊裡呼籲德國作家去旁聽奧斯威辛集中營審判，藉以顯示出他們是「揭露者」而非「粉飾者」。[12]也許那天在漢

---

10 參閱Dan Diner, »Im Zeichen des Banns«, in Michael Brenner (ed.), *Geschichte der Juden in Deutschland von 1945 bis zur Gegenwart*, p. 15–66 (55–58)。

11 參閱Tom Segev, *Simon Wiesenthal. Die Biographie*, München 2010, p. 222。

12 參閱Stephan Braese, »›In einer deutschen Angelegenheit‹ – Der Frankfurter Auschwitz-Prozess in der westdeutschen Nachkriegsliteratur«, in Irmtrud Wojak (ed.), »*Gerichtstag halten über uns selbst ...*«, p. 217–243 (217–219)。

堡的晚宴上有太多人把目光投到他們兩人身上，猶太人與猶太人，他們會如何懂得彼此？無論如何，鮑爾後來鄭重其事地強調，由於自己是個很無拘無束的人，所以從一開始就很受不了萊希—拉尼基。[13]

在奧斯威辛集中營審判期間，有兩百多位集中營倖存者來到法蘭克福作證。有些人聽說弗里茲・鮑爾本人也曾是集中營囚徒暨政治流亡者，早在一九五九年針對奧斯威辛集中營的納粹犯嫌進行調查之初，他們就寫給了他許多充滿熱情的信。[14]鮑爾在他位於法蘭克福的辦公室裡保存了一塊來自奧斯威辛集中營的石頭，這是他們送給他的。[15]儘管如此，他本人卻與這些證人保持著距離。在那段期間裡，鮑爾曾一再告訴媒體，關於集中營囚徒的「右手」被烙上紋身的事，雖然囚犯的編號其實不是刺在右邊，而是刺在左邊。一九六三年八月，他在接受北德廣播公司的一場訪問中提到，這種「如同烙印在一頭待宰的畜牲身上」的編號，不久前他才剛再次在一位年輕女孩的身上見到，當時他在法蘭克福的某個咖啡館裡，那個女孩就坐在他的鄰桌。「在她舉手要喝咖啡時，她的毛衣衣袖滑了上來，我在她的右手上看到了奧斯威辛集中營的編號……藍色……清晰可見。」[16]後來，在奧斯威辛集中營審判開始進行、第一批證人陸續出庭作證時，鮑爾又再次提起了這件令他印象深刻的事，也再次說錯了其中的細節，提到若是下一批數以百計的倖存者出庭作證，在他們舉起右手宣誓時，民眾們就會注意到他們的紋身。[17]一年後，奧斯威辛集中營審判剛剛結束，鮑爾第三次重蹈覆轍，犯了同樣的錯誤。[18]這其實只是一個小細節。然而，如果鮑爾在那段期間裡曾經親自與倖存者們交流過，他理應很容易發現到這一點。

雖然鮑爾曾多次在法蘭克福，與國際奧斯威辛集中營委員會的秘書長赫曼・朗貝恩會面，並針對蒐集證據方面的合作進行磋商。但他卻有個請求：無論如何，請朗貝恩切勿公

---

13 對Amend所做的訪問。

14 參閱Werner Renz, »(Un-) Begründete Selbstkritik. Überlegungen zu einer skeptischen Bilanz Fritz Bauers. In memoriam Fritz Bauer (1903–1968)«, *Tribüne. Zeitschrift zum Verständnis des Judentums*, Heft 190/2. quarter 2009, p. 124–132 (129, 註釋19)。

15 Walter Fabian對Tiefenthal所做的訪問。

16 鮑爾的電台訪問：»Zu den Naziverbrecher-Prozessen. Das politische Gespräch«。北德廣播公司於一九六三年八月廿五日播出的節目，reprinted in Joachim Perels/Irmtrud Wojak (ed.), Die Humanität der Rechtsordnung, p. 101–117 (116)。

17 Bauer, »Nach den Wurzeln des Bösen fragen«, *Die Tat*, Nr. 10, 7. March 1964, p. 12。

18 參閱Bauer, »Antinazistische Prozesse und politisches Bewußtsein. Dienen NS-Prozesse der politischen Aufklärung?«, in Hermann Huss/Andreas Schröder (ed.), *Antisemitismus. Zur Pathologie der bürgerlichen Gesellschaft*, Frankfurt am Main 1965, p. 172。

開談論這項合作關係。在奧斯威辛集中營審判中代表受害者提起告訴的亨利．奧蒙德律師，很快就理解這樣的顧慮。奧蒙德還曾警告委員會，不要就弗里茲．鮑爾的調查進度舉行記者會。「它們只會為辯方提供『整場審判只是在向東邊宣傳』這種假設的論據。」[19]

一九五九年八月一日，赫曼．朗貝恩在一封措辭強烈的信中指責弗里茲．鮑爾，由於他手下的檢察官粗心大意，居然縱放了犯嫌克勞斯．迪勒夫斯基（Klaus Dylewski）。[20]鮑爾對於朗貝因蠻橫的語氣感到憤怒。「我十分重視且感謝朗貝因先生為我們提供的幫助」，負責奧斯威辛集中營審判的年輕檢察官之一約阿辛．庫格勒，後來在回憶過往時曾表示，「只不過，朗貝因先生試圖給我們下指導棋，我們倆（沃格爾檢察官與我）原則上都相應不理……這就好像有個好管閒事的媒體記者跑來跟我們說：『檢察官先生，你聽好，你現在怎麼怎麼做會比較好！』」[21]儘管如此，鮑爾還是要他的部屬忍辱負重地保持策略性的克制，別把社會大眾的注意力轉移到這樣的合作上。[22]

不僅如此，他本人也完全從中退出，弗里茲．鮑爾在自己與朗貝因之間建立了一個安全距離。這時鮑爾只是從幕後對國際奧斯威辛集中營委員會的秘書長發些簡短、行禮如儀的信件；至於會談、磋商之類的事情，他就讓一些低階的檢察官們代行。雖然受害者們都對他有很大的好感，但鮑爾卻明顯排斥與他們親近，因為他必須在社會大眾面前維護審判所應有的客觀與公正的信譽。為此，他付出了高昂的代價。

朗貝恩在一九六五年時，出版了一本關於當時剛剛落幕的奧斯威辛集中營審判的書，他讚揚了法官、被害人的律師，甚至於被告的辯護律師。然而，對於檢察官的工作，他卻只給了尖銳的批評。對於整場審判的發起人弗里茲・鮑爾，朗貝恩起初還曾寫過一些對於「我們的」奧斯威辛集中營審判，寄予厚望、態度親切的來信，[23]但這時他卻祭出了大眾傳播最嚴厲的處罰形式，以一種吐露憤怒與失望的方式處理。鮑爾的名字完全沒有出現在這部兩卷本的著作中。朗貝恩傳記的作者卡塔莉娜・史坦格（Katharina Stengel）曾強調：「在整個陳述中，他是一個不存在的要角。」[24]原先以為在弗里茲・鮑爾身上見到了一位

---

19 Ormond於一九六〇年四月十一日寫給Langbein的信，引述自Katharina Stengel, *Hermann Langbein. Ein Auschwitz-Überlebender in den erinnerungspolitischen Konflikten der Nachkriegszeit*, Frankfurt am Main 2012, p. 435。

20 同上，p. 419。

21 Werner Renz對Kügler所做的訪問。

22 參閱Gesprächsvermerk Staatsanwalt Vogel, 4. August 1959, 4 Js 444/59, Handakte Bl. 54。

23 Langbein於一九六一年三月三十一日寫給鮑爾的信，Österreichisches Staatsarchiv, N1 HL E/1797：96，引述自Stengel, *Hermann Langbein*, p. 438。

24 Stengel, *Hermann Langbein*, p. 438。

當然盟友的倖存者組織，如今卻將他視為背叛了他們的希望的人。他的猶太出身讓事情變得特別糟糕。對於鮑爾來說，這是一種悲劇性的糾結。在朗貝因眼裡，鮑爾對於自己的猶太難兄難弟表現出的苛刻，實際上只是鮑爾對於他自己的苛刻。

順道一提，一九六四年九月坐在鮑爾的辦公桌前的那兩個年輕人，西莉和米夏，最後還是針對德國猶太人當前的生活提出了一個問題。[25]有人說，針對納粹罪犯的審判如今也會傷害猶太人，這是真的嗎？鮑爾對此避而不談，改去講述別的話題。這兩位猶太復國主義青年過於害羞，不好意思追問。[26]

這是他的悲劇。鮑爾拒絕了唯一真正接納過他的族群。在人際關係上，他讓自己處在比魏瑪時期的父母和祖父母更孤獨的境地。畢竟，鮑爾的祖先們從來就不想放棄既是猶太人、又是德國人的身份。每當人們否認他們是德國人時，他們至少還能在另一個，即猶太人的群體裡找到歸宿。相反地，弗里茲·鮑爾在一九四五年之後便下定決心，特別要疏遠猶太人，藉以至少被完全認可為德國人。於是他養成了引述費希特（Johann Gottlieb Fichte）、歌德與席勒的習慣，強調自己與刺殺希特勒的施陶芬貝格上校的同學關係，將他所要凸顯的抵抗權故意稱頌為「日耳曼的」。在一九六七年的最後一天，也就是在他去世的半年前，他寫了一份遺囑，要求在他死後將他火化，「不應將骨灰埋葬」[27]，這是一種極度非猶太的、甚至在猶太教裡是被禁止的殯葬方式。然而，他所做的一切努力，在他人生快要結束時，卻也難逃無濟於事的結果。在一九六七年的法蘭克福書展上，東德的國家出版社發行了一本其中臚列了納粹司法人員姓名的「褐皮書」，聯邦共和國的許多政治人物都很憤怒於鮑爾居然不願查禁這本書。鮑爾曾在一封私人信件裡表示：「眼見這樣的事情使得這個國家的納粹餘孽團結起來，展開政治反撲，著實令人寒心。猶太人也會遭到波及。」[28]

在旁聽奧斯威辛集中營審判後不久，就和鮑爾成為朋友的法蘭克福作家霍斯特・克魯格，曾回憶道：「到了別人都已享清福的年紀，弗里茲・鮑爾仍以一種戰戰兢兢的方式活著，彷彿一切還未完成、危機四伏。他的內心總是醞釀著不滿。他抽菸過多，也經常咳得令人擔憂。他不單與這個社會起爭執，而且更與自己起爭執。這時他常會提及自己的童年，提及一個錯誤的青年時期的折磨。在他去世前不久，他還一直在考慮一個問題：自己

---

25 參閱Fritz Bauer, »Interview mit der Zeitschrift der Zionistischen Jugend Deutschlands«, *Me'orot*, October/November 1964。

26 對Brumlik所做的訪問。

27 Handschriftliches Testament Bauers, 31. December 1967, Privatarchiv Manfred Amend。

28 鮑爾於一九六七年年底寫給Harlan的信。

是否應該去做一下心理分析？六十四歲的他殘酷地問自己。哪位德國的司法人員會這麼做？他們都是『已成熟的』——而且多半在那之後也是。」[29]

在弗里茲・鮑爾過世了幾年後，在瑞士一家高級酒店的輕鬆氛圍中，鮑爾的妹妹瑪戈提及她的哥哥，她表示，人們可以「把他比作一顆仙人掌果（Sabres），他不想表現出自己感到多麼溫暖。」[30]「仙人掌果」，瑪戈在此絕妙地用了一個猶太詞彙。在意第緒語中，「Sabres」指的是梨果仙人掌，一種柔軟、甜美的果實，不過它們身上卻佈滿了刺，正如在以色列出生的人據說也是「帶刺的」。這是一個具有諷刺意味、在以色列十分流行的比喻。當鮑爾那位從未從斯堪地納維亞返回德國、當時已年近七旬的妹妹在選用這個詞彙中感到了快樂，這代表了某種平靜，也代表了放眼於為溫暖所形塑的猶太人世界。對於她的哥哥弗里茲，為了在政治上推動些什麼，他在戰後毅然決然地重返德國，人們很難想像在他身上同樣也會有這樣的輕鬆。

「人們和他談不來」：弗里茲・鮑爾的少壯檢察官團隊

那位在大廳裡對著兩名滿頭白髮的納粹罪犯竊竊私語的年輕人，有一張在這個城市裡眾所周知的臉孔。一頭金髮時尚地在額前垂下一綹捲髮，矮小結實的身材一如既往地塞入一套合身的西裝，聲音可以輕輕鬆鬆傳向整個大廳，而且完全不會令人感到刺耳，溫暖而柔和的黑森腔，清晰而有利的表達。他依然戴著同樣的黑色牛角框眼鏡，而三年前，在全球媒體的矚目下，他就是戴著這樣的眼鏡在法蘭克福奧斯威辛集中營審判中完成他的結案陳詞。當時他是擔任檢察官。在他「換邊」之前。

如今，這位年輕人，約阿辛・庫格勒，在同一個法庭裡，變成是以刑事辯護律師的身份發聲。這是一場弗里茲・鮑爾雖未親自出席，卻也同樣扮演了要角的訴訟。在一九六七年十一月的頭一天，兩名被告之一的阿道夫・海因茲・貝克勒（Adolf Heinz Beckerle）就抨擊邦檢察總長，因為他「殘酷的迫害手段」差點害他喪命。高坐在自己的辦公室裡的弗里茲・鮑爾是這一切背後的推手；法庭上負責起訴的小檢察官，實際上只是他的工具。

前檢察官約阿辛・庫格勒是貝克勒的法律顧問。這場審判在歷史上被稱作「法蘭克福外交官審判」（Frankfurter Diplomatenprozess）。一九六八年八月，在他的結案陳詞中，約阿辛・庫格勒同樣也直指最基本的問題，他點出了時至今日，在戰爭結束過了四分之一

---

29 Horst Krüger, »Fremdling in der Stadt. Gedenkblatt für Fritz Bauer«, *Die Zeit*, 12. July 1968。
30 Walter Fabian對Tiefenthal所做的訪問。

世紀後，在每一次司法尋求真相的嘗試中人們必須經歷的痛苦。這時的庫格勒認為，很顯然在納粹的統治下，人民不再具有任何獨立性，只是「行屍走肉」的他們根本沒有做對的事或做不對的事的選擇。這是他在三年前，在弗里茲・鮑爾麾下，照亮奧斯威辛集中營審判的一個基本要點。庫格勒循著這個軌跡前進，他還提出了一個問題，那就是：對於納粹犯行所為的審判，究竟是否仍然有助於「公共利益」？根據庫格勒的說法，這樣的審判肯定會帶來損害。如若沒有對於納粹份子進行司法迫害，極右主義（德國國家民主黨〔Die Nationaldemokratische Partei Deutschlands；簡稱NPD〕在一九六六年時，憑藉「人民可以再次選擇」的口號，進軍黑森邦與巴伐利亞邦的邦議會，隔年接著又在不萊梅、萊茵蘭－普法茲邦，下薩克森邦和什列斯威－霍爾斯坦邦締造佳績）或許也不會發展到如今這樣的規模。[31]

這些是一九六八年六月三十日去世的弗里茲・鮑爾，再也聽不到的、令人痛苦的話。不過，鮑爾與他從前的門徒約阿辛・庫格勒的決裂，早在很久之前就已是眾所周知。鮑爾經歷了庫格勒的「換邊」，經歷了在奧斯威辛集中營審判中火力最強的辯護律師漢斯・拉騰瑟，張開雙臂歡迎年輕的庫格勒加入律師公會。正如他的誇獎，在納粹問題上，庫格勒一直以來「或許是專業知識最全面的檢察官」[32]。在一九六一年時，弗里茲・鮑爾還曾樂觀地表示，「社會大眾肯定會明白這類審判的必要性」，而且幾乎「整個年輕的世代與很大一部分年長的世代」都在背後力挺。[33]然而，奧斯威辛集中營審判卻驚醒了他。在一項問卷調查中，受訪的德國民眾只有60%聽說過這場審判。[34]在奧斯威辛集中營審判的判決出爐後，鮑爾曾向一位以色列的記者表示：「這些審判的教育效果（果真有的話）其實是微乎其微的！」[35]63%的男性與76%的女性贊成結束對於納粹犯行的追訴；[36]曾被鮑爾寄予厚望的約阿辛・庫格勒，這時卻成了他們的王牌證人。

鮑爾一直仰賴自己在檢察署裡親自挑選的年輕追隨者的忠誠。然而，多年來鮑爾對他

---

31 參閱»Verteidiger bezweifelt den Sinn der NS-Verfahren«, *Frankfurter Allgemeine Zeitung*, 8. August 1968。

32 Hans Laternser, *Die andere Seite im Auschwitz-Prozess 1963/1965*, Stuttgart-Degerloch 1966。

33 Bauer, »Der SS-Staat in Person«, *Weltbild*, 13. January 1961, p. 2–4 (4)。

34 參閱Bauer, »Im Namen des Volkes. Die strafrechtliche Bewältigung der Vergangenheit« (1965), reprinted in Perels/Wojak (ed.), *Die Humanität der Rechtsordnung*, p. 77–90 (78)。

35 Amos Elon, *In einem heimgesuchten Land. Reise eines israelischen Journalisten in beide deutsche Staaten*, München 1966, p. 376。

36 參閱Bauer, »Im Namen des Volkes. Die strafrechtliche Bewältigung der Vergangenheit« (1965), reprinted in Perels/Wojak (ed.), *Die Humanität der Rechtsordnung*, p. 77–90 (78)。

們提出的種種要求，卻也使這樣的忠誠面臨了考驗。在一九六三至一九六五年奧斯威辛集中營審判期間，鮑爾把他的班底安置在檢察署大樓附近一間他自己租的房子裡，他非常擔心其他的官員可能會來破壞調查工作。[37]約阿辛・庫格勒曾回憶道：「孤軍奮戰。」[38]負責奧斯威辛集中營審判的年輕檢察官的前哨基地，既不豪華、也不舒適，它遠離鮑爾的大辦公室，在那裡工作的檢察官們，在其他的司法部門裡面，是緊鄰著在私下談話中宣告「武裝中立」[39]的法官。任何為弗里茲・鮑爾的納粹訴訟工作的人，都得留心他人的敵意。

許多在司法機關裡任職多年的資深司法人員，對於鮑爾拔擢那些著實沒有經驗的檢察官都投以懷疑的眼光。這些檢察官只有一個共同的優點，那就是：他們都是在納粹時期結束後才開始自己的學業；而且，教導他們的大學老師，雖然心中有很多的擔子，但至少不再是出自一個得去納粹訓練營見習的體制。在鮑爾的提拔下，約阿辛・庫格勒等幾位年輕的檢察官可說是平步青雲。

約翰尼斯・沃洛也是其中之一，他在三十三歲時被弗里茲・鮑爾相中。他在當時所留下的照片裡看起來更年輕，波浪狀的金髮梳理得很光滑，外表嚴肅，眼神中流露出質疑，彷彿仍在努力爭取認可。[40]截至當時為止，沃洛其實沒什麼工作經驗。在弗里茲・鮑爾把他調上他的樓層時（負有僅需向老闆親自報告的義務），他只是因為偵辦經濟犯罪的案子才獲得關注，鮑爾立刻就把一些敏感的大案子交給年輕的沃洛，包括安樂死謀殺的調查與馬丁・伯爾的訴訟。沃洛被分配到與兩名資深檢察官共用的一個辦公室，他們立即流露出了顯而易見的懷疑。每當沃洛上完廁所回來，他的同事們就會趕緊離開他那堆放著神秘的納粹檔案的辦公桌，匆忙返回自己的座位上。不久之後，鮑爾就為年輕的沃洛另外安排了一個單獨的辦公室，雖然狹小又陰暗，不過至少不會受到干擾。在法院裡，如果沃洛從一小群資深的同事身邊走過，他們就會停止交談。[41]

鮑爾喜歡這位青年沃洛的不做作。有一回，鮑爾問沃洛，他喜不喜歡鮑爾辦公室裡具有現代感的棋盤格壁紙。沃洛則表示，它們令他聯想到停屍間的牆壁，於是鮑爾大笑了起來。此外鮑爾討厭奴性。有一回，沃洛完全按照法官在先前的訴訟中提出的種種要求擬了一份法律書狀，之後鮑爾嚴厲斥責他：「你也是屬於那些總是仰著判決委員會鼻息的人

---

37 對Wiese所做的訪問。
38 Werner Renz對Kügler所做的訪問。
39 對Warlo所做的訪問。
40 Privatarchiv Warlo。
41 對Warlo所做的訪問。

嗎？！」鮑爾要求手下的檢察官要捍衛自己的想法，別被法官牽著鼻子走。「他希望，我們能夠勇於表達自己的反對意見」，沃洛曾回憶道，「對他也不例外。」[42]在一九五六年的一場面試中，鮑爾要求一位年輕的見習生和他聊一聊一個關於柏林的話題；當時在柏林，對於究竟是該重建、抑或是該徹底拆除在戰爭中受損的紀念教堂（Kaiser-Wilhelm-Gedächtniskirche），引發熱議。鮑爾主張拆除，這位祖上已有三代世居柏林的司法後輩格哈德・維斯，則持反對意見。[43]儘管雙方意見分歧，不過，後來鮑爾在組建奧斯威辛集中營審判的團隊時，還是找來了這個年輕人。

在邦檢察總長與老一輩的司法人員過招時，鮑爾的那批年輕部屬總是站在火線中間，他們在法院裡被人稱為「青年衛兵」。在東德所發表的文獻資料彙編《昨日的希特勒血腥法官，今日的波昂司法菁英》（*Gestern Hitlers Blutrichter, heute Bonner Justiz-Elite*）中，披露了黑森邦的六十八位法官的過去，之後，鮑爾準備以納粹犯行與枉法為由，起訴這六十八位黑森邦的法官。[44]這樣的規模在全國來說是一項絕無僅有的行動，其他各地沒有哪位聯邦共和國的檢察官會那麼令人不愉快地找自己同行的碴。鮑爾用力鞭策自己旗下偵辦納粹犯行的部門加快腳步，這樣他們才能趕在殺人罪的追訴時效於一九六〇年結束前展開調查。[45]雖然從法律上說，這些調查最終沒有多大的進展。在他們上法庭前，鮑爾就被迫停止訴訟。可以預期，沒有任何法官會對自己的同事判刑。法官們寬待自己人，認為他們從未意識到自己在納粹時代的行為是非法的。[46]不過，政治方面的影響倒還是有的。許多司法人員的納粹背景在這樣的情況下遭到揭發，其中包括了在一九六二年被人披露的聯邦檢察總長沃爾夫岡・法蘭克爾（Wolfgang Frankel），在那之後他就被迫退休。從那時起，弗里茲・鮑爾陷於前所未有的孤立，他經常被人引用的一句話：「當我步出辦公室，就踏入了敵人的國度」[47]，正是出自那時。

鮑爾畢竟已在司法界打滾了許多年，還有一個穩固的位置，他可以挺得住來自四面八方的敵意。然而，直接負責調查的那些年輕追隨者，卻正在自己的事業起步階段，就得面對在等級制度中遠遠高於他們的人。一九六〇年代，有一回，鮑爾參加了一場刑法學家的

---

42 對Warlo所做的訪問。

43 對Wiese所做的訪問。

44 參閱Matthias Meusch, *Von der Diktatur zur Demokratie. Fritz Bauer und die Aufarbeitung der NS-Verbrechen in Hessen (1956–68)*, Wiesbaden 2001, p. 246 ff., 251。

45 參閱Claudia Fröhlich, »Wider die Tabuisierung des Ungehorsams«, p. 287。

46 參閱Meusch, *Von der Diktatur zur Demokratie*, p. 245, 250 f.。

47 引述自Helga Einsele, »Worte der Erinnerung«, in Hessisches Ministerium der Justiz (ed.), *Fritz Bauer. Eine Denkschrift*, Wiesbaden 1993, p. 19–22 (21)。

研討會，在他去早餐室用餐時，裡頭其實有許多人，但他的那張餐桌卻只有他孤身一人，沒有人要和他坐在一起。後來才有位年輕的新生代學者過來和他一起坐，此舉令他甚感欣慰。「這位邦檢察總長顯得很孤獨」，那位年輕學者，恩斯特—華特・哈納克（Ernst-Walter Hanack）曾回憶道。[48]在那段期間裡，為鮑爾偵辦那些棘手案件的年輕檢察官們是作何感想，幾乎無人聞問。他們或許早已看出自己的前途恐怕是一片黑暗，而且訝異於鮑爾對此似乎不是很在乎。

他們的關係突然惡化是肇因於發生在弗里茲・鮑爾的公署裡的人事更迭。一九六三年十月，司法部在鮑爾旁邊安插了一位職務代理人，人們幾乎無法更強烈地描繪他們的對比。當年五十六歲的烏爾里希・克魯格（Ulrich Krüger）是位魁梧、健壯、身材高大的人，他有個明顯突出的喉結，還有個尖銳的鷹勾鼻，他是位以格外要求精確而聞名的官員，部屬的草稿即使有個小小的錯誤也會被他退回。[49]他從來不抽菸。在一九四五年之前，烏爾里希・克魯格曾是法蘭克福的特別法庭的檢察官，負責政治方面的案件。[50]在那之後沒有人在背後議論他過於「熱心」，在去納粹化的過程中人們也饒過了他，因為他是在一九三三年才加入騎兵衝鋒隊（Reiter-SA），因為當時法蘭克福的邦最高法院院長要求，每位見習生都得是某個組織的成員。人們就以這樣的方式來為烏爾里希・克魯格在一九三七年加入納粹黨的事開脫。這時候，在一九六三年的秋天，作為邦最高檢察署的新人，他得應司法部的要求平衡一下火爆的弗里茲・鮑爾。鮑爾對此並未強力反彈，而是務實以對。他索性就把那些自己覺得煩人的官僚事務，像是高階人員的人事、休假申請、評鑑還有晉升等等，全都交給喜歡細節的副手。他或許認為，這些職權與政治沒什麼關係。但此舉卻是一個後果嚴重的失誤。

弗里茲・鮑爾因而把少數為他效力的追隨者的個人前途，交到了一個顯然對他們不太友善的人手中。鮑爾親手提拔的那些年輕司法人員在司法部門裡遭到鄙視，人們認為他們是一步登天，且他們在剛愎自用的邦檢察總長庇蔭下，危害了資深人員的仕途。這時的情況是如何呢？他們彷彿不再受到任何的庇蔭。從這時起，鮑爾的「青年衛兵」提交到新任副手辦公桌上的升職請求與補助申請，全都猶如石沉大海。烏爾里希・克魯格並不熱衷納粹犯行的偵查，且刻意為難那些承辦的年輕檢察官，無論是在邦檢察總長這個樓層辦公的約翰尼斯・沃洛，抑或是在法蘭克福的邦高等法院檢察署負責奧斯威辛集中營審判的約阿辛・庫格勒、格奧爾格・弗里德里希・沃格爾與格哈德・維斯。其他負責偵辦在政治上比

48 引述自Thomas Horstmann/Heike Litzinger, *An den Grenzen des Rechts*, p. 80。
49 對Warlo所做的訪問及來自其私人檔案的照片。
50 參閱Spruchkammerakte Ulrich Krüger, Hessisches Hauptstaatsarchiv, Abt. 520 F-Z Nr. 6441。

較不令人為難的案件的檢察官，在升遷的階梯上都越過他們，並晉升到位階更高、薪水更多的職位上。青年衛兵們只能望其項背。

至於總是設法「盡可能繞過」[51]鮑爾的新副手約阿辛・庫格勒，最終乾脆跑去找他的同事約翰尼斯・沃洛商量。[52]在對話中，他提起了弗里茲・鮑爾過去曾經如何向他們保證絕不會忘記他們在做的那些事，他說自己會全力支持他們。過去的兩年裡，在奧斯威辛集中營審判中，約阿辛・庫格勒做的是一名頂級司法人員的工作，拿的卻是一個菜鳥的薪水。在整個審判過程中，他的淨收入總共只有一千三百馬克。[53]不過，當時黑森邦的檢察官和法官其實也正在為自己的低薪發出抗議的怒吼。《時代週報》也曾在一九六五年時附和他們表示：「在行政部門中，有越來越多待遇可與司法官相提並論的職位，浮現在法官的眼前。」[54]這時庫格勒希望，在成功地完成奧斯威辛集中營審判後，至少能夠提高薪水。在他做完他的結案陳詞後，他請求弗里茲・鮑爾把他轉調到檢察署的某個清閒一點的職位上，遠離那些納粹犯行，而這也意味著可別再淪為不懷好意的副座烏爾里希・克魯格的眼中釘，回歸正常的晉升階梯。但鮑爾卻拒絕了他的請求。誠如庫格勒回憶所述，鮑爾告訴他：「縱使我們只能讓事情推進一根火柴棒的距離，我們的人生也會十分充實。」[55]

對於為自己的前途感到擔憂的年輕的約阿辛・庫格勒來說，這位年屆六旬的集中營倖存者之神聖或嚴肅性也沒有給他他想要的答案。他們兩者的世界是如此地天差地別。弗里茲・鮑爾或許是從自己的人生故事中學到了，沒有什麼事情會比政治更重要，為此做點犧牲也是理所當然。然而，年輕的庫格勒卻也想過上好的生活。弗里茲・鮑爾只是對他說：「你現在是個專家了。」[56]意指庫格勒應該繼續負責納粹的訴訟，而他也這麼做，只不過，情形與鮑爾所想的不同。

弗里茲・鮑爾平時表現出的樂於助人的態度，或許也是「青年衛兵」對於他們之間的關係感到失望的原因。就連對待位階較低的人員，鮑爾都會十分地慷慨、大方；唯有對與他關係最緊密的這些司法追隨者，卻是例外。弗里茲・鮑爾有位被他一起帶往法蘭克福的司機，名叫海因茲・埃希瓦德（Heinz Eichwald），他粗獷的外表和粗俗的言行舉止讓他

---

51 Werner Renz對Kügler所做的訪問。

52 對Warlo所做的訪問。

53 Werner Renz對Kügler所做的訪問。

54 Gerhard Ziegler, »Das karge Brot des Richters. Für 1300 Mark Gehalt Ankläger im Auschwitz-Prozeß«, *Die Zeit*, 24. December 1965。

55 引述自Jürgen Serke, »Der Moralist«, *Stern*, 18. April 1974。

56 Werner Renz對Kügler所做的訪問。

在法院裡被人視為莽漢。鮑爾公務車是一部黑－銀色的歐寶「船長」（Kapitän），前後都有寬大的全景擋風玻璃，其間的鍍鉻飾面多如美國的大型豪華房車；只不過，車裡總是有著濃濃的菸味，年輕的檢察官們相當受不了，但鮑爾的司機卻從不以為意。[57]弗里茲・鮑爾的妹妹瑪戈後來相信，他「如疼愛兒子一般地」疼愛這個年輕人。他曾出錢給這位司機和他的妻子去以色列旅行，在公開場合也會表現出對他疼愛有加的感情。[58]

一九六二年十二月，鮑爾的司機載著他前往哥廷根，因鮑爾受邀在哥廷根大學發表一場演說，車子在結冰的路面上打滑，翻滾之後撞上了樹叢。就在當週的週六，埃希瓦德就因傷重不治、死在醫院。[59]毫髮無傷的鮑爾在《法蘭克福新報》（*Frankfurter Neue Presse*）刊登了一篇訃聞。在文中，向來吝於表露感情的鮑爾引用了一首據說在市井小民之間頗受歡迎的、豪邁的軍歌中的三個小節。這首軍歌叫做《我曾有個戰友》（*Ich hatt' einen Kameraden*）。在訃聞的中間放的是第二節：「子彈呼嘯而過／是衝著他還是對著我？／子彈撕裂了他／戰友倒在我的腳邊／彷彿是我的一部份。」[60]特別是那些遭受老闆冷落的「青年衛兵」，完全無法理解，為何鮑爾會把自己描繪成關懷員工的戰友。[61]

鮑爾是否真的漠不關心那些因為承辦納粹案件飽受敵意的年輕檢察官們？就約翰尼斯・沃洛的情況來說，到了一九六七年職工代表會才動了起來，藉以防止沃洛在即將到來的晉升回合中再度被忽略。[62]各部門的主管其實早已在大聲抗議烏爾里希・克魯格的政策；只不過，人們完全沒有聽到鮑爾發出任何聲音。如果他在幕後與他的副手爭論，無論如何是不會有什麼事情傳出來。鮑爾未能回報年輕追隨者對他的忠誠，這種致命的印象永遠無法以這種方式獲得糾正。

負責奧斯威辛集中營審判的檢察官約阿辛・庫格勒，在審判結束後，只禮貌性地等待了幾週的時間，接著就掛冠求去。不久之後，庫格勒曾向一位記者表示：「任何不順應時勢的人，都會在一個機關裡被視為局外人。」[63]他還向另一位記者表示：「我們到底是怎麼過活？不是和睦相處！像是在刑事司法中我們就不難看出，我們是在彼此對抗。」[64]即

57 對Wehrheim所做的訪問。
58 Walter Fabian對Tiefenthal所做的訪問。
59 參閱»Den Unfallfolgen erlegen«, *Frankfurter Rundschau*, 12. December 1962。
60 登在報紙上的訃聞，*Frankfurter Neue Presse*, 12. December 1962。
61 對Wario、Kügler、Wiese所做的訪問。
62 對Wario所做的訪問。
63 引述自Gerhard Ziegler, »Das karge Brot des Richters«, *Die Zeit*, 24. December 1965。
64 引述自Jürgen Serke, »Der Moralist«, *Stern*, 18. April 1974。

使在數十年後，他仍語帶痛苦地表示：「你無法指望祖國會給你任何感謝！」[65]

約阿辛・庫格勒在邦高等法院斜對面租了一個小辦公室。他開始當起刑事辯護律師，這為他帶來了高額的報酬，而他的知識也使他成為特別是在納粹訴訟方面，炙手可熱的法律顧問。他再也不尋求與鮑爾對話。他說：「人們和他談不來。」[66]當鮑爾與他在法院裡碰到面時，他們的目光勝過他們的言語。「他從我身邊經過。一句：你好！如此而已。」

「左派總是懷抱著他們的烏托邦」：臨終的失落

學生與年輕的藝術家對於鮑爾總是很有好感。在一九六一年時，就曾有一份法蘭克福的學生刊物《鐵餅》（*Diskus*）在其頭版上發表了一篇名為《邦檢察總長弗里茲・鮑爾博士》（*Generalstaatsanwalt Dr. Fritz Bauer*）的文章。[67]一九六八年四月，鮑爾與邦勞動法院院長漢斯・約阿辛（Hans G. Joachim）共同催生了一份對抗保守主流的新法學期刊，《批判的司法》（*Kritische Justiz*），一同出席的還有「社會主義德國學生聯合會」（Sozialistischer Deutscher Studentenbund；簡稱ＳＤＳ）的代表，才剛通過國家考試的約阿辛・佩雷爾斯。這份期刊的名字也是出自佩雷爾斯與另一位年輕參與者，見習生楊・格爾森（Jan Gehlsen）的提議。他們希望藉此來承續一九二〇年代共和派法官協會的刊物《司法》的傳統；這點給鮑爾留下了深刻的印象。[68]

不用說，當這時候法蘭克福的天空中石頭與汽油彈齊飛，史普林格出版社（Springer Verlag）旗下的那些報紙馬上就會跳出來指責，左派、反權威的邦檢察總長鮑爾打擊「社會主義德國學生聯合會的職業革命者」[69]不夠用力。在法蘭克福當然有些相關的訴訟在進行中，而且他對於這些案子也沒有特別手下留情。然而，在所有被報紙譴責錯誤地放縱的德國司法代表人物中，卻只有鮑爾被點名。「弗里茲・鮑爾先生剛剛中止了法治」[70]，一九六八年四月《世界報週日版》（*Welt am Sonntag*）曾指責道。

一九六七年在柏林，有兩名公社社員弗里茲・托伊費爾（Fritz Teufel）與萊納・朗漢

---

65 Werner Renz對Kügler所做的訪問。
66 同上。
67 參閱»Generalstaatsanwalt Dr. Fritz Bauer, Im Gleichschritt marsch? Widerstandspflicht aus Nächstenliebe«, *Diskus. Frankfurter Studentenzeitung*, 11. Jahrgang, December 1961。
68 對Perels所做的訪問。Fritz Bauer原先屬意的是另一個名稱「為正義而戰」（Kampf ums Recht）。
69 William S. Schlamm, »Suspendierte Justiz«, *Welt am Sonntag*, 21. April 1968。
70 同上。

斯（Rainer Langhans），遭到檢察署起訴。他們分發了一些傳單，傳單上提到了不久前發生於布魯塞爾的一起造成三百多人死亡的百貨公司大火。「被火燒的百貨公司與被火燒的人，首次在一個歐洲的大城市裡讓人們感受到那種籠罩在越南的感覺（同甘共苦，一起燃燒）。迄今我們在柏林依然缺乏這樣的感覺。……燃燒吧，倉庫，燃燒吧！」[71]這是在召喚暴力嗎？不，這只是諷刺文，與鮑爾頗有交情的年輕司法人員曼弗雷德・阿門德如此認為。他告訴鮑爾，這些公社社員的諷刺文就類似於愛爾蘭作家強納森・史威夫特在一七二九年發表的《一個小小的建議》（*A Modest Proposal*）。當時史威夫特建議，貧窮的愛爾蘭農民可以把他們多出來的嬰兒當成美食，賣給有錢的英國紳士和淑女。[72]不久之後，鮑爾在與柏林的邦檢察總長的對話中也贊同地提到了這個史威夫特類比。後來柏林的法官也附和這種自由主義的觀點。於是兩位公社社員全身而退。

然而，在柏林的判決都還沒來得及做出前，偏偏就在法蘭克福有一家百貨公司居然被人縱火了。在采爾大街（Zeil），與鮑爾的公署相距不遠的一條購物街，安德烈雅斯・巴德（Andreas Baader）、古德倫・恩斯林（Gudrun Ensslin）與托爾瓦德・普洛爾（Thorwald Proll），在一九六八年四月三日的夜晚，設置了兩個引燃點，雖然他們的設計是讓火焰在商店打烊後才燃起，沒有任何人受傷，可是這場火災卻還是在全國各地引起了恐慌。自由派的弗里茲・鮑爾處境變得十分尷尬。樂於相信叛逆青年的他，內心必然相當痛苦。一個勇於質疑糾結於納粹時期的父親那一代的年輕世代，這是弗里茲・鮑爾長期以來衷心期盼的事。然而，這時社會的辯論顯然有點失焦。叛逆的年輕人動用暴力，試圖引發社會恐懼；鮑爾認為這是一個嚴重的策略錯誤。[73]

他指責抗議者把腦袋放在雲端。[74]有一回，他告訴年輕的朋友曼弗雷德・阿門德，學生們之所以變得越來越激進，主要或許是因為他們意識到了自己的生存恐懼。許多現正聚集在大學裡的社會學家與政治學家根本找不到工作。就連在鮑爾自己年輕時，也都曾有過某種災難性的脫離現實。他曾坦承：「我們這些流亡者有過我們的巨大錯誤。我當時編了一份流亡者刊物，和威利・布蘭特一同。我們認為，德國變成一片廢墟，這件事也是有它好的一面。清掉廢墟後，我們就能打造未來的城市。明亮、寬敞、友善人類，比如包浩斯（Bauhaus）、格羅佩斯（Walter Gropius）、路德維希・密斯・凡德羅。那是我們當時的

71 Kommune I : Flugblatt Nr. 7 »Warum brennst du, Konsument?«, 24. May 1967；可至以下網頁查閱：http ://www.historicum.net/typo3temp/pics/4682d61f15.jpg [10. May 2013]。
72 對Amend所做的訪問。
73 對Perels所做的訪問。
74 對Amend所做的訪問。

想法。一切都該是最新穎、最宏偉。接著有其他人表示：可是廢墟底下的下水道系統仍然完好啊！於是接著，德國的城市就根據下水道系統進行重建。」魯莽且脫離現實，鮑爾也以鬱悶的心情如此般地指責當時的左派。有一回他與年輕作家格哈德・茨維倫茲（Gerhard Zwerenz）聚在一起，他向對方表示，「左派總是懷抱著他們的烏托邦。然而，如果得要按照下水道系統打造城市，那該是個怎樣的烏托邦呢？」[75]

鮑爾經歷了國家如何藉由內部高度武裝來回應「六八運動」（68er-Bewegung）。他顯露深深的不安與悲觀。「看看波昂政府的頭幾年！沒有國防軍！沒有兵力的政策！如今你再去看看當前的政策與相應的《緊急狀態法》（*Notstandsgesetze*）！請你為我放上一把尺。它往哪顯示？往右！繼續延伸下去會出現什麼呢？頂多只是個負面的烏托邦！幸好我們已經老了。我們不必再去經歷。」就連在他喜歡被年輕的藝術家所包圍的私領域中，也有些什麼期望破滅了。年輕的戲劇製作人湯瑪斯・哈蘭長久以來一直是他的好朋友，在人生中的黑暗時刻，鮑爾急切地寫信給他。「有時我覺得，阿斯科納（Ascona）的太陽加上湯瑪斯・哈蘭，或許是最好的藥物與心理治療。」[76]不過，在一九六七年時，哈蘭曾經想要說服鮑爾，在瑞士購置一個人們可以住在一起的房產，一個小型的藝術村，同時也是弗里茲・鮑爾的養老地——而錢得由鮑爾來出。

鮑爾經常會表現出自己的慷慨。可是購置房產這時候對他而言卻是太超過。他向哈蘭表示：「基本上……實在太貴了。」[77]他指出，按照目前的計劃（身為遭受納粹迫害的人，鮑爾有延遲三年退休的權利），無論如何，他將一直工作到一九七一年。弗里茲・鮑爾寫道，對於南方的嚮往「並不缺乏。可是我現在在那裡弄一座休閒別墅要做什麼呢？我目前頂多也只能去那裡住個幾星期，而且它們的未來（鮑爾對於自己惡化的健康狀況做了一個淒涼的暗示）將受一種或多種病毒所影響（這完全是象徵性的！）。」[78]

哈蘭並不善罷甘休。鮑爾得要一再地抵擋、一再地拒絕，最後他甚至得用「自己沒有別人想得那麼有錢」來為自己辯解。鮑爾顯然很難承認，自己的慷慨被人利用。那是一段令人心痛的、漫長的書信往返，直到他終於下定決心結束這段友誼。對他而言，這也是無

---

75 引述自Gerhard Zwerenz, »Gespräche mit Fritz Bauer«, *Streit-Zeit-Schrift*, September 1968, p. 89–113 (92f.)。

76 鮑爾寫給Harlan的信，日期註記為一九六四年。從Thomas Harlan的遺物中找出的兩人在一九六二—一九六八年期間的往來書信，如今收藏於弗里茲・鮑爾研究所的檔案館。

77 鮑爾寫給Harlan的信，日期註記為六月三十日，推測應為一九六七年。

78 同上。

比地困難。鮑爾甚至在最後的幾句話裡，都在為自己當下令人感到的「冷血」[79]而道歉。

79 鮑爾寫給Harlan的信，日期註記為十月二十日，推測應為一九六七年。

11

陳屍浴缸，一九六八年

在小型的墓園教堂裡，弔唁者們圍繞著飾以茂盛的油脂植物的棺材，他們露出了難以置信的目光。[1]他們心裡的疑惑其實也不難被理解。如果一個人在有生之年為自己引來了如此多的仇恨、如此多的死亡威脅與政治攻擊，他在一夕之間就此從螢光幕前消失，如何不令人滋生疑竇呢？

1 參閱Alexander Kluge, *Chronik der Gefühle. Bd. II Lebensläufe*, Frankfurt am Main 2000, p. 239。

音樂是貝多芬的三首弦樂四重奏，那是迪奧多・阿多諾選的，黑森邦政府放手讓他拿主意，而且還支付了聘請演奏者的費用。[2]這時候，棺材周圍坐的都是與他關係最親近的人，這是一場大型葬禮的後續，前此不久邦政府曾先舉辦了一場在法蘭克福造成轟動的隆重的告別式，誠如湯瑪斯・哈蘭回憶所述：「宗教警察、穿著便服的鐵路警察、丹麥人、又是丹麥人、一大堆丹麥人、許多瑞典的社會民主黨人、過去國旗團的老工人、國際縱隊的成員、色情影院業者、自由主義者、不受法律保護的人、男妓、亞歷山大・克魯格（Alexander Kluge）、赫伯特・施奈德（Herbert Schneider）、遺囑執行人阿門德、男性和女性的芭蕾舞大師、碧娜（Pina Bausch）。」[3]這時貝多芬弦樂四重奏的樂聲整個安靜了下來。與他關係最密切的至親好友向躺在棺材裡的弗里茲・鮑爾道別，接著他就被火化，然後在一九六八年七月二十日被送往哥特堡（Göteborg），與他的父母葬在一起。[4]

鮑爾的代理人，邦最高法院檢察官烏爾里希・克魯格，立即意識到了這時會出現什麼問題。於是他深謀遠慮地安排了法醫驗屍，儘管在一九六八年七月一日發現死者的浴室中沒有任何暴力或自殺的跡象。

心臟在高溫的浴缸裡停止了跳動。鮑爾在裡頭至少待了二十四小時。由於星期一早上司機來按門鈴時他沒有應門，後來有關當局覺得事情有異，於是請人來把他的住處的門打開。

六月廿九日星期六晚間，鮑爾還是一副心情很好的樣子，看起來「很愉快、很高興」，誠如他的鄰居在記錄中所言。當時鮑爾和她在溫暖的夏日傍晚還一起在陽台上坐了好一會兒。他甚至還請她下週幫忙買些新的餅乾，因為他的存貨已經吃完，也完全沒有抑鬱沮喪或自殺意圖。[5]接著，在六月三十日星期日的凌晨，他肯定洗了澡。

鮑爾周遭的人萌生了許多的猜測。不久之後，他的藝術家朋友湯瑪斯・哈蘭就語帶渲染地表示，鮑爾是因為憂憤納粹餘孽而輕生。[6]與鮑爾不算很熟的亞歷山大・克魯格，則是以文學的手法自由揮灑，將死者陳屍其中的那缸水染成了血紅色；即使在二〇〇〇年重新付印時，那篇文章也未曾被修改過。[7]甚至於，到了二〇一〇年時，有位崇拜弗里茲・

---

2 同上。

3 Thomas Harlan, *Heldenfriedhof*. Roman, Frankfurt am Main 2006, p. 405 f.。

4 一九六八年的火化登記；引述自Dieter Schenk, »Die Todesumstände von Generalstaatsanwalt Fritz Bauer (1903–1968)«, *Einsicht 08. Bulletin des Fritz-Bauer-Instituts*, autumn 2012, p. 38–43 (40)。

5 Aktenvermerk Oberstaatsanwalt Krüger, Generalstaatsanwaltschaft Frankfurt am Main, 26. July 1968, Archiv Fritz-Bauer-Institut。

6 參閱Jean-Pierre Stephan, *Thomas Harlan. Das Gesicht deines Feindes*, p. 141。

7 參閱Kluge, *Chronik der Gefühle*, p. 240。

鮑爾的電影製作人還認為，繪聲繪影的自殺傳言圍繞著某些暗示往謀殺案的方向延伸，很適合用來作為她的鮑爾紀錄片的基本設定。[8]然而，在發現屍體當天，鮑爾的代理人烏爾里希・克魯格就立刻委託了法蘭克福法醫教授約阿辛・格卓夫（Joachim Gerchow）進行驗屍，上述的種種猜測，全都無法在驗屍報告中獲得任何支持。

這位法醫在一九六九年一月廿四日將他的檢查結果整理成一份九頁的報告。這份報告的打字原件，連同個別的毒理學及醫學的報告，如今被保存在黑森邦的司法部；一九九五年成立於法蘭克福的弗里茲・鮑爾研究所則收藏了一份拷貝。格卓夫教授指出，鮑爾在進入浴缸前先服用了大約五片鎮靜劑安眠酮[9]，這不是醫生會建議的劑量，但並不會在鮑爾身上引發任何中毒現象。鮑爾曾在陽台上向他的鄰居坦承，如果沒有「吃藥」[10]，他根本無法成眠。鮑爾血液中的酒精濃度（千分之一至一・一）似乎也算適中[11]，這也就是為何格卓夫教授，在經過仔細檢查後，得出了與刑事警察在一九六八年七月一日初步檢查弗里茲・鮑爾的住處時同樣的結論：「沒有任何證據可以證明是自殺」，也沒有任何證據可以「證明是他殺。」[12]

因此，如果人們更冷靜地去觀察一下陳屍在浴缸裡的那位死者，所見到的將不會是一部駭人聽聞的驚悚片，而是一齣鞠躬盡瘁、死而後已的悲劇。正如前聯邦刑事犯罪調查局的犯罪學家迪特・申克（Dieter Schenk），在二〇一二年再度仔細地研究了鮑爾的死因後，中肯地指出：鮑爾過著一種「最終耗盡了他的身體生命力」的生活。[13]

到了一九六〇年代晚期，鮑爾的心情變得越來越晦暗。在寫給他的兩位年輕藝術家朋友的信中他曾表示：「誠如你們在報紙上就能看到，許多刑事指控紛至沓來，一切就只為打擊我。我每天得要工作十六個小時，就連我的妻子來探望我，我都無暇陪她。我不曉得

---

8 »Fritz Bauer. Tod auf Raten«, Deutschland 2010, CV Films Berlin, Regie : Ilona Ziok。

9 Gerchow的報告中用的是「Revonal」一詞；後來的二手資料寫的則是「Veronal」，同樣也是一種鎮靜劑，這應該是轉載原始資料發生的錯誤。

10 Aktenvermerk Oberstaatsanwalt Krüger, Generalstaatsanwaltschaft Frankfurt am Main, 26. July 1968, Archiv Fritz-Bauer-Institut, p. 1–2。

11 Prof. Joachim Gerchow, »Abschließendes Gutachten über das Ergebnis der Obduktion und die weiteren Untersuchungen, 24. Januar 1969«, Archiv Fritz-Bauer-Institut。

12 Kriminalhauptmeister Schmitt, Bericht betr. Leichensache z. N. des Generalstaatsanwalts, Frankfurt am Main, 1. July 1968, p. 2, Archiv Fritz-Bauer-Institut。

13 Schenk, »Die Todesumstände von Generalstaatsanwalt Fritz Bauer (1903–1968)«, *Einsicht 08. Bulletin des Fritz-Bauer-Instituts*, autumn 2012, p. 38–43 (43)。Dieter Schenk根據今日的知識水準重新審視了法醫與刑事警察的調查結果。他同樣也排除了任何自殺或他殺的可能。

自己會出什麼事。」[14]一方面，針對而來鮑爾的強烈敵意，對他來說是種動力。他坦承，「有時我會很想把事情拋開，只不過，他人對於此舉的歡喜反對這麼做。所以說，人是自己過去的囚徒。」[15]另一方面，那些敵意卻也消磨了他。「你怎麼能夠要求我們自我犧牲？那些曾在戰爭期間擔任特別法官的同事們，曾經直接當著某人的面這麼說。我完全無言以對！」[16]雖然他曾取笑那些深夜打到自己住處的騷擾電話：「那些納粹份子恐怕還不曉得，他們深夜打電話來根本打擾不到我！」[17]然而，事實上，這種情況卻是讓他心力交瘁。無論如何，鮑爾一直以來就睡得不是很安穩。如今又加上了騷擾電話，它們並非時不時地打來，而是有系統地分佈於整個夜晚，「一種真正的追獵」[18]，誠如與鮑爾交情匪淺的年輕友人沃爾夫岡・卡文回憶所述。鮑爾顯然十分不堪其擾。

鮑爾曾在一九六七年一月三十一日寫給朋友湯瑪斯・哈蘭的信裡表示：「在這個國家裡，對於『應付過去』的反感日益增長，它們變得越來越大且越來越危險。」[19]鮑爾曾在漢堡的一個飯店裡與德國國家民主黨（Die Nationaldemokratische Partei Deutschlands；簡稱NPD）的創始黨員，和後來的黨主席阿道夫・馮・塔登（Adolf von Thadden）（鮑爾稱他為「阿道夫二世」）會面。「我們一起聊了三個小時。簡直是荒誕又滑稽！最糟的是，這個人極其聰明，而且還是個天生的政治家。『他希望約束這個政黨』，如果他沒有對我說謊的話。我所得出的結論是，他本人其實是擔心打開潘朵拉的盒子。只不過，如果沒有發生經濟奇蹟，該黨應該會顯著獲得民眾支持，囊括20%至25%的選票。然後好不容易上了軌道的一些事情就會前功盡棄。」一九六八年四月，就在鮑爾去世前不久，德國國家民主黨，在鮑爾的故鄉巴登—符騰堡邦的選舉中，以九．八%的得票率在它的一連串勝利中再次締造佳績；許多記者都認為，這是即將舉行的全國大選的風向球。

在一九六〇年代晚期，在法蘭克福的檢察署裡有人在傳說，有位醫生向「總座」指出，他必須注意自己的心臟。但鮑爾卻還是一如既往地抽菸，用餐時間「主要都是黑咖啡配香菸」[20]，誠如他的同事約翰尼斯．沃洛回憶所述，而且每天一大早鮑爾的辦公室就已

---

14 鮑爾寫給Harlan的信，未註記日期，推測應為一九六七年。

15 鮑爾於一九六五年春天寫給Harlan的信。

16 引述自Gerhard Zwerenz, »Gespräche mit Fritz Bauer«, *Streit-Zeit-Schrift*, September 1968, p. 89 – 113 (89)。

17 鮑爾寫給Harlan的信，用的是巴登—巴登的歐洲飯店（Hotel Europäischer Hof）的信紙，未註記日期，推測應為一九六七年秋天。

18 對Kaven所做的訪問。

19 鮑爾於一九六七年一月三十一日寫給Harlan的信。

20 對Warlo所做的訪問。

煙霧瀰漫。在一九六三年時，有位記者曾問弗里茲・鮑爾每天大概會抽掉多少的菸，他先是以一個反問來回答這個問題：「我抽一根菸大概需要多長時間呢？」記者：「我想大概是五分鐘吧。」鮑爾：「那你就把十八小時除以五分鐘，就可以算出我每天抽多少菸了。」[21]

隨著反對徹查納粹犯行的政敵情勢日益壯大（在一九六六年九月底的法學家會議上，鮑爾曾表示，「哪裡有納粹審判，哪裡就會湧現對於審判〔和我〕的巨大的反彈聲浪」[22]），鮑爾也逐漸遁入越來越大的唯意志論、遁入經常地旅行、遁入某種真正的寫作狂。當時弗里茲・鮑爾是在職的邦檢察總長年紀與資歷最高的一位，[23]在一九六七年時，各邦司法部長會議還責成他，出任一個新成立的委員會的負責人，前往東柏林的一些檔案館審查與評估有關納粹犯行的大量資料[24]──這可能會引發新的一波審判潮。鮑爾的戰鬥慾似乎沒有破滅。不過「他已經上了年紀」[25]，他在法蘭克福的一位關係密切的同事曾表示。他的一位友人在回憶後來發生猝死的某些跡象時曾說：他那「如火山般的脾氣，總是受到訓練有素的理智所束縛，使他越來越黯淡無光。」[26]多年來，火爆且富有同情心的弗里茲・鮑爾，一直在行動，一直在高速運轉，一直期許自己的身體無論如何能夠藉助精神的力量撐下去，這種逞強的心態這時遭到了反噬。

火爆的弗里茲・鮑爾是怎麼死的？「就像一個噴發殆盡的火山口」，他從前的門徒、叛將約阿辛・庫格勒曾如此說道。[27]

《法蘭克福匯報》的悼詞，可算是諸多悼詞中最美的悼詞之一：「認識他的人都知道，他的體內燃燒著熊熊烈火。它們耗盡了他。」[28]一九六八年七月十六日原本該是弗里茲・鮑爾的六十五歲壽辰。

鮑爾的接班人是個戴著厚重眼鏡、平易近人的人，他喜歡把休閒時間花在像是製作晶體管電路或電鈴安全設備之類的技術工藝上。他曾告訴一位在一九六九年對於弗里茲・鮑爾的這個接班人有過近身觀察的記者：「我曾經猶豫了很久，自己到底是要學法律、還是

---

21 引述自»Personalien«, *Der Spiegel*, 13. November 1963。

22 鮑爾於一九六六年十月寫給Harlan的信。

23 Personalakte, Trauerrede von Generalstaatsanwalt Mützelburg im Haus Dornbusch, 6. July 1968。

24 »Bauer soll NS-Material sichten«, *Frankfurter Rundschau*, 20. October 1967。

25 對Warlo所做的訪問。

26 Eckard Wiemers, »Heilen statt Strafen«, *Vorwärts*, 18. July 1968。

27 引述自Jürgen Serke, »Der Moralist«, *Stern*, 18. April 1974。

28 »Nachruf auf Fritz Bauer«, *Frankfurter Allgemeine Zeitung*, 2. July 1968。

要學物理。」[29]當時四十四歲的新任邦檢察總長霍斯特・高夫（Horst Gauf）是德國社會民主黨的黨員，他曾讚譽自己著名的前任是「領先他的時代一百年的、偉大的、無與倫比的楷模。」[30]不過，他倒也清楚地表明，自己不想步上鮑爾的後塵。「我可不想一下子就心臟病發作。」

鮑爾逝世的一九六八年，也標誌著在德國對於追訴納粹犯行所做出的短暫努力，大部分都再次付諸東流。其中相當重要的一件事情就是在弗里茲・鮑爾死後幾週生效的一個微小的、不起眼的立法變革。[31]如果鮑爾知道這件事，他肯定會強力反彈。[32]只不過，這場改變卻是靜悄悄地到來。它隱藏在《違反秩序罰法》（*Gesetz über Ordnungswidrigkeiten*）的施行法的一個不起眼的細節中，該法於一九六八年春天無聲無息地在聯邦議院裡通過，直到一九六八年九月才廣為人知。成千上萬的納粹犯嫌可以鬆一口氣；就連那些內行的司法人員，也不禁揉揉自己的雙眼問道：究竟發生了什麼事。

這項小小的立法變革就宛如一顆反彈了數顆星的撞球。從表面上看來，這個不顯眼的新法只是修改了刑法第五十條第二項關於幫助犯的一般處罰規定。截至當時為止，某個犯行的幫助者只是「得」被處以輕於正犯的刑罰，這時候卻改為，只要幫助者與正犯保持一定的距離，就「須」被處以較輕的刑罰。當幫助者缺乏正犯的「特殊個人標記」[33]，例如他卑劣的動機，就存在著這樣的距離。

法院的判決，將無數的納粹罪犯定位成只是大屠殺的幫助者，根據截至當時為止的法律，他們已經「可以」被判處輕於謀殺者的刑罰。然而，這時人們卻變成「必須」輕判他們。這聽起來彷彿只是一件小事，一項技術方面的變化。只不過，這時撞球開始反彈，也顯示出了它實際的目標路線：作為這些幫助犯的刑罰框架縮小的副作用，他們的「幫助」行為的追訴時效也跟著調降。因此，這個小小的立法變革其實有著深遠的影響。

突然間，這些幫助者的犯行變成從一九六〇年起就已經超過追訴時效的期限；十五年

---

29 引述自»Register«, *Der Spiegel*, 13. January 1969。

30 引述自Gerhard Ziegler, »Name ohne Glanz. Der neue Generalstaatsanwalt in Hessen«, *Die Zeit*, 7. February 1969。

31 刑法第五十條第二項於十月一日生效所造成的影響，直到一九六八年年底才在社會大眾之間引起譁然；參閱Michael Greve, »Amnestie von NS-Gehilfen. Die Novellierung des § 50 Abs. 2 StGB und dessen Auswirkungen auf die NS-Strafverfolgung«, *Einsicht 04. Bulletin des Fritz-Bauer-Instituts* (autumn 2010), p. 54 – 57 (57)。

32 同上。

33 當時的刑法第五十條第二項（現今的第28條）是這麼規定的：「在沒有構成犯罪者應受刑罰的任何特殊個人特質、關係或環境（特殊個人標記）下，必須根據量刑規定減輕刑罰。」

的追訴時效業已完成。這樣的追訴時效消滅適用於溯及既往。只有少數不幸無法主張欠缺「特殊個人標記」的罪犯，例如因為他們親手殘酷地殺害了他人，將來還有可能會被起訴。這時候，所有其他的人隨著一九六八年十月一日修法生效，全都脫離了檢察官的追捕。最後，誠如路德維希堡的納粹犯行調查中央辦公室的負責人阿達爾伯特・呂克爾（Adalbert Rückerl）在一九六九年年初，沮喪地對某位記者表示：「為時已晚。一旦追訴時效消滅，就再也無法讓案件復活。」[34]

這背後究竟是有人在玩什麼奸詐的法律遊戲、抑或只是在立法上出了紕漏，這點始終未能獲得澄清。這項修法是由波恩政府一位名叫愛德華・德雷爾（Eduard Dreher）的部會高官所推動。在納粹統治期間，他曾在因斯布魯克（Innsbruck）的特別法庭擔任檢察官，愛德華・德雷爾與自由民主黨籍的聯邦議院議員恩斯特・阿亨巴赫素有聯繫，阿亨巴赫從前曾經參與流放在法國的猶太人，這時他又專為納粹犯嫌擔任辯護律師。他的顧問維納・貝斯特（Werner Best）在希特勒治下曾是被佔領了的丹麥的行政長官（當時弗里茲・鮑爾還曾在那裡被蓋世太保囚禁），這時也尋求藉由一些法律策略來為老同志們解套。

事實上，當時的司法部長曾經公開表示，不會觸及重罪的漫長時效期限。他手下的官員愛德華・德雷爾還負責在修改刑法第五十條第二項時藉助一項附加條款來確保這一點。但這項條款卻從法律草案中消失了。[35]人們從司法部的會議記錄裡看不出箇中原因。所有可以提供過程相關信息的文件全都付之闕如；歷史學家米歇爾・格里夫（Michael Greve）懷疑，「已遭清理」[36]。

在一九六八年時，還有二十名納粹罪犯被判處監禁的刑罰，而許多這方面的訴訟這時已經中止。因當年有兩百二十八名被告接獲通知，有鑑於新的時效規定，他們的訴訟已被中止。[37]一九六九年在柏林，針對許多前親衛隊國家安全部所屬員工長年進行的偵查工作，也以一個八行的通知劃下句點。到了一九七〇年，弗里茲・鮑爾的繼任者霍斯特・高夫，也在法蘭克福針對納粹政府高階司法人員對於安樂死之謀殺，中止其保持沉默的態度，所發動的偵查——那曾是鮑爾生前竭力想要促成的審判。[38]

---

34 引述自Annette Weinke, *Eine Gesellschaft ermittelt gegen sich selbst*, p. 136。

35 同上，p. 137。

36 Greve, »Amnestie von NS-Gehilfen«, *Einsicht 04. Bulletin des Fritz-Bauer-Instituts* (autumn 2010), p. 54–57 (56, 註釋12)。

37 參閱Michael Greve, *Der justitielle und rechtspolitische Umgang mit den NS-Gewaltverbrechen in den sechziger Jahren*, p. 387–393。

38 Hanno Loewy/Bettina Winter (ed.), *NS-»Euthanasie« vor Gericht*。

在如今已不再有弗里茲·鮑爾身影的法蘭克福的廊道上，一切又歸於平靜。這並非什麼特殊的平靜，這樣的寧靜其實早已普遍存在於全國各地絕大多數檢察署的辦公室裡，法蘭克福只是再次加入其行列。一九六八年之後，雖然仍零零星星地有些小規模的納粹審判，但它們只是針對個別罪犯，其中有不少人還是出自奧斯威辛集中營，但檢察官們這時卻不再嘗試讓社會大眾參與，霍斯特·高夫，鮑爾的繼任者，對於社會大眾無話可說。

法蘭克福的檢察官約翰尼斯·沃洛曾在回憶過往時表示：「鮑爾是個火藥桶，高夫則是個沙坑。」[39]若以高夫對於納粹犯行的消極態度，在德國各地的檢察署裡實屬正常看來，這樣的評論似乎稍嫌不公。這樣的對比只在法蘭克福才特別顯著，因為，直到一九六八年，有個人讓人們看到了，只要一位德國的檢察官有心辦案，一切都是有可能的。

39 對Warlo所做的訪問。

謝詞

我要感謝法蘭克福的「弗里茲・鮑爾研究所」（Fritz Bauer Institut），該所不僅賦予我訪問學者的身份，更友好地提供了所有相關的專業與技術方面的援助。我要感謝知識淵博的Werner Renz，我很幸運地能夠得到他的慷慨相助，此外我也要感謝Dorothee Becker、Dmitrij Belkin、Raphael Gross、Werner Lott與Katharina Rauschenberger。Monika Boll是二〇一四年春季，在法蘭克福猶太博物館中，一場關於弗里茲・鮑爾的生平與作品展覽的策展人，我們曾經交換彼此所擁有的素材，包括在鮑爾年輕時擔任法官期間，還有他在流亡期間與丹麥當局之間的不愉快、他在那裡因為同性戀行為所遭受的迫害等方面，我們也共同有了一些新的發現，這些內容主要是出現在本書的第四、五、九章中，它們也將在展覽中呈現於參觀者的面前。

Marcel Böhles、Michael Buchholz與Patrick Schwentke曾在材料研究上為我提供協助，此外，在弗里茲・鮑爾所加入的兄弟會與國旗團時期等方面，我也在他們的幫助下有了更多新的發現。弗里茲・鮑爾的外甥Rolf Tiefenthal讓我能從他們的家庭檔案中取用一些私人照片，對此我深表感謝；此外，Irmtrud Wojak則是友好地為我提供了這些照片的掃描。Lena Foljanty計畫在二〇一五年出版一部附有評註的弗里茲・鮑爾文集，我有幸能夠針對弗里茲・鮑爾的新聞工作與她交換意見。對於Elena Lefevre Georgescu的丹麥語翻譯，我也要致上誠摯的謝意，這讓我得以更深入地窺探鮑爾在流亡期間所發表的一些書籍。

我要感謝Piper出版社的同仁們的鼎力相助，尤其是我的審稿人Kristin Rotter，我的編輯Heike Wolter，還有柏林的版權代理Barbara Wenner，此外，我也由衷感謝Joachim Käppner，長久以來，他總是不吝給我許多很好的建議。

然而，如果沒有Ulrike，或許就不會有這一切。她每天都提醒我，即使是最偉大的人文主義，最終也得在對於一個人的愛裡實現。為了感謝她無比的耐心與大力的支持，我願將此書獻給她。

資料來源

時代見證者訪談（姓名，訪談日期）

退休律師暨公證人Manfred Amend, 14./15. November 2012；
Prof. Dr. Micha Brumlik, 17. October 2012；
Prof. Dr. Detlev Claussen, 22. October 2012；
前邦最高法院院長Dr. Heinz Düx, 9. October 2012；
Dr. Hans George Hirsch, 16. March 2013；
Wolfgang Kaven, 14. October 2012；
前邦最高法院法官Dr. Helmut Kramer, 11. March 2013；
Cilly Kugelmann, 17. October 2012；
Renate Lasker-Harpprecht, 5. January 2013；
Michael Maor, 15. March 2014；

律師Dr. Heinz and Gisela Meyer-Velde, 22. November 2012；
Prof. Dr. Joachim Perels, 20. February 2013；
市議員Christian Setzepfandt, 11. October 2012；
前邦最高法院檢察官Johannes Warlo, 9. October 2012；
上士Günter Wehrheim, 11. October 2012；
前邦最高法院檢察官Gerhard Wiese, 17. October 2012。

由於本書的撰寫在時間上晚了幾年，因此未能訪問到弗里茲・鮑爾的妹妹Margot Tiefenthal；值得慶幸的是，我倒還能引用瓦爾特・法比安（Walter Fabian）早在一九七三年時就已完成、至今鮮為人知的一場訪談的內容。這是當年瓦爾特・法比安為撰寫弗里茲・鮑爾的傳記所蒐集的資料的一部分；令人遺憾的是，瓦爾特・法比安的傳記撰寫工作最終卻是未竟全功。全文收錄於「德國流亡者檔案」（Deutsches Exilarchiv; Frankfurt am Main, EB 87/112〔Nachlass Walter Fabian〕）。我同樣也來不及訪問到前檢察官Joachim Kügler；他早在二〇一二年十二月二十五日就已與世長辭。在此我要特別感謝Werner Renz；在他的友情協助下，我才得以使用他在一九九八年五月五日訪問Kügler先生長達三小時的一段錄音。此外，我同樣也使用了Werner Renz在一九九八年七月廿九日對前邦最高法院檢察官Dr. Hanns Großmann所做的一段訪問。

參考文獻

Hannah Arendt, »Der Auschwitz-Prozeß«, in Eike Geisel/Klaus Bittermann (ed.), *Nach Auschwitz, Essays & Kommentare 1*, Berlin 1989。

Fritz Bauer, *Die Kriegsverbrecher vor Gericht*, Zürich/New York 1945。

Fritz Bauer, *Das Verbrechen und die Gesellschaft*, München/Basel 1957。

Fritz Bauer/Hans Bürger-Prinz/Hans Giese/Herbert Jäger (ed.), *Sexualität und Verbrechen. Beiträge zur Strafrechtsreform*, Frankfurt am Main 1963。

Fritz Bauer, *Die Humanität der Rechtsordnung. Ausgewählte Schriften*, ed. by Joachim Perels and Irmtrud Wojak, Frankfurt am Main 1998。

Michael Brenner, *Jüdische Kultur in der Weimarer Republik*, München 2000。

Michael Brenner (ed.), *Geschichte der Juden in Deutschland. Von 1945 bis zur Gegenwart*, München 2012。

Andreas Eichmüller, *Keine Generalamnestie. Die Strafverfolgung von NS-Verbrechen in der frühen*

Bundesrepublik, München 2012。

Amos Elon, *The Pity of it all. A Portrait of Jews in Germany 1743 – 1933*, London 2004。

Norbert Frei, *1945 und wir. Das Dritte Reich im Bewußtsein der Deutschen*, München 2005。

Claudia Fröhlich, »*Wider die Tabuisierung des Ungehorsams*«. Fritz Bauers Widerstandsbegriff und die Aufarbeitung von NS-Verbrechen, Frankfurt am Main 2006。

Michael Greve, *Der justizielle und rechtspolitische Umgang mit den NS-Gewaltverbrechen in den sechziger Jahren*, Frankfurt am Main 2001。

Olivier Guez, *Heimkehr der Unerwünschten. Eine Geschichte der Juden in Deutschland nach 1945*, München 2011。

Matthias Meusch, *Von der Diktatur zur Demokratie. Fritz Bauer und die Aufarbeitung der NS-Verbrechen in Hessen (1956 – 1968)*, Wiesbaden 2001。

Dieter Schenk, *Auf dem rechten Auge blind. Die braunen Wurzeln des BKA*, Köln 2001。

Tom Segev, *Simon Wiesenthal. Die Biographie*, München 2010。

Bettina Stangneth, *Eichmann vor Jerusalem. Das unbehelligte Leben eines Massenmörders*, Zürich/Hamburg 2011。

Katharina Stengel, *Hermann Langbein. Ein AuschwitzÜberlebender in den erinnerungspolitischen Konflikten* *der Nachkriegszeit*, Frankfurt am Main 2012。

Gerhard Werle/Thomas Wandres, *Auschwitz vor Gericht. Völkermord und bundesdeutsche Strafjustiz*, München 1995。

Annette Weinke, *Eine Gesellschaft ermittelt gegen sich selbst. Die Geschichte der Zentralen Stelle Ludwigsburg 1958 – 2008*, 2nd edition Darmstadt 2009。

Irmtrud Wojak, *Fritz Bauer (1903 – 1968). Eine Biographie*, München 2009。

圖片來源

Alexander Kluge：附圖見頁6。

dpa Picture-Alliance GmbH, Frankfurt：附圖見頁8。

Fritz Bauer Institut, Frankfurt am Main：附圖見頁9上。

Hessischer Rundfunk, Frankfurt am Main：附圖見頁7。

Rolf Tiefental：附圖見頁3、頁4上、頁5上。

Stadtarchiv Stuttgart：附圖見頁4下。

Ullstein Bild, Berlin：附圖見頁9下。

人文

大審判家弗里茲・鮑爾：看檢察總長如何翻轉德國的歷史

Fritz Bauer: oder Auschwitz vor Gericht

作　　者—羅南・史坦格（Ronen Steinke）
譯　　者—王榮輝
發 行 人—王春申
總 編 輯—張曉蕊
主　　編—邱靖絨
校　　對—楊蕙苓
封面設計—羅心梅
內頁設計—菩薩蠻電腦科技有限公司

業務組長—陳召祐
出版發行—臺灣商務印書館股份有限公司
23141 新北市新店區民權路 108-3 號 5 樓（同門市地址）
電話：(02)8667-3712　傳真：(02)8667-3709
讀者服務專線：0800056196
郵撥：0000165-1
E-mail：ecptw@cptw.com.tw
網路書店網址：www.cptw.com.tw
Facebook：facebook.com.tw/ecptw

局版北市業字第 993 號
初版一刷：2020 年 2 月
印刷：沈氏藝術印刷股份有限公司
定價：新台幣 480 元

法律顧問—何一芃律師事務所

感謝歌德學院（台北）德國文化中心協助
歌德學院（台北）德國文化中心是德國歌德學院（Goethe-Institut）在台灣的代表機構，五十餘年來致力於德語教學、德國圖書資訊及藝術文化的推廣與交流，不定期與台灣、德國的藝文工作者攜手合作，介紹德國當代的藝文活動。

歌德學院（台北）德國文化中心
Goethe-Institut Taipei
地址：100 臺北市和平西路一段 20 號 6/11/12 樓
電話：02-2365 7294
傳真：02-2368 7542
網址：http://www.goethe.de/taipei

大審判家弗里茲.鮑爾：看檢察總長如何翻轉德國的歷史
/ 羅南.史坦格(Ronen Steinke)作；王榮輝譯. -- 初版.
-- 新北市：臺灣商務, 2020.02
面；　公分
譯自：Fritz Bauer : oder Auschwitz vor Gericht.

ISBN 978-957-05-3250-0(平裝)

1. 鮑爾 (Bauer, Fritz, 1903-1968.)
2. 艾希曼 (Eichmann, Adolf, 1906-1962.)
3. 納粹 4. 德國史 5. 傳記

784.38　　108022693